APPEARANCE AND POWER

外見とパワー

K.K.P.ジョンソン＋S.J.レノン◉編
髙木 修＋神山 進＋井上和子◉監訳

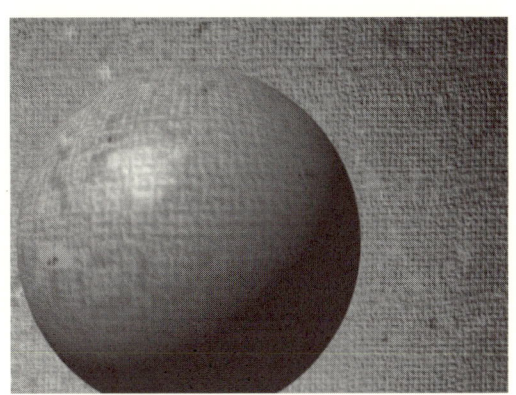

北大路書房

APPEARANCE AND POWER

Edited by

Kim K. P. Johnson and Sharron J. Lennon

Copyright © 1999 by Kim K.P. Johnson and Sharron J. Lennon
Japanese translation published by arrangement with Oxford
International Publishers Limited, trading as Berg Publishers through
The English Agency (Japan) Ltd.

謝　辞

　私たちは，シリーズ『服装，身体，そして文化』の編者であるアイヒャー博士（Dr Joanne B. Eicher）と，この本の出版の可能性を打診しその実現に道を開いていただいたバーグ出版社の編集部員キャサリン・アール氏（Kathryn Earle）に感謝の意を表したい。また私たちは，この本の各章に関して，評者の労をとっていただいた次の研究仲間の方々に，感謝を申し上げたい。ユタ州ローガンのローラ・アンダーソン氏（Louella Anderson），オレゴン州立大学のレズリー・バーンズ氏（Leslie Burns），ノーステキサス大学のクリスティ・クルスティンガー氏（Christy Crutsinger），アイオワ州立大学のメアリー・リン・ダムホースト氏（Mary Lynn Damhorst），ミネソタ大学のマリリン・デロング氏（Marilyn DeLong），ノーステキサス大学のジュディス・フォーネイ氏（Judith Forney），オレゴン州立大学のサリー・フランシス氏（Sally Francis），ニューメキシコ州立大学のジェーン・ヘグランド氏（Jane Hegland），ウィスコンシン大学マディソン校のシンシア・ジャスパー氏（Cynthia Jasper），カリフォルニア大学デービス校のスーザン・カイザー氏（Susan Kaiser），イリノイ大学のヒルダ・ラクナー氏（Hilda Lakner），コーネル大学のスーザン・ロカー氏（Suzanne Loker），ケンタッキー大学のキンバリー・ミラー氏（Kimberly Miller），オハイオ州立大学のグウェンドリン・オニール氏（Gwendolyn O'Neal），オレゴン州立大学のエライン・ペダーソン氏（Elaine Pederson），サンフランシスコ州立大学のナンシー・ラボルト氏（Nancy Rabolt），カリフォルニア大学デービス校のマーガレット・ルッカー氏（Margaret Rucker），オハイオ州立大学のナンシー・ルッド氏（Nancy Rudd），ウィスコンシン大学メノモニ校のナンシー・ショフィールド氏（Nancy Schofield），ミシガン州立大学のアン・スローカム氏（Ann Slocum），そしてマサチューセッツ大学のパトリシア・ウォーナー氏（Patricia Warner）。これらの人々からいただいたコメントや示唆は，筆者たちにとってたいへん有益なものであった。

筆者紹介

エリザベス・アンダーソン Elizabeth Anderson
カリフォルニア州ストックトンのサン・ウォーキン・デルタ大学の講師。彼女はまた，カリフォルニア大学デービス校のテキスタイル・被服学科の大学院生でもある。大学で教鞭をとる以前は，服装関係の会社を自分で経営していた。

ベツィ・コベル・ブレズマン Betsy Covell Breseman
オハイオ州コロンバスのオハイオ州立大学消費者とテキスタイルサイエンス学部の大学院生。彼女の研究の関心は，肥満と態度変容，肥満女性の外見管理と対処戦略，肥満に対する外科手術の利用，などである。

メアリー・リン・ダムホースト Mary Lynn Damhorst, Ph.D.
アイオワ州エームズのアイオワ州立大学テキスタイル・被服学部の助教授。彼女の研究関心は，メディアに紹介される外見への消費者関与や，キャリア形成における服装の役割，などである。彼女は，『文化的文脈における自己の形成』の共編者であり，さまざまな学術雑誌に多くの論文を発表している。

ジェーン・E・ヘグランド Jane E. Hegland, Ph.D.
ニューメキシコ州ラス・クルーセスのニューメキシコ州立大学家族と消費者科学学部の助教授。彼女の研究・出版・教育は，服装，ジェンダーとパワーの問題に焦点を合わせている。特に彼女の研究は，強姦と服装，異性愛，高校での記念舞踏会用の儀式的装い，映画に利用される服装，服装とアイデンティティに関する美的感覚，公立学校の制服の効果と生徒行動を統制するための服装コード，などの問題を検討している。

キム・K・P・ジョンソン Kim K.P. Johnson, Ph.D.
ミネソタ州セントポールのミネソタ大学デザイン・ハウジング・アパレル学部の教授，および大学院教育ディレクター。彼女の研究の関心は，非言語コミュニケーションの手段としての服装や，服装に関する消費者行動などである。彼女は『服装とアイデンティティ』の共編者であり，また『Clothing and Textiles Research Journal』，『Family and Consumer Sciences Research Journal』，『Journal of Family and Consumer Sciences』，などに論文を掲載している。大学では，アパレル小売りマーチャンダイジングや，服装の社会心理的側面について教鞭をとっている。

エイプリル・カンガス April Kangas
カリフォルニア大学デービス校テキスタイル・被服学科で，大学院学生の研究員として雇用されている。彼女はまた，カリフォルニア大学デービス校の経営大学院でビジネス・マネジメントの修士課程にも在籍する。大学院学生になる前にアパレル産業および娯楽産業の両方で仕事をした経歴をもつ。

シャロン・J・レノン Sharron J. Lennon, Ph.D.
オハイオ州コロンバスのオハイオ州立大学消費者とテキスタイルサイエンス学部の教授。彼女の研究は，①外見の意図的な操作と関連した社会的知覚とメディア分析，②アメリカの法システムに従った服装の利用，③文化的カテゴリー，身体像および自尊感情の間の関連性，④テレビ・ショッピング，アパレル・テレビ番組，小売り店といった文脈における顧客サービスなど，広範囲な問題に及んでいる。彼女はまた，さまざまな学術雑誌で広く論文を発表している。

ジェニファー・パフ・オーグル Jennifer Paff Ogle
コロラド州Ftコリンズのコロラド州立大学アパレル・マーチャンダイジング担当の助教授。彼女の研究は，外見の社会心理的側面に焦点をおき，特に社会化，身体像そして満足感に力点をお

いている。彼女は「*Clothing and Textiles Research Journal*」,「*Family and Consumer Sciences Research Journal*」,「*Journal of Fashion Marketing and Management*」で論文を発表している。

グウェンドリン・S・オニール Gwendolyn S.O'Neal,Ph.D.

オハイオ州コロンバスのオハイオ州立大学消費者とテキスタイルサイエンス学部の助教授。彼女の研究関心は，アフリカ系アメリカ人の服装美意識，被服と暴力，アパレル製品に賦与された意味とそれが行動に及ぼす影響，などである。彼女は，大学でファッション・マーチャンダイジング，ファッション予測，アパレル記号論と消費財，などについて教えている。

マーガレット・ルッカー Margaret Rucker,Ph.D.

カリフォルニア大学デービス校テキスタイル・被服学部の教授，並びに学科長。彼女の研究関心のなかには，広範囲な職業—経営者・事務員から消防士・航空乗務員にいたるまで—に携わる労働者の被服嗜好に加えて，贈与行動や国際的取り引きといったものまで含まれる。彼女はまた，別の本で，贈与行動に関して2つの章を，被服に関する殺虫剤利用者の態度や行動に関して1つの章を執筆している。彼女は，さまざまな学術雑誌で，多くの論文を発表している。

ナンシー・アン・ルッド Nancy Ann Rudd,Ph.D.

オハイオ州コロンバスのオハイオ州立大学消費者とテキスタイルサイエンス学部の准教授。彼女は，服装の社会的・心理的・文化的側面や美的側面について，学部学生および大学院生の教育指導を行なっている。彼女の研究は，外見に基づいて社会から汚名をきせられる可能性をもった消費者集団にとっての被服の利用と外見管理戦略に焦点をおいている。彼女は，「*Family and Consumer Sciences Research Journal*」,「*International Textiles & Apparel Association Special Publications*」,「*Clothing and Textiles Research Journal*」,「*Semiotica*」,「*Journal of Homosexuality*」,「*Journal of Ritual Studies*」などで論文を発表している。彼女は大学で，「身体像と健康」プロジェクトの委員長を務めている。

ナンシー・A・ショフィールド Nancy A.Schofield

ウィスコンシン州メノモニのウィスコンシン大学スタウト校テクノロジー・エンジニアリング・マネジメント学部の講師。彼女は，被服およびテキスタイル・デザイン，小売りマーチャンダイジング，CAD，コンピュータ実務，などの領域で教鞭をとっている。

テレサ・レノン・シュルツ Theresa Lennon Schulz

ミネソタ州レイクエルモの法律事務所に勤める弁護士。彼女は，ミネソタ，ウィスコンシン，カリフォルニアの州および連邦法廷で活動できるライセンスをもっている。彼女は，雇用者法の問題で多くの論文を発表しており，またミネソタ・ローヤー新聞の週単位のコラムニストでもある。

スザンヌ・ゾスタック-ピース Suzanne Szostak-Pierce

ミネソタ州セントポールのミネソタ大学デザイン・ハウジング・アパレル学部の大学院生。彼女は，社会集団の形成やそれへの参加において，若者がどのようなスタイルやファッションを経験するかといった問題を研究している。また，レイブおよびテクノ文化，スケートボーディング，スウィング・シーンなどにも関心をもつ。

マルコルム・ヤング Malcolm Young,Ph.D.

30年という警察官としての経歴をもち，内務省奨学金を得て，社会人類学を学ぶ。刑事としてロンドン警視庁の犯罪捜査部に10年勤務したのち警視にのぼりつめ，また博士号を取得し，退職までの10年は，フィールドノートや警察文化についての執筆に時間をかけた。彼は現在，自由契約で働くライターであり，その関心は，当然のこととして，「権力と統制システム」の分析である。彼は2冊の書物を執筆している。『警察の中のある文化人類学者』(1991)と，『警棒をもって歩く人：地方警察部隊における文化的アイデンティティ』(1993)である。彼はまた，ジェンダーと現代文化の儀礼・象徴に関していくつかの論文を書いている。

iii

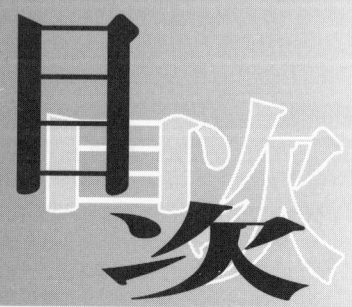

謝　辞　　i
筆者紹介　　ii

序章　外見と社会的勢力 …………………………………………1

第1章　レイプサバイバー
―強制的な暴力場面における服装のはたらきと意味― ………11

被服と法廷　　15
方　法　　17
結　果　　19
含　意　　32

第2章　親密さを表わすために装うか，威圧感を与えるために装うか
―イングランドおよびウェールズにおける警察イメージの変革― ……37

感情の構造と象徴的な力　　37
　　表現の媒体としての身体　　39
　　近時の過去：「よりやわらかな」そして，偏在する徒歩パトロール　　40
　　公共の身体　　44
　　歩調の変化　　46
　　社会的秩序および異議の政治　　48
　　威圧感を与えるために装う―象徴的な力および作り上げられた真実　　52
結　論　　59

第3章 職場における被服と勢力 ……………………………………65

   職場における被服 66
 方　法 72
 結果と考察 74
   背景情報 74
   被服と昇進 74
   被服と勢力 78
 結　論 84

第4章 大衆雑誌に見られる成功のためのドレス……………87

   職業的役割のための着装 88
   理論的基礎知識 92
   ポストモダンの美学 92
   トリクル・ダウン理論 93
   象徴的な自己完成 94
   同化過程 95
 目　的 96
 方　法 96
 結　果 98
   女性への推奨 98
   男性への推奨 103
 考　察 105
   理論の支持 105
 結　論 111

第5章 「新・スタートレック」に見る
    職場での性別, 服装, 勢力………115

   勢　力 116
   理論的枠組み 117
   「新・スタートレック」と勢力 121

「スタートレック」の宇宙　122
　　パート1：量的分析　126
　　　方　法　126
　　　結果と考察　127
　　パート2：質的分析　130
　　要　約　137
　　展　望　138

第6章　スタイルのパワー
　　—受け入れられているものの拒絶に関して—……………141

　　パワー　142
　　パワーとしてのスタイル　145
　　結　論　153

第7章　イーブンファーザー
　　—テクノカルチャーにおけるサブカルチャー・スタイルの力—…157

　　パワーとしてのスタイル　158
　　解釈学的研究　161
　　アメリカにおけるレイブ・シーン　161
　　要約と結論　168

第8章　女性たちの外見管理と社会的勢力………………171

　　理論的フレームワーク　173
　　　魅力の重要性　173
　　　社会的勢力　174
　　　勢力の源泉　175
　　方　法　178
　　全般的な結果　179
　　　美の定義　181
　　　身体像に関する初期の感情　182

　　　　身体像と社会的影響力　183
　　　　身体像と受容　184
　　　　身体像と自己価値　186
　　　　外見管理行動　186
　　　　勢力と外見管理　188
　　　　勢力間コンフリクト　189
　　要約と総合　190
　　結　論　193

第9章　肥満と無力感 ………………………………………………197

　　肥満女性における差別と影響力の欠如　199
　　　　仕事場における社会的差別と偏見　199
　　　　教育における社会的差別　203
　　　　ヘルスケアにおける社会的差別　204
　　　　商品やサービスを提供する場における社会的差別　206
　　　　対人的状況で起こる社会的差別　208
　　　　公共施設や交通機関で起こる身体的差別　210
　　肥満差別への社会的解決策　212
　　肥満差別に対する法的解決策　214
　　結　論　220

　　　　　　　　　　　　　　　　　　　　　　　　　文　献　223
　　　　　　　　　　　　　　　　　　　　　　　　　索　引　249
　　　　　　　　　　　　　　　　　　　　　　　　　監訳者あとがき　255

序章
外見と社会的勢力

Kim K. P. Johnson ● キム K. P. ジョンソン
Sharron J. Lennon ● シャロン J. レノン

　外見は，何よりも見た目に明らかな個人的特徴である。ある意味で，われわれは窮屈な身体の内部に閉じ込められている。しかしながら，どんなに身体を飾ろうとも，背が高いか低いか，色白か色黒か，やせているか太っているかは，どちらかといえば遺伝子に組み込まれているものである[*1]。したがって，エクササイズやダイエットをし，髪の色や編み方を変え，整形手術を受けることはできても，身体的な見た目はあまり変わらない[*2]。外見が日常生活において重要な役割を果たすという認識は，外見が自由に選べないからという理由で，表面的なものである，あるいは，表面的なものであるに違いないとする大衆の考え方に反する。そのため，われわれは他者を外見で判断しないように社会化されている。

　しかしながら，同時に，個人的な判断や社会的相互作用の指針として外見に頼ることは，自然のことであるばかりでなく，避けがたいことでもある。日常生活のなかで非常に多くの刺激に対応して生き残るために（Hamilton, 1979），われわれは，人々やその他のものを，よく似たグループに分類する（Rosch, 1973）。人間は非常に視覚的な存在であるから[*3]，これらの判断において外見を利用する傾向がある[*4]。たとえば，人間は，目新しく，一風変わっていて，複雑にパターン化された物体に対して知覚的に注意を向ける[*5]。自己の外見や服

装を操作すれば，社会的相互作用において注目を集められるので，新しく（Kaiser et al., 1991, 1995），一風変わった（本書の第7章を参照），鮮やかな（O'Neal, 1998）外見がつくられる可能性がある。それゆえに，社会的相互作用において外見と服装が及ぼす効果を研究する必要がある。

　服装という語を，われわれはどういう意味で使うのだろうか。本書では，主として，この用語について，ローチ・ヒギンズとアイヒャー（Roach-Higgins & Eicher, 1992）の定義を採用する。つまり，服装は，人体になされるあらゆる装飾と身体への補足と定義される。この定義を使用するならば，服装には，被服や体重増加といった身体に付加するものだけでなく，入れ墨，歯の矯正，エクササイズ，パーマのような永続的または一時的に身体に変化を与えるものなど多くのことが含まれる。本書では，体重増加，被服，化粧の使用に加えて，服装に関して社会的に派生した美的基準も含め，服装がもっている多くの側面を直接的に取り上げる。

　服装は，性別[*6]，魅力[*7]，集団所属性[*8]，パワー（勢力）[*9]に関する推測を行なうために，あるいは，それらに関する情報を伝達するために利用される。実際，ダムホースト（Damhorst, 1990）は，服装が伝達する情報について分析し，レビューした103の文献のうちほぼ45％において，服装がパワー[*10]についての情報を伝達することを見いだしている。服装とパワーの間の関係を扱った研究は，服装と人間の行動に関する研究に大きく貢献している。

　社会的勢力についての一般的な定義は，フレンチとレイヴン（French & Raven, 1959）の初期の研究に由来する。彼らは，社会的影響を，「影響の担い手あるいは担い手たちの行為やその存在によって，影響の受け手の信念，態度，行動が変化すること」と定義した（p.218）。社会的勢力は，そのような影響を及ぼす潜在力である。人は，利用できる資源である，報酬，強制，正当，専門，準拠，情報によって社会的勢力をもつ。本書では，これらの社会的勢力の源泉のすべてについて，直接的に，あるいは間接的に解説していく。

　第1章では，ジョンソンとヘグランドとショフィールド（Johnson, Hegland, & Schofield）が，強制勢力がはたらく場面，つまり強姦場面における服装の機能について検討している。著者らは，強姦と服装に関する多くの文献とは対照的に，レイプサバイバーの視点から議論し，レイプ被害者がどのような服装

をするかは，レイヴンが定義した社会的勢力のうち，報酬勢力と情報勢力の2つによって影響を受けると主張している。さらに，読者に次のようないくつかの問題を投げかけている。外見が意味することをだれが決定するのか。着装者か，それとも観察者か。服装は着装者についての情報を伝達するが，セックスへの同意を伝達するのか。外見によって強姦は避けられるのか。

ヤング（Young）は，30年に及ぶ警官のキャリアから得た個人データとフィールドの題材を使った内省的アプローチを試み，警察官の制服やイメージが，警察官のもつ文化的意味や象徴的な権力をいかに映し出すのかを解釈している。そして，権力と統制の象徴としての軍国調の警察官の外見がイギリス国民に提示されればされるほど，近しく国民とつきあいたいとする警察官の願いとの葛藤を引き起こすと主張している。また，差別意識をもたないコミュニティメンバーとか近隣の友人としての警察官の役割から，距離をおいた，疎遠な法の執行者としての警察官の役割への視点の移行があると報告している。そして，警察官の制服を変えることによって，彼らが自分たちの地域の友人であることを市民に伝達できるだろうかと疑問を投げかけている。

ヤングのほかに，何人かの研究者（Rucker et al., Ogle & Damhorst, Lennon）が，社会的勢力と職場で着用する適切な服装との関係について調査を行なっている。職場は複雑な社会的環境であり，そこでは，すべてのタイプの社会的勢力（たとえば，報酬，強制，正当，専門，準拠，情報）がはたらいており，それは服装に見て取れるはずである。伝統的に男性優位の企業環境において，ホワイトカラーの男性は，権力的なイメージを確立するためにスーツを着用する。女性は1980年代に初めて経営に加わるようになり，男性と同様の服装をし，専門性と能力を持ちあわせていると思われるためにスーツを着用するようにと，繰り返し助言されてきた。つまり，スーツは暗い色で，仕立てがきちんとしており，地味なブラウスと低いかかとの靴を身につけることであった。多くの点において，これらの女性は男性のようにみられることを助言された。被服やテキスタイルに関する多くの研究知見は，こうした助言に支持を与えている[*11]。しかしながら，女性は，会社での高い地位について，男性と同じような外見をすることがむずかしいことを知った。彼女らは，男性的ではなくて女性的な服装をしたいと訴えた。なぜなら，彼女らは，結局のところ女性だ

からである（Kimle & Damhorst, 1997）。その結果，彼女らは折衷的な服装をするようになった。

ルッカーとアンダーソンとカンガス（Rucker, Anderson, & Kangas）が指摘したように，アメリカの多くの企業においては，従業員が伝統的な服装規範に従うことなく，カジュアルな服装をすることを許す方向転換があった。この変化は，すべての従業員に強力なイメージの複合体を作り出させた。それに加えて，女性やその他の少数派は，職場での地位を獲得できるようになった。その結果として，ルッカーとアンダーソンとカンガスは，職場を直接調査して，職場における新たな服装の役割について，いくつかの疑問を提起している。パワーの象徴としての伝統的な服装を身に着け続けることは，カジュアルな服装をすることよりも，地位の向上にとってよりよい方略なのか。カジュアルな服装という新たなシンボルの体系がつくられ，被服をとおした権力の伝達を促進しているのか。職場において，被服はもはや人々の地位と権力を伝達しないのだろうか。少数民族のメンバーが，確立された権力構造に適応し，昇格するために，伝統的な服装の象徴を採用することが重要であるのか，あるいは，カジュアルな外見が同様に効果的であるのか。職場でカジュアルな服装をすることは，気心の知れた職場関係を暗示するのか。

オーグルとダムホースト（Ogle & Damhorst），レノン（Lennon）は，それぞれの章で，職場におけるパワーと服装の関係に及ぼすメディアとその影響力を検討している。ルッカーら（Rucker et al.）と同様に，オーグルとダムホーストは，職場の服装規範が変化していると指摘する。彼らは，これらの基準に関する情報源のひとつである1980年代から1990年代の雑誌と新聞記事を調査し，それらが，男性と女性が仕事場で着用する服装についてどのような助言をしているかを分析した。それらの調査は，女性の職場における役割が劇的に変化していた時期に重なっていたので，与えられたアドバイスが男女で同じであったかどうか興味のあるところである。それは男女とも一貫していたか。男性のために作り出された伝統的なビジネススーツとよく似た「制服」が，女性にも作り出されたか。だれかが男性にカジュアルな服装をするように助言していたか。あるいは，この助言は女性に対してだけ行なわれたのか。男性は，伝統的なスーツから脱却するようにアドバイスされたのか。いかなる理由でその忠告がな

されたのか。どんな服装がパワーのある人の服装と見なされていたのか。

　レノンは，他の形態のメディアに注目し，テレビの連続番組で使用される服装に，その連続番組を生み出した社会がどのように服装を利用し，解釈するのかが反映されると主張する。議論の要点を説明するために，レノンは，テレビの連続番組「新・スタートレック」の未来的な職場で，服装がどのように使われているかを分析している。そして，いくつかの疑問を提示している。いかなるタイプの社会的勢力がこの仮想的平等主義社会に存在するのか。権力に関するジェンダー差はなくなっているのか。制服は，どんな勢力を伝達するのか。そのような勢力は，着装者の性別によって違うのか。社会的勢力の差を伝達するために，服装はどのように，いつ使われるのか。その番組自体が視聴者に影響を及ぼすのは，いかなるタイプの勢力であるのか。

　テレビは，その他の形態のメディアと同様に，女性が自分の外見をいかに判断するかに影響を及ぼす。ルッド（Rudd）とレノンは，自分たちの調査を通じて，メディアが，女性の外見に対する評価と，それに続く自己価値感を決定するうえで重要な役割を果たすと指摘している。人々は，魅力的な外見によって強化され，報酬を受ける。魅力的な外見とは，一般に女性にとって，やせていること，少なくとも太りすぎていないことを意味する。その結果として，女性の身体のサイズは，女性にとって間接的な勢力源として機能するようである。しかしながら，自分が魅力的でないと思う女性についてはどうであろうか。この信念は自尊心に影響を及ぼすだろうか。彼女らは，自分が魅力的でないことをいかにして知るのか。女性の身体イメージは，彼女たちの社会的勢力に直接関連するのか。女性は，自分が魅力的でないと感じると，社会的状況において無力であると感じるだろうか。ダイエット，エクササイズ，身繕いは，単に社会的勢力を増大させる方法なのか。これらの行動が極端になったとき，何が起こるのか。最後に，もしやせた体型が社会的勢力を与えるなら，太った体型は社会的勢力の欠如を表わすのか。

　肥満とパワーの関係を研究するために，ブレズマンとレノンとシュルツ（Breseman, Lennon & Schulz）は，社会科学の文献，法律の文献，大衆紙をレビューした。そして肥満の人々がステレオタイプ，偏見，差別を経験していることを立証している。また，肥満の人々に関連する判決について分析してい

る。その結果として，彼らは，肥満の女性が無力であることを納得のいく方法で論じている。そして，この教化が行き届いた時代になぜ企業はいまだに肥満の人々を差別しているのかと疑問を投げかけている。そのような差別に対する法的償還請求権はあるのか。肥満は社会的に容認される最後の偏見であるか。もしそうならば，それはなぜなのか。

　オニールとゾスタック-ピース（O'Neal & Szostak-Pierce）は，その担当章において，主流からはずれた文化的集団がどのようにして権利拡大を成し遂げるかについて議論している。オニールは，また，アフリカ系アメリカ人文化における政治的道具としての服装を検討する際，その様式であるスタイルの影響力についても議論している。彼女は，歴史的な事例や現代の事例を引用して，ひとつの抵抗行為として彼女が考えるスタイリング，つまり服装の様式化の過程について立証している。スタイリングは，アフリカ系アメリカ人に対して，ひとつの意味体系を提供する。そこにおいては，彼らに自己を定義し，支配的な文化が強制する「通常の」モードの服装を拒否することを勧める。スタイリングは，人が自己をいかに定義するかに関係なく，パワーを統制し，あるいはそれを行使することを可能にする。彼女は，主流文化を特徴づける美的基準の合理性と「公正性」について疑問を提起し，またスタイリングの過程が他の文化的集団，つまり若者によって取り入れられている過程と似ていないのかどうか，問いかけている。

　ゾスタック-ピースは，若者に焦点をあて，スタイルが文化的集団において地位を獲得する手段になると指摘している。極端に異なるしかたで装うことによって，若者のサブカルチャーでは，パワーをもったような感覚になることができる。彼女は，お祭り騒ぎのダンスパーティとそれに参加する若者の観察をとおして，この過程を立証している。彼女は，「異種たること」を象徴するような服装をすることによって，これらの若者がパワーを感じるのだと主張している。しかしながら主流の人々がそのサブカルチャーの被服を採用したら，どうなるのだろうか。そのサブカルチャーは，効果的に，パワーをもっているという感覚を奪い取るのだろうか。パワーを維持するために，被服の象徴的意味は，流動性のなかで，絶えず定義と再定義を繰り返していなければならないのか。

要約とまとめ

　服装に関して社会的に構成された美的基準は，われわれが他者について感じ，また他者に帰属する社会的勢力に影響を与える。外見は，たとえコーディネートされた衣服あるいは若者のやせた体形に関する多数派の考えに合っていても，その基準に合っていなければ，社会的勢力をもたないであろう。通常はそうではないが，一部の集団や人々は，これらの強制された美的基準に効果的に抵抗することによって，パワーを獲得できると考えられる。しかしそれでも，職場においては，これらの基準が，若い労働者，少数民族，女性，肥満の人といった多数派でない集団にとって特に重要である。

　職場であってもそうでなくても，にじみ出るほどの女性の性的魅力が力をもたないことを多くの研究者が繰り返し指摘している。職場の服装に関する相談欄の中や，未来の職場において，またレイプサバイバーの実経験において，そのことは正しかった。それらの章によると，女性はジレンマに直面しているようである。彼女たちが報酬勢力を得るためには，太っていたり，魅力がないようではいけない。それでも，もし彼女らが魅力的でやせていたら，色っぽい服装（たとえば，パワーを感じさせない服装）をしないように気をつけなければならない。しかしながら，レイプサバイバーは，体重を増す，魅力的に外見を装わない，性と無関係の服装をすることで強姦を免れることができないことを知っている。パワー＝色っぽくない＝女性的でない＝男性的であることからすれば，女性にとって力強い外見は，はっきりと矛盾しているものなのだろうか。

　結局，著者らは，警官と地域との相互作用や職場での相互作用に，服装が影響を及ぼすことを認めている。服装は，テレビにおいて，キャラクターを生み出し，勢力を付与するために使用される。人の生命や財産を守る組織の制服は，メディアと実生活の両方において，正当勢力と関連づけられる傾向がある。服装は相談欄で延々と議論され，女性にとって矛盾だらけのアドバイスが多い。それは，おそらく「力強い女性」が矛盾語法であるからだろう。また，服装は道具的勢力としても使うことができる。そして明らかなように，服装は，他者へのパワーの帰属，個人のパワー意識，パワーの引き受けや交渉に影響を及ぼす。

注

* 1 たとえば，ロバーツら（Roberts et al., 1988）は，肥満の幼児とやせた母親の，エネルギー消費とエネルギー摂取について研究した。3か月児のエネルギー摂取に差は見られなかったが，エネルギー消費に有意な差がみられた。3か月時には，肥満の母親から生まれた幼児は，他の幼児よりもエネルギー消費が少なかった。12か月時には，肥満の母親から生まれた幼児の50％が肥満児となっていた。他方，やせた母親から生まれた幼児に肥満児はいなかった。養子となった成人540人を対象とした研究（Stunkard et al., 1986）では，自己の肥満と養父母の肥満の間に関連はみられなかった。しかし養子となった子の肥満と実の親の肥満の間には強い相関関係がみられた。これらの結果やその他の研究は，代謝の速さと肥満が，遺伝によって強く影響されることを示唆している。他の研究，ローランド-カチェラとベリスレ（Rolland-Cachera & Bellisle, 1986）の研究によると，食べたものを記録し続けた2440人の子どもには，食糧消費と肥満の間に相関関係はなかった。同様の結果については，アレンとベック（Allen & Beck, 1986）やグラディ（Grady, 1988）の研究も参照すること。
* 2 メジャーら（Major et al., 1991）およびブロックとリチンス（Bloch & Richins, 1992）は，理想的な外見を得るように努力することと，どのような身体的特性がどの程度変わりやすいか，または変わりにくいかについて議論している。メジャーらによると，魅力は変わりにくい部類で，一方，髪の色は変わりやすい部類である。化粧品，髪のカラーリング，被服といった製品の使用について議論するなかで，ブロックとリチンスは，そのような製品を使う行為が，性役割についての伝統的態度に関連し，自尊心の高揚の手段になりうると主張している。
* 3 視覚に頼らないように指示されているときでさえ，人間はそれに従えないようである。たとえば，布の感触についての研究（すなわち，布をさわった感触の評価）で，研究参加者が偶然に見た感覚に頼らないようにするために，しばしば目隠しが使用された（Brandt et al., 1998）。さわった感じに集中するようにとはっきり教示されているにもかかわらず，もし遮蔽物がなければ，研究参加者は，評価する際に視覚的特徴を使うようである（Kim & Winakor, 1996）。
* 4 バックリー（Buckley, 1984-5）は，自己の研究に基づき，研究参加者が，(a) 視覚的に知覚された服装の構造的特徴と，(b) 服装が典型的に着用される文脈についての想像の両方を手がかりにして反応したかもしれないと指摘している。デロングら（DeLong et al., 1986）は，消費者がセーターをどのように評価するかを調査した。評価を求められたとき，消費者は，視覚的および触覚的特徴（繊維，色，やわらかさ，かさ）の両方と，推測された特性（暖かさ），文脈的特性（冬に着る）について言及した。人々は他者を体形の関数でカテゴリー化することが示されている（Lennon, 1992）。レノンは，再生テストによって，人々が肥満の人と別の肥満の人を混同する傾向にあるが，やせた人とは混同しないことを見いだした。これらの事例は，いずれも，人々が判断を下す際に視覚的特徴を手がかりにしていることを示している。
* 5 人々はめだつ物体や人々に注意を向ける（McArthur & Post, 1977；Miller, 1982）。

マッカーサーとポストによると，動きがあり，注目を集め，斬新で，複雑にパターン化された物体は，知覚的に（たとえば，視覚的に）めだつものである。ミラーは，これらの概念を使用し，めだつ外見をした刺激人物を作成した。ミラーが作成しためだつ刺激人物とは，茶色と白のチェック柄（たとえば，複雑な模様）の被服や補聴器を身につけた人（たとえば，外見のめずらしさ）であった。外見における他のタイプの斬新さは，新たに紹介された流行スタイルを含んでいる。

*6 カーヒル（Cahill, 1989）によると，幼児は，他者の性別を判断する際，髪型，被服，バスキャップさえも手がかりにする。他の調査（Shakin et al., 1985）によると，成人は，被服を手がかりとして幼児の性別を正確に認識することができた。レオーネとロバートソン（Leone & Robertson, 1989）も参照すること。

*7 研究者ら（Buckley, 1983；Buckley & Haefner, 1984）は，身体的魅力の判断における被服の役割と，魅力的な被服が好意的な第一印象の形成にどの程度寄与するかを研究している（Lapitsky & Smith, 1981；Lennon, 1990）。

*8 ノールズとバセット（Knowles & Bassett, 1976）は，よく似た服装をした人々が，周囲の人によって，1つのグループと見なされることを見いだした。シュリックとロワルド（Schlick & Rowold, 1991）は，インディアナ出身の高校生と大学生が，最上級生としての自分たちの地位を最もよく特徴づける指標として，たいてい「シニアコード」を身につけることを見いだした。

*9 社会的勢力は，（ある意味で）他者の存在によってある人の行動を変化させる潜在力であると定義されるので，要求への応諾を調査している研究は，勢力に関する研究と関連がある。応諾に関する研究において，ビックマン（Bickman, 1974）は，制服を着た権威者の勢力は，正当性に基づくと結論づけている。それに加えて，ブッシュマン（Bushman, 1984, 1988）は，被服が操作されたときに知覚する権力によって応諾が影響を受けることを見いだした。

*10 勢力に関するダムホースト（1990）の定義は，フレンチとレイヴン（1959）の定義よりもいくぶん広く，より包括的である。

*11 たとえば，実験的調査の結果，スーツを着用した刺激人物は，ドレスを着た刺激人物よりも，いっそう仕事で成功し（Johnson & Roach-Higgins, 1987b），より専門的なイメージをもち（Thurston et al., 1990），より有能であり（Johnson & Roach-Higgins, 1987a），プロフェッショナルで（Lennon & Clayton, 1992），より独立的である（Johnson & Roach-Higgins, 1987a）と知覚される。さらに，暗い色や男性的なデザインのスーツ（Forsythe et al., 1984）や面接に適した服装（Johnson & Roach-Higgins, 1987a, 1987b）をしている刺激人物は，ドレスを着用している刺激人物よりも，管理者の特性をいっそうもっていると知覚されることが明らかにされている。

第1章
レイプサバイバー
——強制的な暴力場面における服装のはたらきと意味[*1]

Kim K. P. Johnson ● キム K. P. ジョンソン
Jane E. Hegland ● ジェーン E. ヘグランド
Nancy A. Schofield ● ナンシー A. ショフィールド

　人々の服装は，身体に変化を加えたり，身体を補う役割を担う（Roach-Higgins & Eicher, 1992）。このように考えた場合，被服や宝石類のような身体に対して補足的役割を果たすアイテムだけではなく，ピアスや入れ墨といった身体へ直接的に変化を与えるものについても服装として定義される。服装は，身体に装飾を施す道具として，また非言語コミュニケーションの媒体としてはたらく。身体に変化を加えたり，補足をすることによって，服装が極小の物理的環境としての役目をするようにもなるし，また身体と生活上のより大きな物理的，社会的環境との接点としての役目を果たすようにもなる。
　身体の保護を目的とした場合，服装は物理的環境との接点となる。たとえば，日差しを避けるために着用する帽子やローション，足を覆うために履く靴，保温のために着るセーターなどがそれにあたる。しかし服装アイテムは物理的環境から身体を保護するために用いられるだけではない。魔除けやお守りといったアイテムが不運や悪霊から身を守るために，精神的側面から着用されることもある（Gmelch, 1978）。後者のタイプは，個人と物理的環境というよりも，個人とその社会文化的環境の関係のなかで意味をなし，服装が社会的勢力となっていることを示唆している。たとえば，レイプサバイバーは，特定のアイテムを着用することによって将来強姦されなくなるだろうと信じているので，そ

のアイテムを取り入れる可能性が高い。

　ローチ-ヒギンズとアイヒャーの主張によると，服装がコミュニケーションの手段として機能する場合，服装は自己に関する情報を伝達する媒体となる。彼らは，自己を，社会的相互作用場面に意味を与える物理的，社会的物体であるだけでなく，服装，外見の身体的側面，会話によって伝達される個人的アイデンティティの合成物であると定義する（Roach-Higgins & Eicher, 1992, p.2）。個人は自己を構成する多くのアイデンティティをもつ。服装は，一般大衆や特別な人に対して自己についての情報を伝達するために操作されるものである。不運にも，レイプサバイバーの事例では，被害者は特定のメッセージ（たとえば，自分たちはセックスに興味がある）を伝えるために意図的に服装を操作しているという神話がある。こうした神話に影響されると，加害者を肯定し，被害者を否定するといった偏見をいだく恐れがある。

　服装によって伝達，連想されうる情報のひとつが社会的勢力である。本章で取り上げる社会的勢力とは，人やものが，他者に対してなんらかの形態（たとえば，意見，行動，目標，欲求，価値）の変化を生じさせる影響力という意味で使われる（French & Raven, 1959）。社会的勢力は，主に源泉となる6つが確認されている。つまり報酬勢力，強制勢力，正当勢力，準拠勢力，専門勢力，情報勢力の6つである（Raven, 1992）。これらのカテゴリーは，それぞれ独立しており，個人の社会的勢力は，多くの原因から生じるとされる。しかしながら，服装に関する勢力について考えるとき，これらのカテゴリーが役に立つ。これらの源泉からなる社会的勢力のうち，強姦と服装の関係について特に関連するのが，報酬勢力，強制勢力，情報勢力の3つである。

　報酬勢力をもつ人は，他の人に名誉や賞を与える能力，あるいは個人的承認を与える能力をもつ。あるもの（たとえば，魔除け，お守り）を身に付けることによって幸運になるとか，起こりうる悪い事態を避けられると信じられている場合，服装は社会的勢力となっている。強制勢力をもつ人は，罰を加える力や，拒絶や社会的非難を与えると脅す力がある。役員のビジネススーツは従業員への強制勢力を示していると考えられる。なぜなら役員は従業員を解雇することができるからである。情報勢力は影響者が提示する知識や筋の通った議論に基づいている。他の勢力の発生源と比較して，情報を得た結果として変容さ

れた行動は影響者に依存せずに維持される。特定の社会的場面にふさわしい被服スタイルをアドバイスするファッションコンサルタントやアドバイスコラムニストは，情報勢力をもつと思われる。

　本章では，強制勢力場面（たとえば，強姦）における服装の機能に関して，アメリカで行なわれた調査結果を紹介する。司法省によれば，強姦は，力を使って，あるいは力で脅してセックス*2する，またはセックスしようとすることである（Harlow, 1991）。全米犯罪被害調査*3によると，アメリカで1992年と1993年にそれぞれ，女性に対する性犯罪が50万件あった。そのうち，強姦や強姦未遂が31万件，その他の性犯罪が18万6千件であった（Schafran, 1995）。

　ブラウンミラー（Brownmiller, 1975）によると，強姦は社会的勢力の表われであり，それは性的衝動とほとんど関係がない。彼女がいうには，強姦は脅迫の意識過程にほかならない。これは強制勢力のひとつであり，それによってすべての男性がすべての女性にとって恐れの象徴になるという。同じ立場をとるケネディ（Kennedy, 1992）は，性的嫌がらせは「懲戒的である」とし，ある意味で家長制社会規範を強化するはたらきがあると述べている（p.1311）。女性の服装に刺激され，ほかのまともな男性が強姦に駆り立てられるという信念を支持し続けると，男性はますます有利になり，女性の権利を奪うことになる。

　女性の服装が誘因となり，相手を刺激し，セックスに対する暗黙の同意となるという信念がどれほど広まっているのか。「USAトゥデイ」に掲載されたアメリカのある調査では，約3人に1人の割合で，強姦にあう人の服装やふるまいが襲われる原因となる可能性があると考えていることがわかった（Snead, 1990）。その後の成人500人を対象とした調査において，強姦された女性が刺激的な服装をしていた場合，ある程度彼女に責任があるという項目に対して，18～34歳で28％，35～49歳で31％，50歳以上で53％の人々が肯定した（Gibbs, 1991）。その項目とは次のようなものであった。「彼女はそれを願っていた。彼女はセックスを求めていた。彼女がしていた服装が悪かったと思う」（『陪審員：強姦された女性』"Jury: Woman in Rape", 1989, p.A20）。強姦犯人は，女性が被服をとおしてセックスへの同意を示していると主張する（Feild, 1978 ; Schram, 1978 ; Scully & Marolla, 1984）。アメリカの法制度もまた，女

性の服装が性的行為に同意していることを示唆する可能性があるという意見を支持している。そのことは，ほとんどの州において，被服が同意の証拠として認められ，セックスに対して同意があったことが，強姦罪に対する主要な弁護となることに見受けられる（Lennon et al., 1993）。

女性の服装と強姦被害者になることの関係について調査した研究において，主に強姦されたことのない人々は，女性の服装が強姦の一翼を担うと思っていることがわかった（Cahoon & Edmonds, 1989 ; Edmonds & Cahoon, 1986 ; Feild, 1978 ; Feldman-Summers & Palmer, 1980 ; Mazelan, 1980 ; Muehlenhard & MacNaughton, 1988 ; 『強姦被害者』"Rape Victim", 1988 ; Terry, 1981 ; Terry & Doerge, 1979 ; Vali & Rizzo, 1991）。これらの調査の対象者となった民族は多種多様であるが，一貫して多くの人々が，露出度の高い服装をしている女性はそうでない女性よりも強姦されやすいと思っていることが明らかにされた。そのうえ，人々は被害者に対して，強姦にあったのはその人の服装のせいだと非難する傾向がある（Alexander, 1980 ; Cahoon & Edmonds, 1989 ; Edmonds & Cahoon, 1986 ; Kanekar & Kolsawalla, 1981 ; Lewis & Johnson, 1989）。これらの研究において，仮想の強姦被害者が提示され，研究参加者はその責任について指摘するよう求められた。一貫して，露出度の高い被服を着用した女性が描写，記述されたときは，そうでない女性のときよりも彼女側に責任があると見なされた。こうした結果を受け入れるなら，もし強姦被害者の被服が露出度の高いものなら，被告側の弁護士がそれを証拠として取り上げたいと思うのも理解できなくはない。

女性の被服が強姦されるか否かにかかわっているという考えを受け入れると，強姦にあいたくない女性は露出度の高い被服の着用を控えるべきだということになる。しかしながら，露出度の高い被服を着用した女性がそうでない女性よりも強姦にあう可能性が高いというはっきりとした証拠はない。事実，リチャード（Richard, 1991）は理論的分析をもとに，露出を抑えた服装をしている女性のほうが，露出の多い服装をしている女性よりも強姦にあう可能性が高いかもしれないと論じている。

服装が強姦被害の一要因になっているという神話を受け入れていようといまいと，いくつかの理由によって強姦被害者はしばしば外見を変えることがある。

たとえば，彼女らは将来同様の事件が起こらないように，あるいは露出の多い服装をする女性について描かれる推論や仮定から自分自身を守り，また自己防衛するために外見を操作する。女性旅行者に与えられるアドバイスのなかには，服装が防衛手段として使われるはずだという信念が色濃く反映されている。たとえば，1993年の「トラベラーマガジン」のなかで，女性読者に対し，嫌がらせや被害を避けるために，めだたず，派手なジュエリーを控え，不必要な注目を浴びないようにふるまい，つつましい服装をしましょうとアドバイスされていた。

◆◆◇ 被服と法廷

　強姦に対する責任の所在を立証するにつき，検察官は被告が同意をともなわないセックスをした証拠を示す必要がある（『ブラック法律辞典』Black's Law Dictionary, 1990)。被告のために無罪放免を勝ち取るには，陪審員や裁判官に，原告がセックスに同意していたことを認めさせなければならない。被服とセックスに対する同意について議論するなかで，レノンら（1993）は，裁判において，同意があったことを立証するために被服が使用されていることを指摘した[*4]。それに，必ずしも同意があったことの証拠として被服が提出されるとは限らないのに，強姦被害者の被服が裁判結果において重要な役割を果たしたと思われる事例が新聞に掲載されたことがある。1977年のウィスコンシンの強姦事件で，16歳の少女への強姦に対して，15歳の被告が判決を言いわたされ，裁判官は次のような理論的根拠を述べた。

> 女性は，じらさないようにしてほしい。服装を慎みあるものにし，社会から性犯罪を一掃すべきである。女性が望んでいようといまいと，女性の服装は性の対象となる。15, 6歳は敏感な年頃であり，女性の服装に対してごくふつうに反応したからといって彼らを厳しく裁く必要があるだろうか。(『強姦と文化』"Rape and Culture", 1977, p.41)

　それに，フロリダでのある強姦裁判の陪審員は，被告の男を無罪にする際に，彼女を誘拐し，強姦したことに対する非は，彼女の服装にあると述べた。強姦

された時に彼女は，短い白いレースのスカート，短いトップス，革ベルト，下着なしという姿であった。陪審員の1人は，彼女の服装が被害の重大な要因であるとコメントした。原告は売春婦であり，陪審員は，彼女の被害はある程度その被服によるものであることを認めたと，被告側は考えたようである。被告は後にジョージアの女性を誘拐し，強姦した罪で有罪となった。(『陪審員：強姦された女性』"Jury: Woman in Rape", 1989)。

　ウィリアム・ケネディ・スミスの強姦裁判で，被告側弁護人は被害者のブラジャーに損傷がなかったことが重要な証拠となったと指摘した (Pesce, 1991)。証拠として提出されたブラジャーの写真は，疑いもなくヴィクトリアシークレットのものであった。検察官はブラジャーの件を証拠として取り上げて次のように論じた。陪審員はこのブラジャーを見て，ヴィクトリアシークレットの下着をつけた人が強姦の被害者であるはずがなく，むしろ同意のうえで進んでセックスをしたと思うに違いないと。

　今までのところ，ジョージア，アラバマ，フロリダ，ニューヨーク，ルイジアナの5州[*5]の法律が，強姦裁判における証拠としての被服の許容性について言及している。ジョージアとアラバマの法律は，原告がその行為に同意したことを被告人が十分信じていた可能性があると推測できなければ，裁判において人々の服装を証拠として取り上げても認められないという原則に則っている (Ala. Code 12-21-203 (a)(3) 1991 ; Ga Code Ann. 24-2-3 (a)(b), 1992)。フロリダの法律には，強姦裁判の求刑において，「事件当時の被害者の服装マナーが性的暴行の誘因となったことを証明するために提出された証拠は，認められない」と明記されている (Fla. Stat. Ann 794. 022 (3) 1992)。ニューヨーク州法では，強姦裁判において，被害者が着用していた服装は，そのような証拠が事件と関連性があり，証拠として採用できると裁判官が判断しなければ，いかなる証拠としても認められない (N. Y. Crim. Pro. Sec. 60. 48, 1994)。ルイジアナでは，原告が犯罪を助長したり，同意したことを証明するために服装が使われるなら，服装を証拠として提出することを認めていない (La Code of Evid. Art. 412. 1 1996)。このように，ジョージア，アラバマ，ニューヨーク，フロリダでは州法において，セックスへの同意があったことを立証するものとして（特別な状況下でも），被服を採用することは認められていない。

法廷（そしておそらく一般社会）では，服装がセックスに対する非言語的同意として扱われる可能性がある。人々は，たしかに，服装が強姦にあう一要因であり，服装が同意を表わすものであると考えている。多くの研究者が，実際の強姦被害者や仮説上の被害者について受け手が解釈する情報や推論に関する調査を行ない，服装によって生じうる非言語コミュニケーション過程について立証している。このようにコミュニケーション過程においては受け手の見方が優先されている。しかしながら，強姦被害者が実際に被服を使って記号化した情報については研究がなされていない。強姦被害者が意図的に被服を身につけていたか，あるいはセックスへの同意を伝えるために外見のその他の部分を操作していたかどうかは明らかにされていない。そこで，強姦を受けた女性の視点から服装の機能について検討することを本研究の目的とする。特に，被害を受けた女性が，セックスへの同意を伝えるものとして被服やその他の外見的側面が使われる可能性があると考えているかどうか，強姦にあった後に被服の使用を変えたかどうか調査し，分析する。

◆◇ 方　法

　研究参加者は地方新聞に掲載された広告をとおして集められた。広告には，強姦を受けた女性を対象としたインタビューであること，参加者はインタビュー前にカウンセリングを受けてもらうこと，インタビュー参加への謝礼があり，匿名であることが記載された。41人の成人女性の応募があり，彼女らには自由回答法の質問による1回限りのインタビューに参加してもらった。

　参加者のインタビュー時の年齢は20～60歳で，平均年齢33.9歳であった。強姦を受けた時の年齢は5～39歳であった。ほとんどが白人（87％）であったが，アフリカ系アメリカ人（5％）やアメリカ先住民（5％）も含まれていた。1人は無回答であった。独身者の割合が最も高く（49％），続いて大学生（23％），高校生（15％），大学院生（13％）の順であった。

　本調査では，強姦の事例が67件報告され，それらのうち25件が18歳以下で被害を受けた事例であった。参加者の多数は被害数が1回（54％）であり，2回が8人，3回が2人，5回が1人，7回が1人であった。異なる時期に同一の

男に襲われたことを報告した女性が5人いた。しかしながらこれらの事件の詳細は不明である。これらの強姦被害者と男との関係は，知人（45％），見知らぬ人（37％），会ったばかりの人（12％），家族（6％）であった。家族による強姦は被害者が子どもの時に発生している。カップルがデートをしている時に強姦された事例もあった（28.4％）。

　服装の機能について強姦被害者の意見を調査するために，参加者に次のような質問をした。「どのようにしてセックスすることに同意しますか」「セックスに対する同意を表わすために，服装を利用しますか」「セックスに同意するために，多少なりとも外見的側面を使いますか」「もし使うなら，どんな側面を使うと思いますか」「もし使わないなら，どうして使わないと思いますか」「人々がセックスに同意するために被服を使うとあなたは思いますか」「なぜそう思いますか，あるいはなぜそう思わないのですか」「あなたが強姦されたときの外見を教えてください」「その外見はあなたのふだんの外見と同じですか，それとも違いますか」「あなたは強姦にあった後，意図的に服装を変えましたか」「もし変えたとしたら，どんな側面を変えましたか」「なぜ変えたのですか」。参加者のインタビューはテープに録音され，文字に起こされた。インタビューのうち2つは録音状態がよくなかったため文字に起こせなかった。したがって最終的なデータセットは39となった。

　文字化した後，それぞれのインタビューを数回通して読み返した。それぞれの質問に対する参加者の回答にみられた主なテーマや概念を確認するために分析を行なった。なぜなら質問は自由回答法でなされ，特定の質問以外は，参加者が何か付け加えたければ，トピックについてコメントすることができたためである。これらの回答は書きとめられた。さらに，多くの内容が特定の質問に直接関係しないことがわかった。主要な概念と適切な情報を識別するために，文章を書き起こすときに，選択的に重要な語句を明確にし，書きとめていった（van Manen, 1990）。

　インタビューの内容を分類し，コーディングするために，質的データ分析用のQ. S. R. NUD. ISTソフト（1995）を使用した。参加者の回答は質問番号によって区分けされた。さらに，順序に関係なく，認識済みの回答は該当欄に加えられた。特別な質問に対する回答はすべてまとめて検討された。インタビュ

ーに関する知識は，回答に前後関係をつけ，関連情報を付加するのに役立った。それぞれの質問について，データのコーディングを行ない，同じ概念について述べている内容に関してグループ化した。グループ化された概念はカテゴリーとして使用された（たとえば，強姦された時の彼女らの服装は，ジーンズ/ドレス/ネグリジェといった服装にカテゴリー化された）。ある概念が繰り返し出現した場合は，1つのテーマとして見なされた。最初のコーディングを行なった後，いくつかの概念はより広いテーマでまとめられた（たとえば，その被服は，ジーンズ/仕事着/寝巻きなどに再分類された）。

　コーディングの信頼性を確保するため，それぞれの質問に対する回答は2人の研究者によって読み上げられた。2人の間で矛盾が生じたコーディングは，同意のもとに，カテゴリーとテーマが一致するまで協議された。

◆◇ 結　果

　次に，本調査の質問に対して寄せられた参加者の回答を紹介していく。本文中に紹介するものには，本研究のテーマとなる中心的な概念が含まれており，それぞれインタビューに関する分析とその解釈に役立つものである。さらに，より多くの回答を読者に提供するために幅広い意見を選出した。

1．どのようにしてセックスすることに同意しますか。

　多くの参加者がこの質問に回答を寄せた。回答のしかたがわからなかった人もいた。でも，過去にセックスへの同意を示すために被服を利用したと回答した人はいなかった。参加者のうち3人は，どのようにセックスに同意するのかわからないと回答した。

> それは人によって違うと思うし，不明瞭で，推測の域を出ず，重大な問題だと思います。答えることはできません。

　相手が同意したかどうかは実際にわからないが，もし同意していなければまちがいなくわかると思う，という回答が何件かあった。多くの参加者は，同意

は言葉で伝え，お互いの同意が必要であると考えていた。しかも同意か，それともその人への興味を伝えているのか判断が混乱しやすいようである。同意を伝えるためには言葉で表わさなければならないという意見が多数であった。同意を伝えるさまざまな非言語的表現について回答してくれた人もいた。

　　　どのようにして同意するかって？　ええと，言葉で伝えるわ。メインのことを話すのは避けて。お互いに前戯することが同意の証しよ。

　　　もし同意しているなら，2人はお互いにひきつけられていなければならないし，セックスしたいのなら，お互い求め合っている必要があります。どんな状況でもまったく隠し立てなく正直でなければなりません。ところが，彼が私を求めてきた時，実際に彼は言葉でそれを伝えたけれど，私が「いや」と言っても彼は私のことなど気にするようすはありませんでした。

　同意は能動的な行為および受け身的な行為によって伝えられるという意見が出された。同意が能動的に伝えられると主張した人々は，言語的側面と非言語的側面の両方で確実に段階をふんでセックスに同意するという一連の行為があることを指摘した。それはほとんど慣習化していて，文化の一部となっている。同意が受け身的に伝えられると回答した人々は，その理由として，相手に従っていること，親密になっていくすべてのプロセスにおいて受け身的であること，あるいは，「いや」と言わなかったり，拒否的態度をとらないというような一連の行為をしていないことをあげた。多くの回答から，参加者の女性は，一般にセックスへの同意に対する最終的な決定は女性の責任であるという信念をもっていることが明らかになった。

　　　私はわかりません。それはふつう愛撫することでわかるのではないでしょうか。決めるのは女性だということは部分的には本当だと思います。これが本当なのかどうか，男は絶対いやとは言いませんから。

　　　「不快だ」と言わないこと，言葉で伝えなかったり，男を押し返したりして直接防御しないこと，反応がよいこと，「ちょっと待って」と言わないこと，後ずさりしないこと。これらは私からみれば，同意しているか，あおっている

も同然だと思います。

　同意のないなかでの事件であったという人もわずかながらいた。詳しくいうと，言語的な意思表示と非言語的な意思表示があったが，彼女らが言いたかったのは，「いや」と言ったことである。

　　　はっきり言うに越したことはありません。男を引き離したり，「いやだ」と言ったり，女性が「いやよ，こんなことしないで」と言えば，同意していないことだと思います。

2．セックスに同意することを示すのに，人々は被服を利用すると思いますか。

　この質問に関しては圧倒的に「いいえ」という回答が返ってきた。なぜ被服が同意を表わすものでないのかを説明した人もいた。被服によって常に明確に人の将来の行動が予測できるとか，被服が特定の性的行動を伝えられるといった発想に，みな疑問をもっていた。同意というのは言葉によって伝えられるものだと繰り返す人もいた。被服はしゃべらないから同意を伝えようがないというのがその理由である。

　　　同意と被服は関係ありません。被服は，他者との相互作用のためではなく，自分自身のためのものでなければなりません。被服は他者に自分のことをどう考えてほしいのか伝えるためには役立ちます。でも他の人とかかわるときにどんな行動をしたいのか，被服によっては特定できません。

　　　まったくそんなことはないと思います。それは言葉で示されなければなりません…私はまったく信じられません…着ているものが…あいつを駆り立てていたかもしれないなんて…。

　　　いいえ。なぜかって？　実際に服装にサインがあったり，「セックスしたい」とか何とか言ったりしなければそんなことはありえないわ。皮肉っぽいけど。なぜかっていうと，これは私にそっくりあてはまっているからです。被服はしゃべらないでしょ。

　参加者は，女性としての魅力を示すために被服を使用することを認めた。し

かし女性として魅力的になろうとすることとセックスに同意していることを伝えることは同じではないと指摘した。彼女らの回答は，被服は一般大衆を意識した媒体であることを物語っていた。セックスへの同意というのは，個人レベルで考えると，とても特別なコミュニケーションであるが，それならどのようにしてセックスへの同意が一般大衆向けの媒体を使って伝えられるだろうか。

　被服がセックスをしたいというサインとなる可能性はあると思います。私が挑発的な服装をした場合，相手が求めて，私とセックスしたいと決めたら，私は何としてもその人とセックスするつもりなのではありません。挑発的で性的な服装をするからといって，会う人すべてとセックスをしたいという仮定は正しくないと思います。

　そうだとしたら，どんな人とでも，いつでも，どんなところでもセックスに同意しているようなものよ。まったくばかばかしい。もし被服が同意の証しになるなら，女性がそのような衣服を着た状態で，気持ちが変わらなければ，セックスをすることが決まるという前提が理論的にあるはずだわ。

　私の経験からいって，どぎつい化粧をして，ピチピチの服を着て，ごてごてアクセサリーをつけているほとんどの女性は，一般的に男に軽く見られてるわ。彼女らは自分自身に不満で，そんな服装をするのは自分に満足し，他人をひきつけるためだと思うの。彼女らは他の人をひきつけたいだけで，着飾ることで他人をひきつけることが自分のできる唯一の方法だと思っているのよ。だれかをひきつけたいのと，セックスしたいのとは別のことでしょ。

ある参加者は，被服を保護として使っていたといい，彼女は自分にとって被服がけっして同意を意味するものではないと述べた。

　なぜなら，私にとって被服は常に一番の防御策でした。被服を使って人目につかないように，自分の傷を隠すようにしていました。被服は一番の防御策なのに，セックスへの同意だなどと思いませんし，すぐさま考えを変えたりしません。

何人かの参加者は単に被服と同意は関係ないと述べた。それらになんらかの関係があるという考え自体話にならないようであった。もし特定の服装アイテ

ムとセックスへの同意にそのような関係が本当にあるならば，警告ラベルをつけて被服を売らなければならないという意見があった。また，女性は外見をセックスへの同意よりもファッションに結びつけやすいと考えた人もいた。さらに，参加者の1人は，強姦はセックスではなく，強制の類いであるから，被服はセックスへの同意など表わしていないと指摘した。

　女性として魅力的でありたいけど，それはセックスへの同意ではないと思います。そしてファッションは変わると思います。私は「ヴォーグ」の中で，売春婦が使うようなこんな太もも丈のソックスを見たけど，それはオフィスの服装として提案されていました。それらを身に付けるデザイナーや一般の人々がセックスに同意していることを示しているとは思いません。

　男はミニスカートの女性に目がいくと思います。そして女性が短いスカートをはいているのはセックスしたいという意味だと思うでしょう。男は「こっちよ，セックスしましょ」といっているようにどうしても思いたいのではないでしょうか。それはあまりに飛躍しすぎていて被服の問題どころではありません。

参加者は，被服が同意を表わすものではないと考えていた。なぜなら挑発的な服装をすることがセックスに「同意」していることを意味するなら，正反対の服装をすることは「拒否」していることを意味しなければならないが，実際はそうではないからである。セクシーな被服は男性にとっても女性にとっても同じことを意味しなければならないが，そうではない。したがって被服が同意を表わすという考えにはジェンダー差がある。

　私は，別に親しくなりたいわけではないけど，ある男のために一度着飾った記憶があります。でも服装の効果はありませんでした。たとえどのような服装をしていたとしても，それが思い通りの効果をもつわけではありません。もし男がセックスしたいなら，何を着ていようが関係ありません。

　なぜなら人々が着ているものが重要なのではありません。もし男がぴったりしたショートパンツを着ていたら，セックスを求めている証しなのですか。

3. セックスに同意することを示すのに，外見のなんらかの側面を利用しましたか。

　外見についての質問に対する参加者の回答は，被服が中心で，他の視覚的な側面にはふれられていなかった。この質問に対しては，圧倒的に「いいえ」という回答が多かった。外見は顕在的にも潜在的にも同意を伝えるために使われる道具ではない。その理由がいくつかあげられた。ポイントとなるのは，外見の意味は人それぞれであるということである。つまり，1つの外見は，着用する人の意図するものとは関係なく，人によって違う意味をもつ。

　　　外見はしゃべれないから。髪を下ろしていることが，セックスしたいという意味にはならないし，アイシャドーを塗ることがセックスしたいという意味ではないわ。それに，座って足を組むことがセックスしたいという意味にはならないのよ。五百万人の男がいる部屋に1人の女性がいるとしたら，彼らはすべて違うことを考えていることもありうるわ。

　　　シャツに「私はセックスしたい」と書いてあるなら別として，それはまったくありえない。

　女性の外見が強姦の一因となるというのは，加害者にとって都合のよい弁明にほかならないと指摘した人もいた。

　　　いいえ…なぜなら「女性が"それ"を望んでいて，相手が彼女の服装のタイプ」を見ることで認識できるとか，「きついショートパンツに注目する」ことによって見分けることができるなんてことを肯定したくないからです。男はそれを答弁に持ち出します。なぜなら彼らはその効用を知っているからです。私は服の着方を知っているし，短いスカートの服装を選んで着ても，「セックスしたいからこの短いスカートを着ているのよ」などとは言っていません。私は短いスカートとセーターを着ている時と，ブルージーンズとスエットシャツを着ている時に通りで襲われました。だから着ているものとどのくらい襲われるかはまったく関係がありません。ただ女性ということだけで襲われたんです。

　いったいなぜ外見が性的魅力を仮定するためにそれほどまでに利用されるの

か参加者は疑問を示した。

> まったく社会で何が起こっているんでしょう。そもそもこんな疑問を投げかけなければならないなんて，どういうことでしょうか。男女の間はあまりに無秩序で，人の見方しだいのコミュニケーションだからなのか，男性は女性をあまりに性的に見すぎています。どこからそんな発想が起こるのでしょうか。ファッションで何が誘発されるのでしょうか。これらの男の心に何が起こるんでしょう。成長するにつれ男性は，女性がスカートをはいてブラをつけていないと，セックスをしたいということを意味するのだと，なんらかの形で教えられるのでしょうか。

2人の参加者が次のようなことを言った。自分の外見は同意を伝えるものではなかったとはいえ，彼女らは，女性の外見の「意味」があいまいなものであることを理解していた。女性は男性に魅力を示したいかもしれないが，そのこととセックスしてもよいということとは別の問題だと指摘した。異性に対する一般的な関心を伝えるために使われるボディランゲージや被服の特徴について述べた参加者もいた。彼女らは，一般に，異性に対して関心を伝えることと，特別な個人に関心を示すことは異なると述べた。

> 私は会話をしている時に自分で心地よさを感じるような服装をします。自信がもて，魅力的で，気分のよくなるようなランジェリーを身につけます。私はたしかにデートでは魅力的でありたいのです。

すべての参加者は，被服は同意を表わさないと認識していたが，どのような外見が同意を示すと考えられるか指摘してもらった時，3人の参加者は「売春婦のイメージ」が思い浮かぶと述べた。

> それはきつくてだらしないものであるはずです。だらしない服装はなおいっそう同意しているように見えます。おそらく着るにも脱ぐにも簡単な被服の多くは，たいてい同意しているとみなされるはずです。そのようなこともあるかもしれないけど，そうあるべきではありません。一般に外見を着飾るほど，より売春婦のような格好であるほど，そう見られるでしょう。でも，完全に「イエス」と言わない限り，同意としてとられることなく，好きな服装をして，言

いたいことを言って，したいようにできるべきだと思います。

　外にはそれを目的とした女性がいて，通りで売春婦を見ると，彼女らはたしかに誘惑するためにそれなりの格好をしています。彼女らは単に人に会っておしゃべりするためにそこに出ているのではなく，まちがいなく誘惑するために服を着ているのです。でも，それは極端な例です。強姦された女性は，一般に，売春婦のような服装はしていません。

参加者の1人は，同意は1人の個人に向けられたとても明確なメッセージであるから，（被服のような）外見が同意を伝えるはずがないと繰り返した。

　いいえ，なぜなら同意というのは本当に特別のことだと思うからです。そして弁護士はとにかく女性は世間に向けて，セックスできそうな関係に興味があると言っていたという事例をつくりたがります。でもそれは「今すぐあなたとしたい」なんて言っているのとはまったく違います。それが同じことだと考えるなんてばかげています。

ある参加者が，被服の意味を文脈に結びつけ，（同意ではなくて）性的な関心を示すために被服を使うのは特定の条件での話で，服装のさまざまなスタイルに，多かれ少なかれ人それぞれ感じる魅力は異なると述べた。

　長年つきあっているような親密な関係のなかで，時々服装は影響を与えると思います。つまり，大切な人が帰って来る前に家に帰って，セクシーなガウンを着てそこに座っているとか，その他何でも，そんな行為を見ると，相手はあなたが何かしたいのではないかと考えるでしょう。でも女性が肌に密着した服装で通りを歩く場合，彼女がそんな服装をしているからといって，次に彼女に近づいて話しかけてくる男とセックスしたいと伝えているなんて思いません。服装の意味は状況によりけりだと思います。

4．強姦にあったとき，外見はふだんの服装と同じでしたか，それとも違っていましたか。

　本研究で標本された67件の強姦事件のうち58件に関して，その時に着用し

ていた服装がだいたいどんなものであったかが判明した。20件がジーンズを取り入れてコーディネートしたものであった。5件は，被害者が就寝している時や寝ようとしていた時に発生した。その時彼女らはふつうの寝巻きを着ていた（たとえば，Ｔシャツと下着，パジャマ，ネグリジェ）。4件は被害者が仕事着やその他の服装をしている時に発生した。強姦にあった時，いつも着ている服装と同じであったかどうかという質問に関して回答を寄せた48人のうち，40人がいつも着ていた被服であったと回答した。7人は，デートのためにドレスアップしており，服装は「ふだんと同じ」ではなかった。そのうち3人は魅力的に見えるようにドレスアップしたと回答した。1人は特に注意をひきつけようと思ってしたくをしたと回答した。セックスに同意するために服を着用したという人はいなかった。このように本研究の参加者の多くは通常着ていた服を着ている時に強姦にあっていた。ほかの時にほとんど同じ格好をしていても強姦にはあわなかったと指摘した人もいた。「ドレスアップ」したと回答した人でさえ，それほど特別なものを着ていたわけではなかった。

　強姦に対する自己責任についてふれた参加者もおり，アルコールを飲んでいたといった行動を自責していた。6人の自責の理由として服装に関する側面が含まれていた。1人は自分の着ていたものについてやはり自分を責めていた。

　　　　彼は私をじろじろ見ていたけど，私の服の着方が事件のなんらかの引き金だったかはわかりません。彼はおそらく何度もその服装を見ていたんだと思います。

　　　　それは教会へ行くような格好でした。一番いい服を身につけていました。それは露出した格好などではありません。

5．強姦にあった後，外見を意識して変えましたか。

　強姦にあった後に外見を変えた人は23人であり，変えなかった人は16人であった。変えなかったと報告した16人のうち4人が，他の質問への回答のなかで，じつは変えていたことを明らかにした。たとえば，強姦にあった時の外見について想起させた際に，強姦されたのは，特定の服装をしている時や特定

の色の服を着ている時であったと指摘した。しばしば「もうTシャツは着ない」「緑の服はいまだに着ない」などという回答がそれに続いた。したがって，全参加者の69％が強姦にあった後，いくつかの外見的側面を改めたと結論を下した。2回以上強姦された参加者のうち，72％は外見を変えていた。一方で1回強姦にあった人で外見を変えたのは62％であった。変えたと回答した者の大多数が，それは永続的なものであると認識していた。そのうえ，3人は強姦される前にしていた外見や服装を回顧して反省していると回答した。ほとんどの参加者が，1つ以上外見的変化を加えていた。

6．外見を変えた被害者は，どんな部分を変えたのでしょうか。

　外見的変化は，主に，身体的変化，身体装飾，全体的な容姿，態度の4つに分類された。身体的変化は，体重の増加や減少，髪を切る，カラーリングするといった身体の表面的変化である。身体装飾に関する変化は，被服の着方や着用する色の変化，特定のスタイルをすること，ワードローブから特定の衣服を選ぶことがあげられた。全体的な容姿に関する変化は，頭からつま先までイメージを作り直したという内容である。態度の変化は，何を着るかという意識や，他者がそれをどのように理解するかといった意識，また他人を満足させるために服を着ないようにするという意識の変化が参加者に生起したことを表わしていた。

　身体的な変化で代表的なのは，体重増加と香水の使用であった。22kg増加した人や，7号サイズから10号サイズになった人もいた。無意識的に体重が増えたという人もいれば，強姦されてから数年の間，1年ごとに2kgから5kg増やした人もいた。身体的変化については，髪型を変えたことが第1にあげられた。色を変えたり，ショートスタイルに変えた人が多かった。ある人は強姦の後，ヘアスタイルをまったく気にしなくなったという。つまり彼女はまったく髪をなくしてしまったのである。また，ある参加者は，衛生的側面の変化をあげた。彼女は規則正しくお風呂に入らないことにしたようである。

　　　私はかなり体重が増えました。意図的ではなかったかもしれないけど，意図
　　　的だったのかもしれません。私はもうあんなふうに襲われたくないという一心

第 1 章　レイプサバイバー

でした。

　私は髪をばっさり切りました。なぜなら，そうするとだれも私だとわからなくなると思ったからです。まわりの人はいつも私の髪を見ては髪型についていろいろ言っていました。私はそれがいやでした。だから私は髪を切ったんです。

　その時私はとても髪が長かったのですが，およそ3週間から1か月かけてゆっくりと髪を切っていきました。髪はそうたびたび洗いませんでした。そして，香水をたくさんつけました。においを香水で隠せなくなって，母親が私にお風呂に入るように怒鳴りつけた記憶があります。

　身体装飾の変化に関しては，被服スタイル，フィット感，色，アクセサリー，化粧の変化があげられた。スタイルの変化とは，常に1種類の被服を着用する（たとえば，常にスラックスをはいている），新しいアイテムを身につける（たとえば，ブラジャーを身につける），特定のスタイルをやめる（たとえば，ブラジャーを身につけない）といった内容であった。フィット感の変化は，ゆったりとした服を身につけるようになったことや，身体をおおい隠す服を着るようになったということである。強姦にあったあとは，いつもダブダブの被服を身につけていると回答した人も何人かいた。

　最初に強姦にあってから，私はスエットパンツとダブダブのTシャツを着るようにし，髪型もメークもかまわず，約2年間どこにも行きませんでした。実際にまた社会に出るようになったのはちょうど今年の夏ごろです。今は髪をポニーテールにして小さなリボンをし，しおらしくイヤリングをしています。現在はまたメークをしています。でもまだとてもゆったりした服を着ています。つまりダブダブのショーツ，ダブダブのTシャツ，ダブダブのジーンズ，ダブダブのシャツといった格好です。全体的に全部ダブダブです。今は25歳の女性が着るような服ではなくて，「ちょっとした若者」風のかわいらしい服装をしています。

　以前私は本当に短い服を着ていました。品のないタイプの服ではなくて短くてスリムな服です。事件後はけっして着ていません。足首まであるスカートをはいています。下にタイツをはいてさえいるのです。私が何かを求めていると

だれにも思ってほしくなかったからです。

　色の変化というのは，特定の色を着なくなったとか，もっぱら単色のみを着るように切り替えたとか，きわめて明るい色の服を着ることにした，ということであった。アクセサリーの変化は，ほとんどアクセサリーをつけなくなったことや，コンタクトレンズの代わりに眼鏡をかけるようになったことであった。化粧の変化は，ほとんど化粧をしなくなったか，まったくしなくなったということであった。

　　　私はけっして黒は着なかったのですが，被服の色は見る限りすべて黒と地味な色です。事件以前，私はワードローブに黒はほとんど持っていませんでしたが，その後は見る限り黒っぽいものばかりです。とてもゆとりがあっておおい隠せる服装になりました。しばらくはほとんど露出しないものを着ていました。

　　　私はいろいろ考えて，髪を明るい赤に染めたほうがいいと思いつきました。そして実際に明るい色の服を着始めました。事件は私が自ら招いたようなものです。まるで「やりたければやってみなさい」といわんばかりでしたから。

　参加者の全体的外見の変化は，ある部分だけというよりも全体のイメージ（たとえば，身体と服装）を変えるというものであった。全体的な外見を変えて，きちんとして保守的なイメージに，あるいは逆にだらしない外見にしたようである。彼女らが指摘した変化の多くは微妙なものであったが，自分自身の新しいイメージをつくったという人もいた。

　　　私が映画に着ていく服は，まったく薄汚いものです。髪型も魅力がなく，髪はきれいにしておきません。あの事件を経験してから，自尊心に欠けるほうがいいと思うようになりました。

　　　男たちはかわいらしい服装をした女の子を見たがると思いました。パーティではまさにそうだったと思います。セクシーに見えたりするような服装よりも，正装したコスチュームの女の子のほうがより好かれそうだと思いました。でも事件後は，少しコンサバティブな服装をするようになったと思います。その後，パーティに行くときにはシルバーのドレスや靴，またはそれに似た感じの服は着ていません。シンプルな服装をしています。

最後に，態度の変化というのは，以前は外見に対してどういった反応をされるかなど意識していなかったが，事件後は何を着るか自覚するようになったとか，あるいは前は他者を喜ばすために服装を考えていたが，もはやそんなことはしなくなったというような変化であった。

　　たぶん私はどのような服がフィットするのか前より意識していると思いますが，目的をもって変えたというわけではありません。私は服をどう着ればよいか，他者に自分をどう示すか前よりも意識するようになったと思います。私はそのことをいっそう意識していますが，私が自ら変えたものではありません。それは起こったことに心理的に反応しただけなんです。

　　その経験から，私の考え方は変わりました。基本的に私のパーソナリティが全体的に変わりました。すっかり落ち着いたように思います。私は基本的に自分に合う服装をするようになりました。以前は上品で，かわいい感じに見えるようにしていましたが，事件後は今の私の感じにするようにしています。四六時中ジーンズとTシャツです。

7．いかなる理由から強姦被害者は外見を変えたのでしょうか。

　外見のなんらかの部分を変えたという被害者は，その理由として自己防衛をあげた。彼女らはまた服装の伝達能力を認識していた。自己防衛のために服装を変えたという参加者は，将来強姦にあわないように，また他者から何か言われないような服装を心がけていると語った。服装にコミュニケーション機能があると認識していた人々は，セクシーでも魅力的でもないイメージを提示したいと述べた。何人かは，強姦にあった後，もう注目されたくないと思い，自分の外見を変えたという。彼女らは目につかないことを願っており，自分に注意を向けないようにし，正体を隠すと語った。性を感じさせないようにすると述べた人もいた。つまり主に，性的な注意を向けられないように，女性らしく見えないようにしているようである。

　　私は外出するとき，露出している服を着ないようにしています。なぜなら通りを歩くと，どうしてもトラブルに巻き込まれる予感がするからです。私はだれにも近寄られないために，性を感じさせない服装をする必要があると思っています。

事件後，私はまたスラックスをはくようになりました。スラックスをはいている時は自分は魅力的でないと思います。それはまわりの人を立ち止まらせるほど魅力的な服装ではないから，たぶん他の人も，自分を見ることはないでしょう。

　もし外に出なければならないなら，人から見て私がトラブルに巻き込まれたくないと思っていることがわかるように，コートを着ると思います。私はだれにも気づかれたくありませんでした。

異なるイメージを提示したくて外見を変えたというコメントがいくつかあった。ある女性は，他者に強姦の前とは違うイメージを与えるように，意識的に力強い自分に作り変えようとした。

　力強い女性というとアマゾンの女性というイメージがあります。だから私は自分のことをアマゾンの女性と呼んでいます。彼女は長い赤毛をしていて，強く，美しく，男を踏みつぶすほどセクシーで力強い女性です。だから私はそんなふうに見られたいと強く願っていました。

◆◇ 含　意

　本章のはじめに述べたように，服装の主要な役割のひとつは，非言語コミュニケーションの手段としての機能である（Roach-Higgins & Eicher, 1992）。被服とその他の特定の外見的側面は，着装者についての価値ある情報を伝達する力がある。被服は，異性に対する一般的な興味を伝達するはずである。しかしながら，本研究の強姦被害者は，外見はセックスへの同意を伝達するために使われるはずはないし，使われるべきではないし，使われないという認識で一致していた。同意はセックスの直前で認められたり，拒否されたりするものだから，それよりずっと前にコーディネートされた服装で行動や決定が具体化されるはずがない。それに，外見や服装が同意を伝達するために使用されるはずなら，服装と外見のいかなる側面が同意を表わすのか，社会のなかでかなりの認識が必要となるであろう。

コミュニケーションには2つの過程があり，送り手によって記号化された情報は，同じ意味の情報として受け手によって解読される必要がある。服装の形や外見が，確実にセックスに同意していることを意味するであろうといった意識が社会に生じることなどありえないだろう。服装に含まれる表現と慣習はそれ自体変わりつづけている。服装はコミュニケーションの一形態であるが，服装に結びつく意味に関しては繰り返し議論されている。それらは文化ごとに，文脈ごとに，人ごとに劇的に変わる。

　本研究の参加者によると，セックスへの同意はどうみても不透明な問題である。多くは，同意が行動する前に言葉で表わされなければならないと考えていた。どんな段階でもいずれかの当事者が相互作用において関係を進展させる気持ちがなくなった場合，同意が取り下げられたら，どちらにもセックスをする権利はない。セックスに対する双方の同意が成立するのは，言葉や両者の同意的な行為，そして自発的参加によってのみである。服装をとおしてではない。

　研究参加者は，女性の服装が，気分がよいこと，自信があり，魅力的であること，流行を意識していることを伝達するはずであると考えていた。これらはさまざまな大衆に対して表示された一般的な性質のメッセージであり，特定の個人に向けたメッセージではない。しかしながら，女性がセックスしてもよいと思っていることを特定の男性に伝えるために衣服を身につけるなどという状況があるのだろうか。強姦にあう前に，どんな服を着ようか決める時に，セックスへの興味はおろか，セックスへの同意を示すために服装を選んだという人は本研究の参加者にはいなかった。ごくまれに同意を表わす可能性がある外見について詳しく描写してもらったとき，「売春婦のイメージ」をあげる人がいた。それでも，売春婦が外見を通じて，彼女らを見たすべての人に対してセックスに同意していることを示しているとは考えにくい。

　女性は，他者に対する興味を伝達するため，また他者からの注意をひきつけ，セックスにいたる可能性のある関係に興味があることを示すために，服装を使いたいこともあると参加者は指摘した。しかしながら，女性として魅力的に見える女性と，いかなる時も，どんな場所でも，だれかにセックスへの同意を伝達する外見をつくっている女性との間には大きな違いがある。後者の外見のタイプはありえない。どんなに彼（彼女）が性的に見境ないかもしれなくても，

いかなる時もすべての人に対して性的に応じられる人はだれもいない。そのような問題に関して個人的な選択の自由を喜んで放棄する人はいない。強姦裁判において，強姦を告訴された男の無罪を勝ち取るために弁護士は，女性が外見をとおして「それ」（たとえば，セックスをすること）を望んでいるというメッセージを男性に非言語的に伝達しているといった理由を持ち出し，女性はセックスを望んでいたなどという弁護を首尾よく行なってきた。もし女性が「それ」を望むなら，それは強姦ではない。この弁護は単なる口実にすぎない。それによって強姦者は自分の行動に対する責任逃れができてしまう。

　強姦被害者は，服装がセックスへの同意ではないと強く信じているという事実にもかかわらず，大多数は強姦にあった後，服装の重要な部分を変えた。もし彼女らが強姦にあったことと服装はほとんど関係ないと思っているのなら，なぜ外見を変えたのか。その変化について質問すると，保護のためであったと回答した。被害者はその出来事を思い出したくなかったという。外見を変えたことは身に降りかかることをコントロールできるという保証を得ようとする無益な試みであったのかもしれない。強姦を避けるために外見に関してできることは何もないと理性的には知っていても，彼女らは，もし襲われた時のような服装をしていなければ再び事件は起こらないだろうと信じているのかもしれない。彼女らはある意味で被服に報酬勢力を認めた。情報勢力や説得によって外見を変えることもありうる。被服が強姦を招くという神話はアメリカで行きわたっている。当時参加者は，強姦者が少なくとも外見にかかわりなく襲うということが経験では本当であるとわかっていても，おそらくそのようなことを疑問視している一般的な潮流を考慮して服装を変えたのかもしれない。

　強姦を防ぐための服装の変化と同じくらい重要な問題は，感覚上の安全と実際の安全は異なるということである。めだちにくく，魅力的でなく，性別を感じない外見にすることは安全につながると認識していた人もいたが，この試みが実際に強姦の危険を減じるとはだれも思っていなかった。服装を変えたからといって強姦被害から女性が守られるわけではないといえる。

　いずれにせよ女性が性的暴行を受けるのに，服装が一役買っていると多くの人々が信じていたのは明らかであるが，強姦者が犠牲者を選ぶ際にどんな外見的手がかりを使うのかといった調査はあまりない。今のところ，有罪判決を下

された強姦者が，彼の犯行の答弁において，犠牲者の肌を露出した服装（たとえば，女性はブラジャーなしでぴったりした黒い服を着ていた）をあげたという論文が1篇発表されているだけである（Scully & Marolla, 1984）。それなのに，女性の服装と強姦者の動機と被害者の選択の関係についての研究は進んでいない。将来的にこうした疑問に答えられるような研究がなされるべきである。それに，強姦における女性の服装の役割についての神話を払拭するために教育的努力がなされるべきである。

注
*1　ここに自己の体験を語ってくださった41人の女性に感謝の意を表す。参加してくださった方々にとって，インタビューの間に強姦の経験を思い出すことは明らかに苦痛であり，厳しいことであったにもかかわらず，時間的にも精神的にも寛大に応じてくださったことに心から感謝申し上げる。この研究は一部ミネソタ大学からの学部助成金およびミネソタ農業試験場♯053-048によって支援されている。
*2　性交に同じ。
*3　全米犯罪被害調査は毎年行なわれており，100,000人に対するインタビューが報告される。それは届け出のあった犯罪についての詳細事項を付加的に提供するばかりでなく，警察によって報告されない犯罪を明らかにする意図がある。
*4　レノンら（1993）は，裁判において被服がどの程度の頻度で使われるのか明らかにすることは，証拠が予審法廷レベルで提出され，その法廷の記録が一般に利用しやすくないために，ほとんど不可能であると指摘した。
*5　その問題を扱っているオレゴン州においても審議が未決のままである。オレゴン州の立法案は，もし通過すれば，服装が同意や刺激をしたことを示すために使用されるなら，証拠として服装を提出することを禁じることになるであろう（Oregon House Bill No. 2349, 1997）。

第2章
親密さを表わすために装うか，威圧感を与えるために装うか
―― イングランドおよびウェールズにおける警察イメージの変革

Malcolm Young●マルコルム・ヤング

TESCOのように話し，NATOのように装う警察[*1] （Kohn, 1994）

◆❖◇ 感情の構造と象徴的な力

　社会人類学では，その反映的研究において，自叙伝的データの使用が増加している（Geertz, 1988 ; Hobbs & May, 1993 ; Okely & Calloway, 1992）。この章では，主観的自己が，分析のツールとして，反映的な手法で用いられる。すなわち30年間の警察経歴の個人データおよびフィールド資料から，いかに，警察の制服とボディ・イメージが，警察が維持している文化的意味および象徴的な力を反映しているかを述べる（Okely, 1975, 1996を参照）。ボヂュー（Bourdieu, 1991）に従い，筆者は象徴的な力を，警察のような機関および組織が世の中のものごとの序列のなかで，自らの地位を確立し，維持していくために用いる，当然従うべきだという慣習によって繰り返し教え込まれた社会知識のシステムと定義する。

　さらに，その分析は，技術的・管理的変化，警察本部の合併および社会・政治的圧力が，ローダー（Loader, 1997, p.2）が評するところの残存する英国の「感情の構造」のなかで，どのように，現在，警察が占めている顕著な地位の土台を侵食するようにはたらいてきたかを考察する。このような感情の構造と

は (Williams, 1976), より広い集合的な意識の中で作用する。それは，深い感情的なコミットメントを明示することにより，世の中に秩序をもたらし，文化的同一性の共通の感覚を生じさせる存在論的な安全を維持することを助ける。このようにして，それは，自己が不完全であるという感覚を吹き込む。ローダー (1997, pp.3-5) は，警察はこれを明らかに利用していると主張する。彼は，警察と国家の間に存在する類似性を利用して，警察は英国の警察活動におけるさまざまな尊い伝統，すなわち，たとえば，「村の巡査」「制服を着た市民」そして「同意による警察活動」を喚起し，展開する方法を長い間かけて築いてきたと示唆する。

　これらの明らかな成功にもかかわらず，現在の警察活動には心理社会的不安が増加していると考える。というのは，防衛的で，半ば閉じられ，境界のある警察の活動範囲内に，比喩的に「精神分裂病」として定義されるような急成長する感覚が存在するからである。この活動範囲において，警察の幹部や職員は，絶えず，逆説的で矛盾する「力」と「サービス」の要素を固く結びつける努力をしている (Stephens & Becker, 1994)。われわれが見ているものは，イングランドやウェールズの町や田舎をワイシャツ姿の警察官が歩き，人々に話しかけるというような，対話型の警察と社会の協議に基づいた，統合された「地域警察活動」に対する警察の管理レベルでの願望である。しかしながら，これは，権力と統制の身体的シンボルをますます公衆の目に示す，より戦闘的な外見 (警察官の服装) と明らかに矛盾する。

　警察組織は，警察官が公衆と共同で，地域的に犯罪を抑止し，秩序を維持するために計画された多くの活動 (たとえば警察/教区会合，青少年育成連絡協議会，犯罪被害者支援プログラム，地域協議グループ，品位評価活動など) において共に活動するという地域警察活動という理想を宣伝し続けている (Fielding, 1995を参照) が，警察と公衆が共同での力と制御の「やわらかい手袋」を使っての行使の概念は，警察活動の戦闘的な領域への明らかな移行にともなうシンボル，儀式，およびイメージといっしょの席を占めるのはしっくりこない[*2]。もうひとつの世界では，ヘリコプターによる監視，防護服，武装即応部隊によるより頻繁な火器の使用，暴動鎮圧用盾，CSスプレー[*3]，DNAデータベース，より長い警棒の採用，CCTVシステム (TVに接続可能な)，また

強制的なIDカードの導入などといったすべてがいたるところで,大衆に影響を及ぼしている (Davies, 1996)。

　従来から存在する感情の構造内に含まれているより柔軟な警察のイメージは,サービスとコントロールのいろいろな側面を融合させることができる世界を要求するようにみえる。警察は,ある程度まで,秩序と安全についての観念を作り出し,また,再生産するなかで,このソフトなイメージを維持することができた。しかし,これは,警察がそれについて語り,その結果多くの「作り上げられた真実[*4]」をつくる権限と能力があるために,その世界がほとんどあたりまえのことであると認識されるまでに,教育,習慣,ルーティーン(いわゆるボデューのいう'havitus', 1977;1990)をとおして繰り返し教え込まれた警察の象徴的な力によってのみ可能であったのである (Bourdieu, 1991)。

　そこで,どのように警察本部の統合や組織的,社会的および技術的なフォーマットにおける変革が行なわれたかについて,反映的なアプローチにより,警察職員の身体がいかに警察の思考,信念,実践の方式の変化における根本的変化の第1の文化的反映として,服装を着せられ,公衆の前に出されてきたかを明らかにしよう。また,ここでは,どのように現存する警察への支持的感情の構造が,いかに薄められ,さらに破壊されさえするかを示す。

■表現の媒体としての身体

　身体と,身体をおおい,提示する方法は,紛れもなく重要な表現手段である (Benthall, 1976；Benthal & Polhemus, 1975；Foucault, 1977；Goffman, 1971；Hebdidge, 1979, 1988；Polhemus, 1978)。というのは,それは,社会それ自体の状況に関する情報メッセージを伝達する (Barnes & Eicher, 1992；Blacking, 1977；Douglas, 1973；Mauss, 1935)。警察では,身体はいつもたいへんな重要性をもっていた。

　　　警察界では,均一性に価値をおく。なぜなら,均一性は,その言葉が示すように,秩序と規律の物理的およびイデオロギー的概念に取りつかれたシステム(=警察)の本質を具体化するからである。ダグラス (Douglas, 1973, p.16) がいうように,制服そのものによっておおいにシンボル化されることにより,この固定観念は身体に注目されやすい。というのは,人々が社会的な干渉に価値

をおけばおくほど，人々は肉体的コントロールのシンボルにより価値をおくようになるからである（Young, 1991, p.72）

　この状況において，社会政治的な必然性により要求されたより好ましい表現と同じような現実に対するもうひとつの解釈とギャップは，しばしば，身体および服の着せられ方で観察することができる。現在，警察が直面しているジレンマは，まさに，身体像における相違のなかに見いだすことができる。なぜなら，警察が，彼らが公衆とともにある組織であると主張する外見を維持しようとしても，納税者を納得させようとしても，同時に，彼らは，彼ら自身には直接コントロールできないことがらによって無理強いされているのである。こういったことは，たとえば，リンカンシア警察（犯罪発生率の低い田舎の部隊）が，より大きな都市の部隊と同様にCSスプレーを購入して，ほとんどすぐにこれを2つのささいな騒乱事件において使用した件においてみられる。以前なら，これらの事件は，暴動コントロールのイメージなしに，そして，こういった種類の武器の使用なく扱われていただろう。その結果生じたメディアの警鐘およびこれらの事件に巻き込まれた人々への警察による謝罪は，警察官の身体や装い方および提示のされ方を修正する，強行路線，先行学習型イニシアチブの逆説の一部とみることができる（Maguire & John, 1995）。そのような出来事が，また，公衆の中にいまだに残存する警察活動についての感傷的なモデルを脅かすのではないかと，私は示唆したい。人口の20％は，筆者より年上で，以下に記述される「よりやわらかな」時代の記憶（それらはローダー（1997）が概略を示す感情の構造に染み込んでゆくようにほとばしる）を深く刷り込まれている。したがって，服装と外見は「勢力，作用および経験」の発信源となる（Littlewood, 1997, pp.7-8）。その結果，「サービス」の概念が拡張する「力」の現実と激しくぶつかり，このことは身体が服を着せられ示される方法から観察することができる。

■近時の過去：「よりやわらかな」そして，遍在する徒歩パトロール

　イングランドおよびウェールズの警察勤務は，一般に，1つの特定部隊での30年間と考えられる。たとえば，警察官は，ほとんどすぐに，「あなたはどこ

の部隊の人ですか？」また「あなたはどの組織に採用されたのですか？」と尋ねられる。なぜならこの質問により即座に，あなたがだれか，また，あなたの警察での仕事が何かがわかるからである。つまり首都警察に勤めているか，中規模の町で勤めているか，あるいは「田舎巡査」としての生活を送っているかがわかる（Young, 1993）。私は，1950年代中頃（Young, 1979, 1991を参照），警察が決定的に現場から組織化されていたといえる時期に，小さな都市部隊（ニューカッスル・アポン・タイン市警察）に配属され，この世界に入った。（図2.1）。警察が決定的に現場から組織化されていたということによって，警察活動の本質は，目に見える抑止力としての徒歩パトロールを公衆の目にふれさせることであり，警察活動自体が，都市の地図上に書き表わされた歴史的に決定されている巡回区域に沿って組織されていたことを意味する。このような，社会的秩序の保持，および犯罪の予防および検知という伝統的な原則を追求する中心的部隊は，小規模な刑事部，形ばかりの交通部隊，さらにひと握りの他の専門家（たとえば鑑識，訴追/召喚担当警察官および管理部門）により支援された。しかし，部隊が作られた1836年以来，基本的で，最も公衆の目にふれ，かつ本質的な仕事をする部隊は，常に制服を着た徒歩パトロールだった。

　ニューカッスル警察は，当時，イングランドおよびウェールズの150の都市，自治都市，あるいは郡部の隊のうちの1つで（Reiner, 1991, p.4），3つの管区で組織され，そのおのおのに18の巡回区域があった。専門化の欠如および管理監督のための上下構造が，1970年代の初期の多くの警察本部の合併の結果生じた管理監督のための上下構造より小さかったことにより，678人の男性および44人の女性からなる組織から最大級の公衆の目にふれる徒歩パトロール部隊が形成された（Young, 1991, 1992, 1995）。実際，警察に対する愛称は，警察に対するイメージが以前に概略を説明した感情の構造をどのように生成する手助けをしたかを示している。「ハエ」「青バエ」「とぼとぼ歩き」あるいは「偏平足」（Partridge, 1972, p.710）は半ば親愛的な用語であった。それらのこっけいな言い方は，とぼとぼ歩き，そして，扁平足で歩き回るハエの遍在を示唆する。しかしながら，決定的に重要なのは，それらの愛称は，遍在的な脅威を表わす大敵の警戒すべき姿を意味するものではないことである。

　1958年から1964年の間，私の任務は，時折「パトロール任務」のリストを

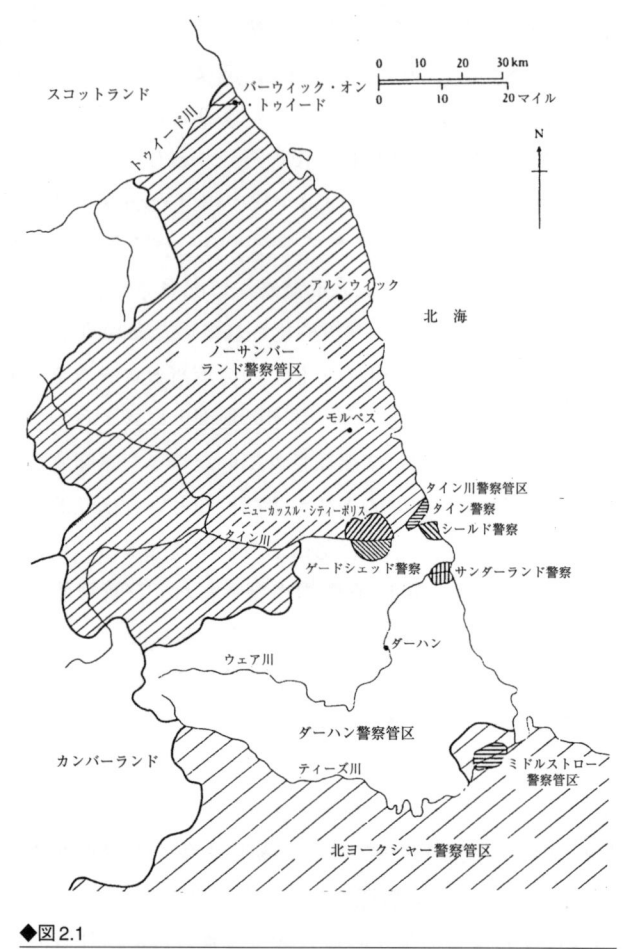

◆図2.1
1967年，1969年および1974年の合併以前にノーサンブリア警察を構成した警察本部を示す地図

作成することであった。それは，28日間の周期で巡回領域あるいは巡回路に警察官をあてはめ，すべての巡回を決定するための管理手段であった。反映的なアプローチ（Okely, 1975, 1996）は，この時期に，警察官が実際上および語義上は可視的存在としていかに遍在していたかを示す。この全知の警察の存在が生じたのは，次の理由のためだろう。(a) 公衆がまわりにいる時には，すべての巡回区域に警察官が配置されていなければならないということはだれも疑

第 2 章　親密さを表わすために装うか，威圧感を与えるために装うか

問を呈することのない「習慣」であった。したがって，多くの警察官が四六時中巡回区域を歩いた。また，市街中心地の面積の小さい巡回区域では，8時間のシフト内に50回以上巡回が行なわれたかもしれない。事実，人々は，その8時間の間に各管区に属する最大24人の徒歩巡回する警察官に会っていた。(b) 混んでいる道路上に追加された「デイパトロール」には徒歩パトロール専従の年長の警官が配置された。そのような長老，すなわち，レイナー（Reiner, 1992b）が仕事嫌いとみなした「制服の運び屋」も公衆の目にふれる警察官であった。(c) 特定箇所への警察官の配置は他の公衆の目にふれる警察官の存在を作り出した。その当時，市の中心部では，主要な道路に立って，交差点で腕をふったり，交通の激しい道路で結果的に横断歩道となる場所に立っていたりする10人の経験の長い巡査がいた。(d) 警察官は，ほとんど，制服を身にまとい，バスにより出退勤した。したがって，その存在はさらに強化された。(e) 「当番中に時間を空費すること」あるいは「命令なしに巡回からはずれること」を違反とする規則がつくられた。パブや「ティースポット」，あるいはその他の場所で，短い時間，巡回をさぼろうとする警察官を捕まえようと，多くの監督のための時間が使われた。ちょうど私が入る前まで，休息時間は20分ずつの2回に分けられ，2つ以上の巡回区域の交点に戦略的に設置された交番で，あらかじめ決められた時間にとるようになっていた。警察官が外にいるべきであるという認識は，ものごとの秩序の中心であったので，私が巡回を担当していたころには，警察官が，もし45分のサンドイッチ休憩の始まる2分前に市の中心部の警察署に帰って来れば，もう1度外に行ってこいと命令されていたものだった。さらに，万一巡回区域の境界がその同じ通りの反対側なのに，午前3時に，通りの反対側のショーウィンドウを見ているところを見つかると，懲罰事由が発生する（Brogden, 1991を参照）。また，この世界では，市の中心部の巡回地域を受け持つ18人の警察官のうちの8人が，この「ドクター・フー」（英国BBCのテレビ番組で，狭い交番（非常電話があるだけのきわめて狭い「箱」）をタイムマシンにしていた）の交番から出発し，ここに帰って来ることになっていた。したがって，私は，45分のサンドイッチ休憩の間のみ警察署の暖かさおよび快適さを味わうだけで，いくつもの巡回シフトを連続してこなさざるを得なかった。(f) 最後に，法廷への出廷があった。当時，警察官は，

事件の証拠について異議申し立てがない時さえ,すべての事件に目撃者として出廷しなければならなかった。市民は,しばしば合計200人の被告のいる,1日に5つあるいは6つ開かれている法廷に向けて,制服を着た巡査の一群が,バスで法廷へ行き来するのを見,これがまた市民の目にふれる警察官の数を増やした。

■公共の身体

　この集合的な警察の存在にもかかわらず,各警察官は本質的に孤立していた。そして彼のまわりで起こったことの多くに無関係であった。このことが,英国の警察官に関して非常に多くが書かれている広範囲な「裁量」に相当に影響を及ぼしたことを示唆することができるように思われる。各警察官は,助言や援助への即時のアクセスがないということを公理にしていた長い期間にわたる前例に従っていた。たしかに,われわれは,上質のサージ・ジャケットとズボンとそして制帽で,部隊が設立された当時の「制服は…白いボタンおよび白いレースを備えた青いシャツ,ボタンには市の楯の模様,そして腕には,ニューカッスル警察の文字」(Newcastle City Police, Commemorative booklet, 1969)以来,ほとんど変わらないイメージを示しながら,ただ歩いていた。

　この同じ記念の小冊子の写真には,1899年に撮られた,私が60年後に支給された制服と同一のものを着ている警察官の写真が載っている。しかしながら,キャプションは,1899年までに,初期のガラガラがチェーンのついた警笛に取ってかわったことを明らかにしている。一方,すでになめらかな革トップを備えた(争いになると必ず脱げてしまった)(Newcastle City Police, 1969, p.8) 1867年のシルクハットが,われわれのおおいに重要な「近衛兵スタイルのひさし付き帽」に代わっていた英国警察のその標準的シンボルであるヘルメットは,ニューカッスルにはなかった(Young, 1991, p.72を参照)。実際,ヘルメットは,われわれが自らの「本物の警官」としての優越を感じさせるとともに,彼らのあいまいで低い社会的地位と対比した隣接する他部隊の第1のシンボルであったので軽蔑されていた(Young, 1991, 3章を参照)。そのような公然とした差別を政治的な配慮が否定する前に,ニューカッスル部隊は,男性たちに身長が少なくとも155cmであるように要求し,180cm以下の者はめったに雇

わなかった。したがって，ヘルメットは，「タイン川の対岸のゲーツヘッド警察部隊の小人のために」あるいは北の「ノーサンバーランド郡警察の羊追い」のためのものといわれていた（Young, 1991, pp.72-73）。制服のズボンの特別のポケットに入れた30cmの木製の警棒とスニップス（キーなしで，しかも警察官でなくても開けることができる一種の手錠）だけを携え，巡回任務の巡査は次のような具合に，彼の区域を歩いていた。

> 巡査は単独パトロールの一般的な実施方法によって要求されるように，「決められたポイント」での監督者との短い接触によってのみ中断される以外は歩いた。あまり重要でない出来事や小さな争いを解決する交渉技術は必要な生き残り術であった。援助のための技術的な手段はめったに利用できなかった。したがって，今日であれば，対決にいたる危険をもたらす強い反発を引き起こしかねない状況も，支援なしで解決された。（Fielding, 1995, p.37）

他のところで，私は，なぜ，このような正義を交渉で作り出すシステム，およびそのような争いを回避する方法が重要であったか（Young, 1986, pp.278-279）を述べた。それは，いつも事が起きたときには，交番は巡回区域の反対側の端にあるように感じられ，したがって，支援を求めることは，おそらく管区警察署に電話をかけに0.8kmを走るために現場を去ることを意味したからである。その結果，

> この技術的ギャップが，自己のみを頼りとする態度を生成することを支援し，徒歩パトロールに，騒動を鎮めて払拭することを要求する警察スタイルを生みだし，支援を要求することについての抵抗感を作り出した。助けを求めることは，地域の問題を解決することができないことを意味した。したがって，逮捕が正当化されても「説得して家に帰すこと」ができたかもしれない不必要な逮捕，いつも好意的にみられるとは限らなかった。護送車を呼ぶことは，警部補や，署内勤務の巡査部長，当番の運転員の仕事を著しく妨げ，彼らのドミノゲームを中断させるかもしれなかった。（Young, 1986, pp.278-279）

さらに，各管区は，1台の護送車と1台の乗用車しか備えていなかった。そしてそれぞれの勤務時間には，公式に運転手として登録されている者は1人しかいなかった。この運転手は，通常，警部や巡査部長の運転手を務め，そして

交番から電話で,逮捕を理由に護送車を要求すると護送車を運転しなければならない勤務経験の長い巡査だった。もちろん,あなたが電話した時,彼は担当区域の分駐所に文房具類を配達しているかもしれず,そうであれば,あなたは交番で逮捕者としばらく待つこととなる。このように,社会のなかでは,すべてはうまくいっており,公知の騒ぎや災難は受容可能な(そして操作された)一定の水準内に収まっているということを示唆するようにすべてが調整されていた。なぜなら,このようなシステムの下では,単独で巡回している警察官が,強硬な犯罪撲滅イメージを提示する機会はほとんどなかったからである(Young, 1986, p.279)。

　最後に,このような自己完結的なパトロールの時代には,暖かい季節には,わずかながらも戦闘的な制服の上着は,「ワイシャツ姿の秩序」にとって代わられることとなった。しかし,それは,5月1日から9月30日の間だけであった。部隊の規則はこれらの日付を指定し,皆に一斉に,ジャケットを脱ぐように要求した。裁量は認められなかった。そういう事情で,どんな犯罪撲滅イメージも,現実によって否定された。というのは,よりやわらかい外観が何十年間もの間存在していたからである。ただ,1990年代後半に,この世界に入ってから30年の勤務を終えようとする者にとって,自分たちが警察の世界に足を踏み入れたのは,徒歩パトロールという形態は消滅したが,この形態が生み出し,維持してきた深い感情の構造だけは残存していたころであったといえる。

■歩調の変化

　1960年代後半および1970年代のはじめには,政治的な運動による決議により,合併の波が押し寄せ,イングランドおよびウェールズは警察本部の数を合併により150から43まで減らした。ニューカッスル警察はノーサンブリア警察を組織するために,隣接する8か9の警察本部と一緒になった。合併により,全員がお互いをよく知っている,30年にわたって勤務する警察官の一群が,限定された区域で一生勤務する土台となる堅く織り上げられた警察本部アイデンティティが吹きとばされた。さらに,「地域感」という概念の崩壊は,他の技術的な構造変革と同様に,警察活動のイメージとスタイルを後戻りできないほどに著しく変更した。

第2章　親密さを表わすために装うか，威圧感を与えるために装うか

　1番めは，パーソナル無線の導入である。その結果，巡回にあたる各警察官は，彼の署と，近くのパトロールの警察官と，彼をサポートする車と，他の専門家と即時の連絡や接触ができるようになった。2番めは，政治的な意図で導入された「部隊での巡回取り締まり」システムによって生じた。このことにより，英国警察の約130年の徒歩パトロールシステムは放棄され，従来の巡回の既述の機能を置き換えようとする新方式の巡回，すなわち「パンダ自動車」（小さい，パトロールカーと書かれた）に乗ってのパトロールへと移行した。いまや，ほとんどの事件にパーソナル無線を持った警察官を急行することができ，即時の対応が重大な要素となった。そして，現在までレスポンスタイムが能率を測る最も重要な指標であると考えられている。分隊あるいは分駐所は，8時間の当直の間に統計的に起きる数の事件（その標準的な数については意見の一致をいまだみていないが）を処理できるだけの数の（パンダカーを持つ）2つか3つのパトカー部隊に分けられるということである。これによりただちに現われた効果のひとつは，合併により新たにできた警察本部に，合併に付随して当然必要が生じたとみなされた専門部隊のために多くの人員を提供したことである。これらの新しい警察本部は突然，強化された薬物対策チーム，詐欺対策チーム，強盗対策チーム，犯罪情報ユニット，万引き対策チーム，コミュニティ事務および学校連絡チーム，照合専門家，犯罪予防部，自動車泥棒チーム，火器ユニット，自動車教習所およびこれらを支援するために必要な研修部局などを必要とした。組織が成長したことから，監督者の数も急上昇した。したがって，たとえば，合併前の警察本部に警視正の階級が存在しなくても，警視正の階級は標準になった。また，警察本部長と巡査の間の管理階層の数がふくらんだ。[*5]　そして，警官の数が1960年代から1990年代の間に，12万人と2倍になったけれども，上記のような，警察官が徒歩で至る所をパトロールしているような状況は消失した。

　さらに，いまや警察官が民間人と同じ服で通勤し，たいていの者が車を所有し，それで移動しているので，公にされている（合併した警察本部の）統合推進政策の一環として，警察官を転勤させることが可能になった。その結果，自分の領域あるいは「責任区画」（Young, 1993, pp.16-30）に対して作り上げてきた，自分の区域という強い感覚は破壊された。私は，この感覚が警察官の彼

ら自身の感情の構造のなかに住みつき,積極的な行動へ駆り立てていたと信じている。10年以内に,警察官が徒歩で,全勤務時間を過ごすことはまれになるようになった。なぜなら,決まった地域や受け持ち巡回区域といったシステムが,そのようなシステムの維持を保証するための理想を表わす言葉とともに,消え去ってしまったので,いまや警察官は警察署の内外をうろうろして,次の呼び出しを待っているようになった。[*6]

大学で3年間過ごし,そして,CID（犯罪捜査部）および捜査チームの刑事として10年間を過ごした後,1977年に,私は制服を着る部署に戻った。私が19年前に出発したのと同じ部署には,いまや,通常は1当直に平均して,たった9人あるいは10人の制服警察官しかいなかった。さらに,交通整理する警察官,ゆったりと大通りをパトロールする長老警官はおらず,徒歩パトロールシステムはなかった。統計目的のために出来事を分類し,場所を示すことができるように,巡回区域はまだ地図上にあったが,これは英国の隅々で起こった議論の余地ある変更であった。トニー・ジャッジ警視がそのような変更に関してコメントしている。

> 私は,1963年に警察に入り,'65年に軍隊へ入隊するために離れ,再び1968年に警察に戻った。しかしその世界はすっかり変わっていた。以前に,私は［マンチェスターの］いくつかのかなり物騒な通りを自分の口[*7]のみを頼りに歩いて,別にそれをなんとも思わなかったものだ。私たちは今,防護服,サイドハンドル付きの警棒,そして,ベルトにCSスプレーを持っている。(T, Judge, 1997年5月)

■**社会的秩序および異議の政治**

1977年には,A. C. ジャーマンが,雑誌「ポリスジャーナル」の中で,男らしい権力のイデオロギーがどのようにして,社会的接触を重視するより柔軟な世界を否定するほどまでにあがめられるようになっていったかを述べている。この状況で,彼は,行動とイデオロギーが,地平線の向こうに漂っている悪夢のシナリオに向かって,後戻りできないように導いていくようにみえると主張した。そこでは,論理的そして究極的結末にいたるまでに,法規範重視的な刑事裁判システムが追求される,そして,そこにおいて,

第2章　親密さを表わすために装うか，威圧感を与えるために装うか

　警察は，一方的に，社会統制に関するすべての意思決定権限を引き受け，［警察］が即時の敬意と服従を与えられないいかなる状況においても即時で大規模な力を適用する…警察は保守的なそして…右翼的な運動および哲学との緊密な関係を継続し，新規採用者については，社会的に微妙な立場にある執行猶予中の者や伝統的な手続きや態度を疑う者を排除するためより徹底的にふるいにかける。…犯罪は増加し続け，市民はさらにパニックに陥り，そして怒り狂う。警察はより多くの人員，設備および装備を要求し，「犯罪との戦い」を強化することを公衆に対して示すようになる。(Germann, 1997, pp.340-347)

　これには不吉にも予知のきざしがあった。というのは，1979年に，サッチャー夫人が労働組合権を抑制しようとして政権を握ったからである。彼女は，ただちに警察官の給料を増やした。そして，その後の15年間のための政治的目標を定めた。この15年間においては，貧富の格差が広がっただけではなく，警察のイメージは右翼の哲学への支持と同義のものとなった。1981年までに，ブリックストン，ロンドン，そしてリバプールで暴動が起こった。その後，バーミンガムのハンドワースで，都市ブロック全体が全焼した（Cowell et al., 1982）。レイナー（1991, p.167）が示唆するように，これらの都市の暴動は，最近の英国では例がなく，警察に対する深い衝撃を引き起こした。

　スカーマン卿のブリックストン暴動に関する報告書（Scarman, 1981）は，警察の公衆からのますますの分離を批判し，そして，強硬な警察戦術および事件に対する過度の反応が事件の原因であると特定した。このレポートは，「警察の再方向づけおよび改革のための風土づくりのためのきっかけ」（Reiner, 1991, p.166）となり，国中で，協議グループをともなう「社会警察活動」が始まったが，さらに，このレポートはその時代の政治が作り出した不和を生じさせる力に対応するために，警察が大規模に訓練し装備することにもつながった。さらに，それは，政府に警察本部間の相互援助を進めさせ，防護装備の購入および治安維持訓練にお金を出させた（Scraton, 1985, p.144）。レイナー（1991, 8章）はその著書のなかで，暴動の影響について詳述しているが，そこでは，警察本部長たちは，社会秩序維持の問題の困難性について，社会における相矛盾する，しばしば折り合いをつけることが不可能な期待に関する問題の困難性について考察している。しかし，社会は，一方では，警察が法律の範囲内で行

動し，最小の力の戦略を使用することを望む（Reiner, 1992a, p.765）が，他方では，平穏を望み，いかなる不同意や争いも警察がすばやく，否応なくくいとめることをよしとするようになった。

　社会概念を否認する，個人主義と富に対するサッチャー主義的追求は，他の時代であれば，代替的な政治的あるいは民事的な手続きで解決され，警察がかかわることが回避できたであろう事件（たとえば核廃棄物処理に関するデモ）に警察がますます巻き込まれる事態を生じた。しかし，警察本部長たちのそのような公然の社会的・政治的な問題に巻き込まれることをいやがる主張（Reiner, 1991, pp.210-219）にもかかわらず，これらの争いへの対応は，一般に弾圧と新しい立法の施行であった。これらは，大衆抗議行動を刑事犯とし，デモンストレーションを組織するのをより困難にした。あたかもサッチャーの重視した非実在社会が，巨大な陰謀に外的な圧力をかけることができるかのように映った。

　サッチャー夫人が「あなたはわれわれの仲間か」と叫ぶなかで，これらの争いにおいて，受け入れられない「他者」像を作り出すという基調が形作られた。ここにおいては，国家の最初の対応としての警察は，「ハードな」戦闘服で現われ，そして，警察の軍隊化が急速に進むとともに，武器を持たない伝統的な英国の巡査のイメージはあせていった（Reiner, 1992a, pp.766-767）。

　しかしながら，警察と労働者の衝突の最も目に見える例を提供したのは1984から5年の12か月の鉱夫ストライキだった。というのは，この時，警官は隊列を組み，ピケをはる鉱夫に直面した。しばしば，鉱山から数百マイルも離れたところで道路封鎖を行なうことにより，法律上の正当性を限度いっぱいまで拡張した。この期間中，スコットランド・ヤード（ロンドン警視庁。その所在地からそう呼ばれる）のナショナルレポーティングセンターを通じて組織された大規模な全国的なオペレーションの結果，それらの産業に終止符を打つという政治的に引き起こされた行為を妨げようと最後の闘いを試みる労働者階級と，重い戦闘服姿で闘う実質上の全国警察組織の姿が，テレビ・ニュース映像で毎晩のように見られた（Fine & Millar, 1985 ; Green, 1990を参照）[*8]。ブレークとヘール（Brake & Hale, 1992, p.68）の記録によると，暴動鎮圧のための戦闘服に身を包んだ警察官が猛烈に，馬，警棒，犬や車を使って，ピケを攻撃

しているのが見られた。このため，警察は，組合の力を砕くことを決意した政府の一部門とみられるようになった。常に慎重なレイナー（1991, pp.182-192）が，長い衝突における警察の残念な不公平性を推論している。彼の行なったほとんどの警察本部長とのインタビューから，

> 記録されたインタビューには，すべての本部長によって，全国的警察活動に参加せよとの中央政府の圧力はなかったという公式見解が示されたが，事実は，そのような圧力があったことは明白である。また，記録されたインタビュー以外の話のなかで，自発主義が求められた成果を生み出さないときには，中央の明白な圧力が存在したことを確認する話を聞いた。(Reiner, 1991, pp.190-191)[*9]

次に，レイナーは，サッチャー首相が，どれほど彼女の描く社会的秩序を脅かすグループに潜入して監視する，警察公安部の職員とCIDの職員によって構成される情報機関を望んだかを記述している。これは，公務員であるキャシー・マシターが，いかにMI5（国内不満分子担当の情報機関）が労働組合や左翼的政治運動をスパイしているかについて暴露したのとほとんど同じ時に起こっているので，私たちは驚くにはあたらない。この同じころに，警察も，自由市場信奉の通貨至上主義者の政治体制の教義によって被害を受けた，同じような（財産や土地などを）奪われた人々と敵対させられていたからである。

たとえば，これらの教義は，明らかに，「ニューエイジ旅行者（New Age Traveler；NAT）」(Judge, 1994)[*10]という漠然とした分類で一括してよばれる放浪する若者に対して，罪に問うた。これらのNATは内務大臣によって「中世の山賊団」と中傷され，1985年の「ビーンフィールドの戦い」で警察によってたたきのめされ（Davies, 1985），その後，1992年にウースター州のモートン草地にバンクホリデー（月曜日が休みになる週で週末が1日長くなる）の大パーティに来た彼らは，悪魔じみた言葉で定義された (Judge, 1994)。しかし，1960年代ヒッピーあるいは反体制文化のこの近代的な変形は，けっして社会を脅かさず，めだつ社会構造を破壊することもなかった。しかしながら，社会の境界すれすれの存在である彼らは，抗夫のストライキの間にそのやり方が完成された道路封鎖と警察が意のままに保釈に同意したり，否定したりできる，ジャッジ (1994, p.36) が「保釈条件の創造的な使用」とよんだものの準

法律的適用を経験することとなった。さらに彼らは，近代警察のイメージのなかの「ダース・ベーダー（映画「スターウォーズ」の悪役武将）」の協調した力に直面することとなった。しかし，ジャッジが明らかに示すように，NATはほとんど何の犯罪も犯さず，単に，やって来て，「大きな音楽をかけ，飲み，ダンスをし，ドラッグを服用し，その後散っていく」だけであった（Judge, 1994, pp.49-65）。私が他の所で，このコントロールしようとする権力の新しい犯罪者層を命名し特定する必要について記したように（Young, 1991, p.259）。

> 私たちは容易に，ちょうど今存在するより，さらにもっと強く規制された構造を生成するために自らの力を使う警察覇権を見つけることができるだろう。なぜなら，その存在理由が，力と制御を行使することである機関では，それ自身の連続性に必要なただ1つの真実は，より多くのコントロールおよびより多くの権威を拡張し要求する機会のなかに存在するのである。（Douglas, 1987, p.92）

こういったことは，ジャーマン（Germann, 1977）により記述されたオーウェル風のビジョン（作家ジョージ・オーウェルはその未来小説『1984年』のなかで高度の管理社会を予言している）につながっていくしかないのではないかと私はおそれる。科学と技術と関心以上のものを要求する危険が1つあること，そしてそれは行き過ぎた社会コントロールだということをジャーマンは，明白に理解している（Germann, 1997, p.340）。私は，こういったことが，警察を，本来彼らが守るべきであると期待されている社会の弱者との間の対立へとますます引きずり込んでいくだけであると信じている。

■威圧感を与えるために装う―象徴的な力および作り上げられた真実

1987年に，私は，警察官として29年めを迎え，ほとんど引退する年齢になっていた。それゆえ，ハンプシャーの警察大学校での中級指揮者課程を受けるように指名されたことには多少驚いた。それは，各警察本部の35人の警視が集まって，10週（50日）行なわれる内務省認可の比較的名門のコースであった。私は，いつもやるように，このコースに入ったばかりの同僚に，それがどのようなコースなのか尋ねた。警官は噂好きであるから，それに関しては話

第2章　親密さを表わすために装うか,威圧感を与えるために装うか

すことができないと彼が返答した時,私は多少驚いた。これには好奇心をそそられた。こういう場合について作れる最後の秘密のデータになるので,私はフィールド・ノートをとることを決めた。私はすべてのノートをここで示すことはできないが,課程の構成とその指導はかなり驚くべきものであり,本章の中心となることがらを反映していたことを示唆しておく。

　第1の驚きは前陸軍士官が課程を運営したことだった。全面的な学術指導者は前中佐で,そして,私を含めて12人の警視たちからなる班のための学術的な指導教員は,証明することはできないが,軍事情報部の陸軍大尉で,北アイルランドからの「休養休暇中」であったのではないかと思う。1日めに,私たちは,課程のことについて大学外で話さないように警告され,その後,図上戦術演習を行なった。後の49日のうち,1日はIRA（アイルランド共和軍）の出来事をもとにした戦術上の解決ゲームを陸軍の施設で行なって費やし,他の25日は陸軍大学校で270人の上級の軍人（1人は女性）と図上演習を行なって費やした。そのシナリオはMACP（警察支援のための軍隊の出動）ゲーム[*11]で,社会の治安がみだされて,警察は平和を回復させるために軍隊を呼ばなければならないというものであった。これらは,「速効解決」という題がつけられ,軍が強力に迅速に導入され,力によって平穏を復活させるというものであった。課程の50％以上が,これや他の図上演習によって費やされた。そして,たった2日だけが地域と一体となった警察活動のために費やされ,1日だけが,国家財政と説明責任に費やされた。これらのことがらは警視級の警察官にとって警察運営上の懸案の上位に位置づけられるものであったのにである。

　私は,いくぶん困惑して課程を修了した。なぜならこの猛烈に強硬的な「速効解決」のゲームで想定される敵は,架空大学の学生に集中していた。われわれは,社会混乱を作り上げたとされる複雑な政治的なできごとを単に無視した。私は,そのような単純な強硬路線の統制の基礎を,上級の指揮官に指導するということは,ジョン・ビダル（Vidal, 1997, G2, p.3）が「政府は問題をもっている。1番めはイメージである。さまざまな理由のために,警察は半軍隊化された。顔がなく,威嚇するように見える,戦争用と同じ服を着た暴漢は,イングランド中部の陽気で情熱的な学生気質にふさわしくない」という事実として描写したものを無視することであると信じる。

力の外観の優越がこのような程度にまで及んだので,「親密さを表わす服装をする」よりも「威圧感を与える服装をする」というイデオロギー的イメージはいまや集合的意識に存在するように見え,これがいたるところで強化されている。本章に関する最初の手紙のやりとりから6か月の間に,私は,全国紙から,たくさんの戦闘服を着た警官の新聞写真を集めた。そしてどれもとても似ていて,他と取り替えてもわからないことに気づいた。キャプションや戦闘用の楯に書いてある「警察」の文字のスペルの違いが,事件の起こっている国(たとえばイスラエル,アルバニア,ボスニア,フランス,英国,トルコ,イタリア,韓国,コロンビア,アルゼンチン,アメリカ,など)の違いを語っているだけである。この新しく世界的な文化的匿名性が重要な問題であることを私は示唆する。1950年代そして1960年代の,歩いて話しかける警察官というのは,一人ひとりを見分けられ,それぞれが異なっており,そして,しばしば彼の能力とともに癖もよく知られている人間だった(Young, 1991, 1995を参照)。しかしながら,今日の専門技術官僚的戦士のイメージは,警察官自身が消失して,攻撃的なプロフィールと同義になる。その結果,彼(イメージは常に男性的)は文字通り,象徴的に,そして,比喩的に,死と破壊のための外見と可能性を示す。

　「インディペンデント・オン・サンデー」紙が,ニューカッスル暴動の後,「ローマの軍団兵からロボコップまで」の変化を図で説明したとき,この見解が例証された (Gillie, 1991)。この新しい戦士巡査は,残念ながら戦闘に対する準備が比較的不十分だった1981年のブリクストンのモデルから進化したといわれている。しかしながら,現在では,警察が紀元101年のポンアレイ[ニューカッスル]の古代ローマ軍団兵の防御および攻撃(図2.2)をモデルとして選ぶことを認めているようだ。

　　　「私は,ローマ軍団兵によって使用された短スーツを研究しました」。スコット氏(近代の各種の身体防護服を企画した,ICLテクニカルプラスチックの常務取締役)は言った。ローマ人は,すねと膝が最も脆弱な部分であることを知っていた。それらは警察が「ベビーグロ」とよぶ難燃性の素材で作られたオーバーオールと一緒に着用される。その防護服は,ABS樹脂で作られている,軽く強いプラスチック,すなわち,スペイン人征服者が使用した鋼よりずっと

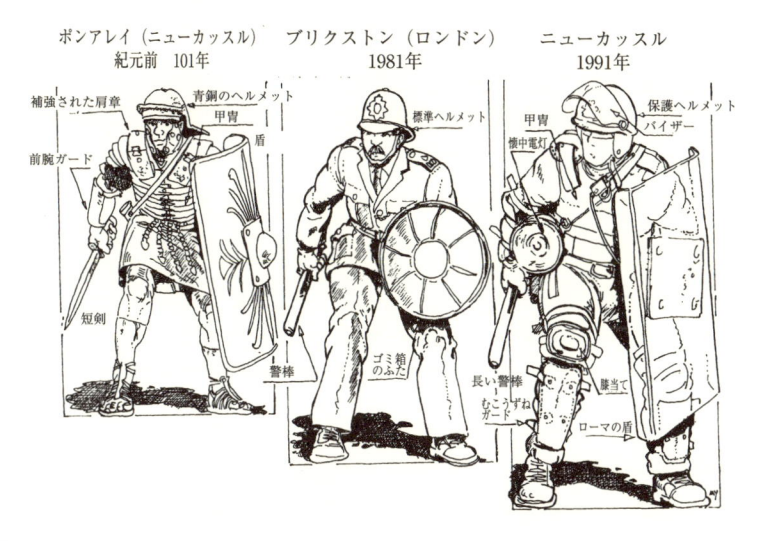

第2章 親密さを表わすために装うか，威圧感を与えるために装うか

ポンアレイ（ニューカッスル）　ブリクストン（ロンドン）　ニューカッスル
紀元前 101年　　　　　　　　1981年　　　　　　　　1991年

補強された肩章　　青銅のヘルメット　　　　標準ヘルメット　　　　甲冑　　保護ヘルメット
前腕ガード　　　　甲冑　　　　　　　　　　　　　　　　　　　　懐中電灯　バイザー
　　　　　　　　　盾

短剣　　　　　　　　　　　　　　　　　　　　　　　　　　　　　　　　　　ローマの盾
　　　　　　　　　　　　　　　警棒　　ゴミ箱　　　長い警棒
　　　　　　　　　　　　　　　　　　　のふた　　　むこうずね　膝当て
　　　　　　　　　　　　　　　　　　　　　　　　　ガード

◆図2.2

　重くなく，古代ローマ軍団兵が使用した革よりも強い。衝撃吸収性フォームにより，その効果は増加している。現在，英国警察が使用するほとんどのヘルメットは，ガラス繊維かABSプラスチック樹脂でできており，それらには，古代の武装を思い出させる首掛けおよびサンバイザーがついている。そして，さらに，それらには，大きな技術的進歩の可能性がある。ヘルメット内蔵無線の可能性が[*12]。

　この記事が示すように，ヘルメット無線，強化ガラスの250倍も強靭なレキサンポリカーボネートの盾，ガソリン攻撃から保護するゴム・シール，鋼のキャップつきのブーツ，そして，膝当てとすね当てなど装着品でほとんどその体が覆われている戦士警察官は，たくさんの装備品で補強されている。このロボコップイメージは象徴的な力を発散する（Bourdieu, 1991, p.170）。そして，ローダー（1997）は，その象徴的な力は，分析し，分類し，認可し，かつ表現する力であるところの正当性のある断定の力をもち，機関による，市民のための「単に真剣に受けとめられるべきであるだけではなく，当然受けとめられなければならない正当性のある命名の力」をもつとする（Loader, 1997, p.3）。私は，そのような正当化は，吟味されわかりやすくされなければならないと考える。

55

「ポリシングトゥデイ」誌（Young, 1994）において，私は，何かの罪で逮捕された者の正確な言い分を記録するために，パトロール警察官は，テープデッキも持つべきであるという提案をパロディー化した。上にあげた装備品に邪魔されながら，さらに暗視鏡，ヘクラー・アンド・コッホのサブマシンガンその他のものを持っている，私のからかい半分の風刺画（図2.3）は，本当にオーウェルの領域に属するものだった。しかしその風刺画は，内省的なムードにある巡査が，ほんの一時それを見て，ホイッスルおよび交番の時代を懐かしむようなものでもあった。他の人々が準軍隊化への流れを残念がっていることは明らかである。なぜなら，「ポリスレビュー」誌（1997年3月7日）が「潮の流れを変える。テムズ川上の犯罪と闘う」とキャプションがつけられている表紙写真を掲載した時，デービッド・パリスターは，「ガーディアン」紙（1997年3月8日）上で，これが「非武装の水上特別オペレーション・チームの記事を説明するために」警察によって提供されたことを指摘している（p.9）。しかしな

ボス，ホイッスルを忘れてしまいました。
パンダカーで送っていただけますか…

◆図2.3

第2章　親密さを表わすために装うか，威圧感を与えるために装うか

がら，彼は，続けて，次のように考察している。

　　防弾服を着て，スチールヘルメットとゴーグルを着けた6人の準軍隊的な警官が，カメラに向かってヘクラー・アンド・コッホ・サブマシンガンの狙いを定めている姿は，「テムズ川上の新しい犯罪対策ボート部隊」に，ロンドン警視庁が望む種類の印象ではない。「私たちは，人々がこれが警察官の日課だと感じてほしくない」とロンドン警視庁の女性報道官は言った。(Pallister, 1997, p.9)

　さらに，この記事は「ロンドンイブニング・スタンダード」紙（1997年3月7日）の怒りをかい，同紙は，ロンドンの警官は自分たちがSAS（Spesial Air Service；陸軍特殊部隊（Special Air Serviceは特殊空挺部隊の意味））と同じだという幻想をいだいていると非難した（"Marine Blues", 1997）。1か月後には，IRAが総選挙運動期間中に一連のほとんどが嘘であるという，爆弾を仕掛けたという電話をしていた時，リバプールのある新聞の1面は「テロリストの脅威に対する取締り，アラートン通りに武装警官」（Varley, 1997, p.1）と報じ，その横には，ヘクラー・アンド・コッホ・サブマシンガンを持ち，拳銃を携えた防弾服の警察官の写真があった。このようなパトロールが，アイルランド共和国軍の魂をもつゲリラと接触することは，ほぼ確実にあるまいということは，マージーサイド警察のスポークスマンには思いつかなかったようで，彼は，「彼らは，テロリストの脅威を厳しく取り締まっていたのだ」と新聞に伝えた。しかし，公衆からは別の反応が返ってきた。

　　2歳の息子と買い物をしていたある女性は，「私は，彼らが銃を持って私の方へ来るのを見た時，ひどく恐かった。私は，一体全体，何が起こったのかと思った」と言った。また，別の人は，「私は，彼らを見た時，ほとんど死にかけた。その警察官は，私の顔に表われた衝撃を見て，ウィンクをした」（Varley, 1997, p.1）

　それでも，まだ，警察スポークスマンがコメントしたように，「武装警官によるものをも含む，人目につきやすい警察活動は，われわれの公共の安全および公衆の安心感についての約束と一致している」（Varley, 1997, p.1）。私は，

これらのいまだ確認されていない，公衆の安心感へのコミットメントという主張は，警察が一貫してその中に浸ってきた種類の「作り上げられた真実」のひとつであると主張して反駁したい（Young, 1991, 5章；1993, 9章；1995a）。これらの儀式的なイベントにおいては，声明が発表され，議論を許さないような立場がとられる。したがって，警察にとって，それらの儀式的なイベントは，彼らの行為を合法化する「象徴的な力」の大きな一部となるのである。完全な客観性という見方を支持する機関の歴史に力を与えられ，事件の描写に疑いを差しはさむような，現実の代替的な解釈は許されない。たとえば，コストのかかるヘリコプターの購入および配備についての，これがコスト効率よく警察活動を成功させるとの主張は，これらの作り上げられた真実がうずまくエリアの1つである。防護服を着けた武装警察官のパトロールの登場もまた，おおいに称揚されたが，しかし，効果の程は疑わしい何百万ポンドもかけたCCTV監視システムと同様に，警察シンボルを利用したものであると議論できよう（Davies, 1996；Norris & Armstrong, 1999）。ボデュー（1991, p.75）は，象徴的な力は，力の象徴化なくしてはありえないとし，ローダーは，これらの手錠，暴動鎮圧用盾，ヘリコプターなどがより広い文化のなかですでに存在している警察活動に対する考え方および幻想と結びつき，これらをつなぎ変えることを指摘しつつ（Sparks, 1992を参照），このことを確認している（Loader, 1997, p.4）。

これは，ボデューがいうように（1991, p.126），改宗者へのみ説教を行なう，効力を発生させる儀式である。最近では，当該組織（警察）の象徴的な姿勢は，それが後悔するようになる可能性が高い，「威圧感を与える服装をした」外観を生み出しつつ，変形されてきた。この状況で，大衆が維持しようと切に思っている既存の深くしみこんだ感情の構造は脅かされても不思議ではない。それについて，ローダーは次のように適切に警告している。

　　私たちは，社会のあらゆる階層から発せられている，もっと多くの「巡回警官」に対する根強く高いレベルの支持に留意する必要がある。巡回区域をパトロールすることの効果の限定性についての多くの証拠にもかかわらず，公衆の目に見える警察による保護に対する要求は減ることなく続いている。（Loader, 1997, p.2）

第2章 親密さを表わすために装うか，威圧感を与えるために装うか

結　論

　大通りや裏通りにおいて権力を示すための警察官の外見は，ますます，重武装し，鎧を着たロボコップに委ねられているように見える。このような流れのなかで，警察は，彼ら自身の作り上げた真実および極度の象徴的な力のなかにますます陥っているように思われる。これは，警察官を，人間としての平面での社会的接触から遠ざけ，自動車，装甲車およびヘリコプターの中へと押しやる。そしてその中にいると，警察官は，どこへ行ってもまったく同じで，世界中で他の準軍隊的な部隊が着用していたものと交換してもまったくわからないような制服を着ることとなった。[*13]

　高姿勢の，対立を引き起こすような政治的な教義や，即時コミュニケーションや情報技術の進歩に駆り立てられ，警察本部長（ACPO）協会の制服プロジェクト・グループによって提案された，標準化されたイメージ（Rose, 1996）は「1998年までに，英国中で，素肌に着用されたマジックTシャツが，0.375インチ口径のピストルから発射された弾丸やナイフを止めるのがみられるだろう」（Rose, 1996, p.6）。この時には，古い型のヘルメットと平面帽子の両方が消え，無線マイクを内蔵して，野球のバットの打撃に耐えうる，ポリエチレンとプラスチックでできた，新しい丸いサイクリング型のヘルメットに取って代わられるだろう（Rose, 1996, p.6；図2.4）。この制服プロジェクト・グループのリーダーである西ヨークシャー警察のヒューズ警察次長は，新しい制服は現在の43の警察本部の間に存在する違いを取り除き，警察という一体化した「団体イメージ」を与えるであろうと強調した。それは，43の部隊の違いを取り除くことでもあった（Rose, 1996, p.6）。そこには歩いて，公衆に話しかける一人ひとりが異なった警察官といった人間レベルのことについての言及はない。中央集権化された管理方式に支配され，区域ごとの対象とする人々の異質性という考えを否定し，すべてが単一の団体像を作ることを目的としているからである。この提案は，英国社会のなかで広がりつつある文化的な多様性を無視しているようにみえる。また，もう1つの作り上げられた真実が作られようとしているようにみえる。しかし，「ガーディアン」紙の社説は，次のように警告する。

ビクトリア女王時代初期　　ビクトリア女王時代中期　　巡回警官
1840-50年代　　　　　　　1870年代　　　　　　　　1950-1960年代

ヘルメット
1963年代以来の古いプロセイン風の
ヘルメットよさようなら，そして，
無線内蔵のアイシェルドつきの
ポリエチレンとハードプラスチックで
できた丸いヘルメットよこんにちは

ジャケット
嫌がられた古いボタンをかける
タイプの上着から，登山者のように
暖かい，ふわふわした防水加工の
ブルゾンジャケットへ

ズボン
もう，巡回も寒くない。
防水膜付の新しいズボン

マジックTシャツ
銃やナイフから体を守る。
軽くよく伸び，裸のように見える

シャツ
WPCSに嫌がられたシースルー
スタイルから，新しい厚手の織物へ

ベルト
新しい装備として，
手錠と最近話題の長い警棒

ブーツ
新しい軽量の脚と足首を守るブーツ。
毎年，イングランドおよびウェールズ
警察において最もコストがかかる

◆図2.4

第2章　親密さを表わすために装うか，威圧感を与えるために装うか

　警察の変化のなかで，最も心配なのは，その増大する軍隊化である。サービスするものとして知られることを望む存在が，力の装飾に魅せられすぎた。部分的には納得できる。なぜなら対決はより猛烈になったからである。重装備はより多くの保護を提供する。防護服，耐火オーバーオール，ひさしを備えたヘルメット，より長い警棒。しかし，ここに逆説がある。より高度に防護された部隊は，物を投げようとしている抗議者により少ない抑制しか生じさせない。それはミサイルさえ招くかもしれない。オランダ警察は1970年代に同じような過程を体験した。最終的には，武装解除が対立を緩和するよりよい方法であると考えられた。多元論社会では，同意なしに，治安を維持することはできない。（『古い巡回中の警察』Pollice on the Old Beat, 1996, p.10）

　この逆説を，よく考えるべきだと示唆したい。なぜなら，レイナー（1992b）や他の者が注目したところの英国における，例外ともいえる，公衆による警察の受け入れをわれわれが作り上げてきたのは，まさに，この非等質的，文化的な差異と種々異なった様式によるからである。そして，これは，ローダー（1997）がわれわれに差し示した，深く繰り返し教え込まれた感情の構造によって明らかに維持されてきた。われわれはそれを危険覚悟で破壊しようとしているのである。

注
* 1　テスコ（TESCO）は，自分の店だけを使ってくれる顧客に褒美を出す，顧客囲い込みの政策を追求する英国の全国規模のスーパーマーケット・チェーン。NATOは西側諸国の軍事防衛のために組織された北大西洋条約機構。
* 2　たとえば，南ヨークシャー都市警察本部の典型的な1995/96の年次報告を参照してほしい。48ページの間に，学校，カーニバル，スポーツイベントで，子どもといっしょに写る警官の14枚の写真が載っている。対照的に，暴力を想像させる写真は1枚しかない。45ページの武装即応チームの仕事についての段落のそばに，機関銃を持った2人の警察官がほほえんでいる小さな写真が載っている。
* 3　1920年代にその特性を最初に発見した化学者，カーソンとストートンにちなんで命名された。CSガスはその被害者に激しい燃えるような痛みを残す。特に，目と顔を強く刺激し，その他，水泡や皮膚炎を起こす。CSスプレーの導入は多くの警官を両極に分けた。1996年の6か月の試行計画では，3818個のガスの小缶が装備された。その結果，726回使用され，それにより汚染された人々についての詳細な585の医療報告書が提出された。（Kliman, 1998, p.8）
* 4　一連の作り上げられた真実を作り出し，他の解釈を否定するようにみえる警察活動

のなかには，(a) 警察組織監査報告（Young, 1993を参照），(b) 資金効率がよく有効なアイテムとしてのヘリコプターの要求（White, 1995），(c) 内務省が指定したガイドラインに忠実に従った 情報提供者の効果的な使用（Dunnighan & Norris, 1996を参照），(d) コンピュータ化された犯罪記録システムが効率的で資金効率がよいという主張（Young, 1993を参照）がある。同じ流れで私は，1200万円以上かかる自動車の導入について記述した警察簡易食堂自動車についての調査を分析した。それは，1度も使用されなかったがそれでも大成功であると主張された（Young, 1995a）。ウェザリット（Weatheritt, 1986）は，これらの作り上げられた真実の多くをとりまく研究プロセスの多くについて，「結果ありきの研究」の領域があると記述する。

＊5　1990年代中ごろまでに，警視正の階級は再び廃止された。それについては，警察本部長たちが，廃止の結果余ったお金を公衆の要求に従って，巡回巡査をより多く採用するために使えるからと主張した。しかし，現役の，したがって，匿名であることを希望するある警視が私信（1997年5月）のなかで指摘したように，「警視正の階級はなくなったが，巡査の数は以前より少なく，警視の階級が以前の警視正の階級とそっくりにされた」。したがって，警察本部長の発言は，作り上げられた真実の一例と見ることができよう。

＊6　キース・ハンター前警視長（Hunter, 1997, p.17）は，「有効な予防的パトロールの消失」について考察して，1960年までは，すべての資源の75％が優先してパトロールにあてられたことを指摘する。その後の調整で，「それらの目的は実質上放棄された。今日の警察管理者は，徒歩パトロールに，資源の5％を使えることを幸運であると考えるだろう」と述べている。1980年中ごろの西マーシア警察で，私が指揮職務にあたった30か月間を通じて，われわれは，24時間当たり平均83人の制服警官を擁する組織の42％を徒歩パトロールに使用したことを記録している（Young, 1993, p.151）。これは，ちょうどバーミンガム市の南西にあたり，3つの中規模の町（それぞれ25,000の人口をもつ）にまたがる分署のことである。夜10時から朝6時の夜間当直において，3つの町を巡回するために通常5人あるいは6人のパトロールカーに乗った警官と即応車に乗った警官2人とを配置した。地方自治体の議会議員たちは，ある木曜の夜にこの3つの町にどれくらいのパトロールがいるかを推定してみろと問われて，最も南の町についての，「約17人」から，バーミンガムへ最も近い町についての「徒歩の少なくとも100人と自動車」という推定を行なった。

＊7　Gobは，口という意味の俗語。ここでは，口舌でトラブルを切り抜けるという意味。

＊8　鉱夫ストライキ中に，私の地域巡回警察官（住民あるいはコミュニティー巡回警察官の警察内部での名称）の分署組織からは，ノッティンガム，ダービーなどへ1週間ずつ，警察支援グループの一部として出動したものだった。地域共同体のリーダーと全面的な協力をして自分の巡回区域を運営していく警察官という公衆の見方を作り上げるために，何か月も費やした後に，彼らは1年の大半を部隊の外で，かなりの程度に社会の協調を否定し，大部分，争いと武装しての対立であるところの活動のために，乱闘装備を携えて過ごしたものだった。

第2章　親密さを表わすために装うか，威圧感を与えるために装うか

＊9　ストライキの間のいくつかの警察活動の法的な疑わしさに関する，警察本部長の沈黙は顕著であった。若い仮採用の警官であった，クレシダ・ディックは，公に出来事について質問する内部少数派の1人だった（Dick, 1985）。10年後に，彼女は，警視のランクについた。階層的組織の力の領域の中に彼女が入ったことからして，今はそれほど批判的ではありえないかもしれない。（ディック警視の哲学についてのメディアの分析については，デヴィッド・ローズ（Rose, 1998）を参照。）

＊10　ニューエイジ旅行者（NAT）を定義することはむずかしい。実際に，彼らは，時折住民と少しだけかかわる若い放浪する旅行者（彼らは，主にイングランド南部を，一連のバス，バン，キャラバンおよびトラックで生活し移動する）のグループである。NATは，彼ら自身の定義をせず，社会の主流をなす習慣を否定し，定着している社会の信条にわずかにかかわるだけの生活をするグループであるので，彼らを等質的なまとまりとして描写することはできない。同じNATでも，新興宗教的なグループもあれば，経済的で環境保護的な（通常の生活とは）別個の生活スタイルを追求するものもある。時々，夏至の時などには，NATのグループたちが，夏至を祝うためにストーンヘンジで集まる。また，本文で述べたモートン草地の時のように，集まって，商業利益のための動機からそれを組織しようとするどのような試みをも否定する夏祭りにおいて，ダンスをし，飲み，音楽を演奏する。

＊11　レイナー（1991, p.179）は，軍隊の警察への援助（MACP）のプロセスについて記述している。

＊12　1997年に，スコットランドでは，スコット氏の会社が電気ショック警棒の中東への不法な輸出に関係していたことが発覚したことから，1000ポンドの罰金を科された。これらの警棒は，政治犯の拷問に使用されたといわれている。

＊13　1994年に，ベルギーのブリュッセルでヨーロッパネットワークの婦人警官会議に参加した時，このような象徴的な力とそれに関連する力のシンボルの衝撃を痛切に感じた。そこで，ホストであるベルギー警察は，準軍事的な様式から地域社会をベースにした警察システムへと1992年からの2年間で移行したとわれわれに信じさせようとしていた。しかし，彼らは，まだ，14,000人しかいない組織で，76,000挺の突撃銃（ロシアのAK47のような一種の自動小銃）を保有していた。彼らの営舎は，完全に軍隊様式に作られており，広場は，放水車や装甲兵員輸送車の列で満たされていた。しかし，このもとの準軍隊的であった組織を導いている感情の構造を本当に象徴しているのは，彼らの金色の金属の肩章と襟章（用箋や封筒にも同じものが使われていたが）だった。というのは，すい星の尾の炎の形をしたこのボール状の物体は，爆発する19世紀の手榴弾をもとに作られたと説明されていたからである。われわれが聞いたところによると，現在の新人採用試験の1つは，現代版の手榴弾を指定された距離だけ投げることができることを志望者に要求した。男女にかかわらぬ条件であり，これによって，大部分の女性志望者はふるい落とされたように思われた。

第3章
職場における被服と勢力[*1]

Margaret Rucker●マーガレット・ルッカー
Elizabeth Anderson●エリザベス・アンダーソン
April Kangas●エイプリル・カンガス

　1950年代から1980年代にかけて，職場における被服と勢力に関してはいろいろと議論されてきたが，それらは概して，職業界で上位の地位にあった白人男性を観察することに基づくものであった（MaCracken, 1985 ; McLeod & Damhorst, 1996参照）。マクラッケンも述べているように，職場の男性は，まじめで，信頼に足る，規律正しい存在と考えられていた。このような特性を反映して，職場での被服は，飾りのない，ダークカラーの，テーラードであるべきだと考えられていた。組織における地位の階段をのぼりたいと願う男性は，働くのに，地味で形式の整った服装をするよう忠告された。さらに，重役のヒエラルキーに参入したいと考える男性はすべて，このコードに従いパワースーツの洋服ダンスを手に入れるように駆り立てられたのである（McLeod & Damhorst, 1996 ; Molloy, 1975, 1977 ; Solomon & Douglas, 1985）。
　いくつかの要因がはたらいて，1990年代の成功者の着装は，それまでの数十年に比べてより複雑なものになった。その要因のひとつは，働く者の多様性が増したことである。1980年と1990年の国勢調査のデータを比較してみると，アメリカ合衆国の職場における白人被雇用者の割合が88から83％に減少する一方で，他の民族集団の被雇用者の割合は上昇している（Bureau of the Census, 1980 ; Bureau of the Census, 1990）。この変移は，勢力システムおよ

び勢力シンボルと密接に関連している。ホフステード（Hofstede, 1983, 1984）が報告しているように，良しとされる勢力水準間距離または較差は，文化を区別する1つの主要な次元となる。勢力または社会経済的地位の水準がさまざまに異なるなかで，ある社会ではその差異を最大にすることを選択する一方，他の社会ではその差異を最小にすることを選択している。1つの文化あるいは下位文化が勢力における較差を扱うそのやり方は，職場の服装規範に対する態度に現われることが多い。

組織のドレス・コードがカジュアル傾向にシフトしたので，勢力イメージが複雑なものになった。メイカンバー（Maycumber, 1998）のレヴィ・ストロース社の後援による研究によると，毎日の仕事にカジュアルな被服を着ていけると答える米国のホワイトカラーの割合が，近年着実に増えてきている。1995年に33％であった数値が1997年には53％になり，20％も増えていたのである。職場のドレス・コードが，比較的インフォーマルな着装を，週末であろうと週の全日であろうとふさわしいものとして受け入れたとき，スーツは，もはや，勢力イメージを構成する基本とは考えられなくなる。

本章の内容は，2つの部分に分かれる。1つは，先行研究を少し精細に概観することによって，職場における被服と勢力についての1つの歴史的展望を提供することである。もう1つは，少数派が占める地位の影響と比較的カジュアルな職場環境に焦点をあて，1990年代における職場の被服がもつ勢力と昇進についての諸説に関する新しいデータを提示することである。

■職場における被服

長年にわたり，研究者たちは，職場における被服の役割について質問をし続けてきた（たとえば，Form & Stone, 1955 ; Joseph & Alex, 1972）。これらの質問の大半は，2つの一般的な類型にまとめられる。すなわち，被服の差異によってどのような態度や活動が影響を受けるのかということと，被服のどのような特性または次元がこれらの影響に関係があるのかということである。

職業的服装の社会的意味に焦点をあてた早期の研究例に，フォームとストーンのものがある（Form & Stone, 1955）。これらの研究者たちは，種々の職業類型に属する男性が被服についてどう感じているかを調査している。すなわち，

男性が，(a) 現在の地位において，そして，(b) 職業上で昇進するために，被服がどれだけ重要だと考えているかを聞いたものである。彼らの，「適切な」または「固有の」職業的服装の重要性に関する調査ならびにその後の研究 (Johnson & Roach-Higgins, 1987 ; Kwon, 1994a, 1994b ; Kwon & Farber, 1992) は，そのような服装が，通常，被雇用者の現在と将来についての全般的な査定に，個人特性を評定する場合と同様，肯定的な効果があることを示した。さらにまた，他者に好印象を与えるということに関しては，適切な職業的服装がもたらす利益は，少なくともホワイトカラーや管理職には，広く認められていた。対照的に，フォームとストーンも記しているように，ブルーカラーの労働者も適切な被服を重要だと考えてはいたのだが，その関心は，被服の耐久性と，それが仕事の成績を上げるかどうかに集中していた。

　他の研究者たちは，適切な服装についての全体的な査定を超えて，服装のどの次元がビジネス・イメージに対して最も顕著に現われるかということと，被服のどのような特性が，それぞれの職場環境において，ある装いを適切あるいは効果的にするのかを聞くにいたっている。これらの研究者たちのほとんどは，男性被雇用者のためのドレス・コードがすでによく知られているのに対し，女性のためのドレス・コードはそうではないという仮定に基づいて，女性の被雇用者に焦点をあてている（たとえば，Solomon & Douglas, 1985）。

　女性の被雇用者，ならびに，男性優位の職場環境で女性が成功するのに助けとなることがらに焦点をあてた場合，研究の大半が，男性役割に結びつく衣服や身だしなみの特性と女性役割に結びつくそれらの特性とを比較したものであったのは驚くべきことではない。ジェンダー役割に関する先行文献で略述したように（たとえば，Gottdiener, 1977 ; McCracken, 1985 ; Roberts, 1977 ; Workman & Johnson, 1993），これらの差異は，「ドレス 対 スーツ」，「明るい色 対 暗い色」，「ソフトな曲線 対 シャープに角ばった直線」，をその内容として含むものであった。

　研究者たちが相対的に男性的な外見と相対的に女性的な外見とを比較したとき，結果は，ソロモンとダグラス（Solomon & Douglas, 1985）の命題，すなわち，伝統的に男性優位の職場環境において成功するためには，女性は男性の小道具もしくはシンボルを採用するべきである，という命題を支持する傾向が

ある。しかしながら，彼女たちは，ジェンダー規範の違反という点では，女らしさの証明を捨てるべきではない。たとえば，フォルシスとその共同研究者たちによる一連の研究のなかでは（Forsythe, 1988；Forsythe, Drake & Cox, 1984, 1985；Fosythe, Drake & Hogan, 1985），ほどよく男性的だと評価された装いが，最も好意的な雇用推薦書を書いてもらうときと同様，力強い，自己信頼的，活動的，攻撃的，決断力のある，といったイメージを伝えるのに最良であったのである。フォルシスによる研究のなかでも，極端に男性的な装いが，ほどよく男性的な装いと同程度に肯定的に評価されたのは，たったの1件（Forsythe, 1990）にすぎなかったのである。

　他の研究者たちの報告によると，暗いあるいは冷たい色彩，ジャケット，総体的に飾りのないテーラードの外見などに表わされる男性のシンボルは，回答者の性による差異はあるものの，仕事の評定尺度でより高い得点を得ている（Cash, 1985；Damhorst & Reed, 1986；Scherbaum & Shepherd, 1987）。シャーバウムとシェパードが回答者の性による有意な差を見いださなかったのに対し，ダムホーストとリードは，キャッシュと同様，男性の回答者が，男性的外見の手がかりに対して，女性回答者に比べ，より一貫して肯定的な回答をすることを見いだしている。しかしながら，再びいうと，ジョンソンらによる研究（Johnson et al., 1994）は，女性は極端に男性的な外見は避けるよう注意すべきだと指摘している。彼らは，ネクタイ，スカーフ，開襟ブラウスの効果を比較した結果，被験者が，スカーフを着けた女性を，同じ女性がネクタイあるいは開襟ブラウスを着用していた場合よりも，より昇進しそうだと評定したことを見いだしている。さらに特筆すべきは，女性がビジネス界の責任ある地位に入り込んでいき，また，服装規範全般に異議が申し立てられた結果，あらゆる場面に応じて選択数が増加したので，伝統的男性ビジネス・ドレスのシンボルをめぐるさまざまな変化が，少なくとも色とデザインの細かい点で，1990年代には，それまでの数十年間に比べて，よりいっそう受容されるようになったことである（Damhorst & Fiore, 1993；Kimle & Damhorst, 1997）。たとえば，ダムホーストとフィオレは，人事部の面接者が100枚の女性のスカート・スーツのカラー写真を評価したとき，多くのさまざまなえり飾りスタイル，衣服の素材や色彩を受容可能であると報告したことを見いだしている。

関連する研究で，重ね着や肌の露出を最小限にすることによる性の非強調を明確に扱った研究において（Dillon, 1980 ; Rucker et al., 1981），女性の体つきを覆い隠すことは，ビジネス・ドレスを査定する際に肯定的に見られる傾向があることがわかった。キムルとダムホースト（Kimle & Damhorst, 1997）が，彼らが行なった働く女性との面接で得られた知見を報告しているように，肌の露出や体を締め付けるような衣服は，しばしば性的魅力と結びつき，そして，職場環境に性的魅力を投影させることは，重大な過失と見られがちなのである。ゴットディーナー（Gottdiener, 1977）によって行なわれた面接調査は，働く女性が女らしさや性を強調しないことで恩恵を受けることができるという命題を支持するものであった。たとえば，ある女性写真家は，まじめに受け止めてもらうために男仕立てのテーラードの衣服を着たとき，また，あるモデルは仕事に男のウェスタン風の服を着て行ったとき，その男っぽい外見は通りにいる男性からの望まざる注視をあびることが少なかったと報告している。

　キムルとダムホースト（1997）も記しているように，女性のビジネス・イメージのもうひとつの重要な次元は，「革新的 対 保守的」外見という次元である。何人かの研究者は，職場環境における女性のイメージに関して，はっきりと，「革新的なファッションの詳細もしくは流行の被服 対 保守的なスタイルの衣服」，という視点で考えてきた。ビジネスの人々が女性の服装を判定した場合も，また，彼女たちが自身を判定した場合もともに，得られたデータは，革新的なスタイルと職業的イメージの演出との間に負の関係を示した（Douglas & Solomon, 1983 ; Kimle & Damhorst, 1997 ; Thurston et al., 1990）。キムルとダムホーストが記しているように，変わらないイメージというものは，ある種の安定感を伝える傾向があり，そしてその安定感はたいていの職場環境で高く評価されるのである。女性の仕事での服装と実際の職業的昇進との関係を調べたもうひとつの研究において（Gorden et al., 1982），保守的な服装が昇進の数と正方向に関係することが見いだされている。しかしながら，キムルとダムホーストは，ファッションをまったく無視してしまうことに対して警告する。なぜなら，ファッション無視を極端に行なうとすれば，世間一般の文化的環境の変化に対する感受性のなさや社会的知識の欠如を伝えることしかできないからである。

「同調」対「創造性」は、文献で注目されているビジネス服のもうひとつの次元である。キムルとダムホースト（1997）は、奇抜といえるほどの創造性を採用すれば危険なことはわかっていながら、被服やアクセサリーをうまく組み合わせて創造性を表現することが、彼らの調査対象者の女性にとって重要であることを見いだした。これとは対照的に、マクロードとダムホーストの研究（1996）におけるアフリカ系アメリカ人男性は、同調が仕事の役割遂行を成功させるのに重要であると見て、比較的高い水準での職業的服装への同調を快適だと感じていた。

勢力がある・なしに関して、キムルとダムホースト（1997）は、魅力についての議論のなかでその重要性を暗にほのめかすことはあっても、ビジネス・ドレスの別の次元としては論じていない。事実、勢力を明確に論じたビジネス・ドレスに関する実証研究はほとんどない[*2]。例外は、色彩を勢力との関係で考察したダムホーストとリードの研究である（1986）。この研究において、男性被験者は、暗い色の上着を着たモデルを明るい色の上着を着たモデルよりも勢力があると評定したことが見いだされている。

ルビンスタイン（Rubinstein, 1995）はその著書で、種々様々な資料からなる実証的ならびに理論的研究と彼女自身の観察とを結合させ、被服の記号が権威や勢力の行使を容易にする方法を示唆している。「勢力のイメージ」ならびに「権威のイメージ」と題する章において、彼女は、制服のさまざまな機能に関するジョセフとアレックスの研究（Joseph & Alex, 1972）を引用している。そして、外見のさまざまな要素によって示される権利について、明らかに彼女独自の観点を付け加えている。すなわち、政策を実施する権利、進行中の行動に口出しする権利、利用を統制する権利、そして、勢力を行使する権利である。金、宝石、そして高価な織物などの富の指標は、伝統的により高い水準の勢力や権威と結びついてきたことを示唆するために、古代メソポタミアならびにローマ帝国をはじめとする歴史的データが提示されている。

学術的研究に加えて、大衆出版物のなかに、職場における勢力を扱った、また、衣服によって強い勢力イメージを作り出すことはやめようと提案する、多くの著書や論文がある（たとえば、Book, 1996；Hayes, 1996；Korda, 1975；Molloy, 1975, 1977）。不幸なことに、これらの著作が、その勧告を裏づける実

証的根拠に乏しいので,それらの有用性は評価しがたい。

　大衆出版物における著作を除いても,職場の被服に関するかなり大きい知的基盤があり,そこには,被服と勢力についてのいくらかの情報が含まれている。しかしながら,その理論の多くは,主として白人男性の勢力構造を当然のこととしており,また,そのデータの多くは,主として白人女性の標本から引き出されたものである。さらに,データのほとんどが,1990年代に起こったビジネス・ドレスのコードにおける劇的な変化の前に集められたものである。組織のドレス・コードがカジュアルなスタイルを含む方向に移行し,かつ,労働人口が民族的に多様になってきたので,勢力の認知と関連する場合の衣服の要素を考え直すことが重要である。ドレス・コードが比較的フォーマルなものに比べて比較的カジュアルな場合,勢力のある外見を構成するためには,また別の方策が必要であろう。民族的ならびに文化的多様性に関しては,先にふれたように,ホフステード (1983, 1984) は,すべての文化が,維持すべき勢力水準間の適切な距離について同一基準をもっているわけではないことを見いだしている。たとえば,合衆国の人々は相対的に小さい勢力較差を好み,一方,メキシコの人々は相対的に大きい勢力較差を好むことが見いだされている。勢力較差の選好に上記の違いがあるとすれば,仕事にいくときにカジュアルな服装かフォーマルな服装かに対する態度や,勢力のある印象を与え,かつ,職業上の昇進を果たすための着装の重要性に対する態度が,民族集団によってそれぞれ異なると予想される。最後に,「ドレス・ダウン・ジレンマ(普段着ジレンマ)」は,女性よりも男性にとって落ち着きを失わせるものであるかもしれない。なぜなら,つい最近まで,典型的な男性は,ドレス・コードを実験する経験などしたことがなかったからである。

　この研究は,さまざまな民族的背景をもって働く男性と女性が,ビジネス服と勢力についてどのような態度をもっているかを明らかにするために計画された。さらにまた,多少とも公式なビジネス・ドレス・コードのある条件下で,勢力のあるイメージを作り出すために外見がいかにうまく使われているかを探求する意図もあった。

◆◇ 方　法

　回答者は，地域の大学の職員名簿から選ばれた。大学の管理者のデータによると，自己証明の情報では，職員は，民族的にさまざまで，白人被雇用者69％，ヒスパニック12％，アジア系11％，黒人8％，アメリカ・インディアン1％であった[*3]。調査対象者の氏名を選び出すために系統抽出法が用いられた。バビー（Babbie, 1998）が説明しているように，系統抽出と単純無作為抽出は実質的に同一の結果となり，かつ，系統抽出はより使いやすい方法なのである。異なる民族集団間の意味のある比較を可能にするだけの民族的多様性を保証するために，標本は，ヒスパニック職員協会の名簿と大学の総職員名簿から引き出された。ヒスパニック職員被雇用者が比較群として選ばれた。それは，彼らが大学における最大の少数民族であり，かつ，容易に利用できる職員協会の名簿があったからである。加えて，この民族集団は合衆国においてその数を増しつつあるが，その要求や選好は，消費者研究者によって大部分が見過されてきたからである（Solomon, 1996参照）。

　本研究を大学の被雇用者について実施するという決定は，経営的，技術的，事務的な仕事が大学を通じて類似しており，したがって，得られた知見は働く場所を通じて一般化できるであろう，という仮定に基づいていた。さらに，大学の被雇用者たちは調査研究に相対的に進んで参加するので，満足のいく回答率が得られるであろうと考えられた。もちろん，大学の職場の雰囲気は一般にビジネス部門の雰囲気に比べて多少カジュアルになる傾向があるという限界はある。しかしながら，回答者たちは，「ドレスアップ　対　ドレスダウン」の状況についての質問に関して，むずかしさはほとんど感じていないようであった。

　合計118人の被雇用者が，面接調査への参加を電話で要請するために選ばれた。うち，25人は，もはや大学において身元確認可能な職員の地位にいなかったので連絡をとることができなかった。連絡のとれた93人のうち，90人が，面接を承諾した。ほとんどの場合，被雇用者は，彼らが働いている場所でじかに面接されること，および，面接内容をテープに取ることに同意した。直接面接の予定が組めなかった9人については，電話調査が行なわれ，デジタル電話応答システムの双方向記録機能を用いてテープに録音された。

この研究のために，大学の被雇用者が，一般的に職業的昇進のために着る場合と，個別的に自分自身のために着る場合の，適切な職場被服の重要性を聞く項目からなる面接計画が立てられた。回答者は，非常に重要である（1）から，まったく重要でない（7）までの7点尺度上に評定するよう求められ，そのあと，その評定の理由についても聞かれた。勢力較差を強調しようとする要求とそれらを最小にしようとする要求の認知を比較するために，回答者は，勢力のある印象をつくるために着るということが，彼らにとってどれだけの頻度で重要であったか，また，彼ら自身と他の被雇用者との差異を隠したり減じたりするために，着るということがどれだけの頻度で重要であったか，を評定するよう求められた。これら2つの質問項目には，まったくない（1）から，非常にしばしば（5）までの5点尺度が用いられた。職業的被服を象徴的に使用することが変容するドレス・コードにどれだけ影響されるかを検討するために，回答者は，勢力のある印象をつくる必要がある状況で何を着ようと思うかを記述するよう求められた。それから，彼らは，フォーマルなビジネス服の着用が期待されるドレスアップ日のパワー衣装と，カジュアルでくつろいだ着装が許容されるドレスダウン日のそれとを比較，対比するよう求められた。働くための被服についての面接に加えて，回答者は人口統計学的情報について1頁記入した。人口統計学的項目には，年齢，性別，最終学歴，現職の勤続年数，職位が含まれていた。民族的自己証明に関する自己報告の項目も，回答者を民族集団に分類する根拠として組み込まれた。同じ質問が上記の順番で全回答者になされた。

　背景情報の度数分布が標本を特徴づけるために用いられた。男女間，ならびに，白人とヒスパニック間の評定における有意差を調べるために，2要因の分散分析が行なわれた。質的データを分析するために，面接の筆写された記録が，先行研究の著者たちによって報告されてきた理論ならびに最近のデータから出てきた付加的理論に照らして読まれた。このさまざまな「解釈的手法 (interpretive tacking)」(Geertz, 1983 ; Hirschman & Holbrook, 1992 ; Sherry et al., 1995)，もしくは，他の文脈で開発されたモデルと新しいデータの間を行きつ戻りつ検討することが，民族的およびジェンダー的差異を浮き上がらせるために行なわれた。また，働くためのフォーマルなドレス・コードに対する

態度とカジュアルなドレス・コードに対する態度との比較も行なわれた。

◆◈◇ 結果と考察

■背景情報
　背景情報の分析の結果は，7人を除くすべての回答者が，ヒスパニックか白人のいずれかに自己証明したことを示した。ヒスパニックまたは白人以外のカテゴリーを選んだ7人は，それらが他のカテゴリーで比較するのに十分ではなかったので，その後の分析から外された。最終的に標本は，ヒスパニックの男性（HM）16人，ヒスパニックの女性（HW）23人，白人の男性（WM）14人，白人の女性（WW）30人から構成された。最終標本の年齢の幅は，25歳から66歳で，中央値は46歳であった。標本は，比較的よく教育されていて，82％が少なくともなんらかの大学に在籍したことがあり，40％が大学を卒業していた。標本の約3分の2が管理職にあり，残りは技術職と事務職でほぼ同数に分かれていた。勤続年数の範囲は9年から33年で，中央値は10年であった。

■被服と昇進
　一般的に被雇用者の昇進にとって被服が重要であるということに関しては，分散分析の結果，性，民族性の主効果，または，その交互作用はいずれも有意ではなかった。しかしながら，個人の昇進にとって被服が重要であるという評定に関しては，民族性に有意な主効果，$F(1, 78) = 12.65$, $p < .001$, があった。平均でいうと，ヒスパニックの回答者（$M = 2.48$）は，白人の回答者（$M = 3.33$）より被服がより重要であると評定した。
　この差異を説明する助けとなるコメントに，ヒスパニックの回答者による言及，すなわち，「有色の」男もしくは女であることはそれだけですべてにわたって2倍良くなければならないのだという言及があった。これらのコメントは，マクロードとダムホーストが彼らのアフリカ系アメリカ人男性重役の研究（1996）の中で報告したものといくらか類似していた。その標本では，多くの男性は，彼らが白人の被雇用者よりも批判的に判定されていると感じ，したが

って，外見に注意を払わなければならなかったと報告していた。

　一般的な質問に対する回答と，個人的な質問に対する回答を比較すると，回答者は，被服を，彼ら自身の昇進（$M = 3.01$）にとってよりも，集合的に被雇用者の昇進（$M = 2.39$）にとって，より重要である見なしていた。繰り返し測定分散分析によって，この差異が有意であること，$F(1, 78) = 6.79, p < .05$，が示された。いくつかの要因がこの効果を説明すると思われた。そのひとつは，先にも述べたように，人が職業的服装について一般的に尋ねられたとき，その重要性は広く認められるという現象である。被雇用者についての質問項目に一般的に回答するときに表出された感情は，自分の外見を気にしないように見える人は，おそらく，仕事上の責任も気にしないという点を含むものであった。また，適切な被服は，ある回答者が以下に述べたように，その人の地位とその人の同僚に対する敬意を表わすものであった。

　　私は，それ［仕事のためのドレスアップ］が，あなたが提供するサービスと同様に，あなたが細部にあるいはすぐれた完成品を引き渡すことに注意を注ぐということを示すと思います。もし，あなたがすべてにわたっていいかげんであれば，人々はあなたが提供するサービスもまたいいかげんだと思うだろうと思います。（HW）

　一般的な評定を高めると思われたもうひとつの要因は，回答者がこの質問に，服装が比較的フォーマルなある特別な場所，すなわち，大学の本部ビルを想定して答える傾向があったことである。逆方向の効果を示す証拠はまったくなかった。すなわち，大学の被雇用者を1つの集団として論じ，また，適切な服装の重要性について話し合ったとき，服装が特にカジュアルである場所を考えたと述べた回答者は皆無だったのである。

　被雇用者一般についての評定と自己についての評定との間の不一致を生むことに関して，いくつかの一般的な理論があった。すなわち，回答者が彼ら自身の個人的状況について質問された場合に，重要性の評定をより低くするというものである。これらの理論の多くは，仕事における活動の種類あるいは仕事のライフサイクルのどちらかの表題で分類することができる。

　男性も女性もともに，仕事におけるなんらかの活動が，または，そのような

活動の欠如が，勢力のある着装に対する無関心とどのように結びついていくかについて意見を述べた。ひとつの活動は，学生との相互作用であった。この活動の仕事着に対するインパクトを例証するコメントのいくつかは以下のとおりである。

> おそらくそれほど重要ではなくて，むしろ取るに足らないことです。たぶん，私が昇進してきた地位の種類が，学生とともに働く，より学生に志向した地位だからでしょう。カジュアルな服装が許容されています。(WW)

> カウンセラーは身なりを整えなくてはなりませんが，脅かすようなものであってはなりません。だから，私は，官僚的でないカジュアルなものを着ます。(HM)

対照的に，学部外の客や一般の人々と接する場合や学部を代表して他の部署からの被雇用者と会合をもつ場合には，男性も女性もともに，適切な服装が比較的重要になることを認めていた。彼らの仕事が外部の人々との接触をあまり必要としない場合，被雇用者は，仕事着の重要性を格下げしがちであった。

仕事の内容が，かなりの肉体労働や汚い環境で働くこと，あるいはその両方である場合，重要性の評定は，時々低くなったが常にというわけではなかった。フォームとストーン (1955) の知見と一致して，技術系またはブルーカラーの地位にあった男性の何人かは，適切な被服を，仕事の成績に関係するため非常に重要であると見ていた。ある男性被雇用者が説明しているようにである。

> 私は，第一には，身体的に快適でなければなりません。同時に，農場設備やそのような類のなかでの荒っぽい仕事なので，被服は丈夫なものでなければなりません。(WM)

可能な限り，あるいは，望み得る限り昇進することについてのコメントや，退職が近づきつつあることについてのコメントは，仕事のライフサイクルにかかわるテーマと見なされた。男女の年齢分布がよく似ており，したがって，退職するまでの年限にはほとんど差がなかったにもかかわらず，1人の女性が差し迫った退職を，仕事のための着装の1要因として述べた。さらにその女性は，

女性の仕事着の構成要素をあれこれ考えようとは思わないことが，近づきつつある退職期の着装の軽視に結びつく主要な点であることを示したのである。コメントは次のようなものであった。

> 私は，今はもう気にしません，なぜなら，近く退職するし，いまは快適に過ごすために着ていますから。(WW)

> 私は，着心地のよいものを選びます。年を取ってしまったので，ナイロンの靴下，ハイヒール，スカートなどはすべて，ただ私を煩わすだけです。私の上司は，私が大学中で着こなしが最も優れている［仕事上の敬称］と言ってくれました。でも，それはもはやあてはまらないのだし，それが理由です。(WW)

退職がさしせまった事態でない場合でも，何人かの女性は，昇進を危うくしても快適さを優先させていたことは特筆すべきである。1人の回答者は，次のように説明した。

> 私は，出勤してから帰宅するまで休みなしにかなりの量の仕事をこなしているので，着心地の悪い服は着たくありません。私は，パンティストッキングがきついとか，パンツが細すぎるとか，靴の履き心地がよくないとかを考えなければならないなんていやです。(WW)

一方で，昇進の機会がない，もしくは，現在の地位に満足していることに関したテーマが，ヒスパニックの回答者のなかだけにみられた。しかしここでもまた，昇進を，着心地のよくない被服を着る必要性と関連させた2人の回答者は，女性であった。彼女たちは自分たちの気持ちを次のように述べている。

> 私は今いる場所に満足しています。私は着心地のよいのが好きです。私はヒールの靴を履いたり，あれこれ努力することには関心がありません。(HW)

> 私の経歴で今は，本当に活動を徐々に終わらせているところです。私には行くべき場所がありません。だから，自分自身を楽しんでいるのです！(HW)

回答者の大部分が，昇進に関する質問に対して，仕事上の要請や，あるいは，

監督者や顧客の印象といった外的な要因の観点から答えていたのに対し，若干の回答者は，仕事において自分の外見がもつ内的な心理的効果について語っていた。これらの心理的効果は成績に影響し，次いで昇進に作用を及ぼすと考えられた。たとえば，何人かの女性のパワー着装に対する幻滅感は，他の人々が，自分の服装が整っているという認識から生じる個人の能力感や勢力感を表現しているのだという肯定的な感覚によってバランスがとられていた。これらの感覚に関して述べた例は以下のとおりである。

　　それは，私の気分をよくしてくれるので，自分がより能力があるように感じます。それが単に心理的なことなのかそうでないのかはわかりません。でも，もし私が素敵に見えるように感じたら，自分自身が気分がよくなり，よい仕事をします。(HW)

　　それは，私の気分をよくしてくれるので，私はよりよい仕事をするだけです。もし，私が着ているものや自分がどのように見えるかについてよい気分になるならば，[それは]効果があるということです。私が皺だらけですごくまずいときに，皺だらけですごくまずいと感じるかどうかはわかりませんが。(HW)

　　それは，あなたの気分をよくし，そして，あなたがよりプロだと感じたとき，あなたはよりプロらしくふるまうのです。(WW)

数人の男性回答者もまた，仕事のために服装を整えることから得られる心理的な快適さについて意見を述べた。そのうえ，彼らは，よい気分が仕事の成績をよくしがちだと信じていたのである。

■被服と勢力
勢力のための着装と調和するための着装　勢力のある印象をつくるための着装に関して評定を分析した結果，民族性について有意な主効果が示された，$F(1, 78) = 4.04$, $p<.05$。ヒスパニックの回答者が，勢力のある印象をつくるために着る必要性を，平均で，「ときどき」と「かなりしばしば」の間（$M = 3.34$）と報告しているのに対し，白人の回答者の平均は，「ときどき」と「めったにない」の間（$M = 2.84$）であった。同様に，調和するための着装においても，唯

一有意な結果は，民族性の主効果であった，$F(1, 78) = 6.55$，$p<.05$。この場合もまた，ヒスパニックの回答者（$M = 2.39$）は，白人回答者（$M = 1.61$）に比べて，調和するために着る重要性をより頻繁に見いだしていた。これらの知見から，ヒスパニックの従業員たちは勢力較差に対し，そして，それらの較差を強調したり，強調しなかったりするために被服を利用することに対し，敏感であることがわかった。

個人の勢力印象　勢力のある印象をつくるために選ぶべき服装のスタイルに関して，男性の回答者の間で高い水準での合意がみられた。スーツとネクタイ，または，少なくともスポーツ・ジャケットとスラックスという古典的なビジネス・ユニフォームが，男性の約3分の2によって，勢力のある印象をつくるために彼らが着るであろう被服の型として，あげられた。さらにまた，スーツは暗い色でなければならないのだが，スポーツ・コートは明るい色でもよく，部分的に勢力イメージがあればよいという全員一致の合意があった。

　この知見は，働く部署の型によって多少弾力的ではあるが，男性重役のための確立されたドレス・コードがあるという諸説のなかでも，ソロモンとダグラス（1985）の主張と一致する。この研究のなかでは，きわめてフォーマルなパワースーツがどのように見えるかについてのほうが，それほどフォーマルでないパワー・スポーツ・コートとスラックスがどのように見えるかについてよりも，高い合意が得られたようである。服装のカジュアルなスタイルが論じられる場合でも，概して，重役のユニフォームやパワースーツについての伝統的な見解から逸脱することに対する説明が一緒になされるというものであった。これらの説明は，身体的活動と社会的相互作用の両方を含んでおり，スーツの着用をややこしいものにした。たとえば，ある男性の仕事には，その地域の農場主との濃いつきあいが必要であった。したがって，勢力のあるイメージのためには，彼は，「ヴァン・ヒューゼン」よりもむしろ「ラングラー」ルックになりがちであった。

　数人の男性がドレス靴（革靴）の重要性についてコメントしたが，アクセサリーのことが語られることはまれであった。3人の男性が彼らの記述にベルトを加え，1人はパワーアクセサリーとしてカフスボタンのことを話した。

女性回答者のほぼ4分の3もまた，スーツあるいはドレスやスカートと組み合わせたブレザーを，勢力イメージを示したいときに選ぶスタイルとしてあげた。しかし，どんな色が勢力ある色になるのかという点に関しては，全員一致とはいかなかった。何人かの女性が，黒，ネイビーブルー，あるいは，濃い灰褐色のようなくすんだ色が最良の選択であると感じていたのに，他の人たちは赤やロイヤルブルーのような明るい色を選んだのである。何人かの女性は，男性のクローンのようには見られたくないということに特にこだわった。1人の女性が次のようにコメントした。

　　　私は，まるで男のようなビジネス・スーツのことは考えません。私が着たいと思う色がいくつかあります。それらは，赤紫色やロイヤルブルーであり，赤や紫やティールブルーなのです。私は，男のように見えるネイビーや茶色や暗い色は着ません。(WW)

　これらの知見は，ダムホーストとフィオレ（1993）の知見と一致する。すなわち，女性のビジネス服の色彩における多様性が，1990年代には，1980年代に比べてより許容されるようになっている。
　女性に関しては，アクセサリーが，勢力イメージの重要な部分として頻繁に述べられていた。宝石は，最も頻繁に述べられたアクセサリーで，その際，高価な素材でできたシンプルなものという点が強調された。これは，金，ダイヤモンド，真珠などの高価な素材で身を飾ることが，伝統的に勢力と権威の印であったというルビンスタイン（1995）の観察と一致する。
　靴については，過半数の女性回答者によって論じられ，そこには，もし注意を集めたいのであれば低いかかとの靴は履くべきではないという一般的な合意があった。少なくとも3cmまたはそれ以上のヒールは，女性にとって勢力のある着装をする場合の不可欠の部分としてうるさく求められたが，5人の女性回答者は，足部の効果に関心がないので自分自身はパンプスを履かないと述べた。1人の女性が「ヒールは痛い！」と強い語調で言った。
　パワールックを完全なものにするためにスカーフを付け加えたのは，女性回答者のうちたったの4人であった。このアクセサリーに対する評価不足は，ジョンソンら（1994）によって報告された昇進の可能性との関連を考えると，少

し意外であった。しかしながら，1人の回答者がほのめかしたように，女性の衣装にスカーフを付け加えることは，男性の衣装にネクタイを付け加えるほど単純なことではない。ネクタイには結ぶための基本的な方式があり，たいていの男性はそのやり方を10代の頃に繰り返し練習することで習得する。スカーフについては，はるかに多くの美的楽しみ方があり，身に付けるいろいろな方法があるのだが，同時に不快になる可能性も多分にある。その結果として，女性は，自分を最も有利にするためにスカーフを利用する知識あるいは時間がないと感じがちである。首飾りをつけたりブローチを留めたりすることは，より少ない時間と努力でできるのである。

勢力にかかわるフォーマルとカジュアルの象徴　ドレスアップ状態とドレスダウン状態のときに着る典型的な「パワー衣装」について聞かれたとき，回答者は，ドレスアップ状態に関してはほとんど困難さを感じなかった。たいていの人が，勢力のある印象をつくりたいために何を着るかについての一般的な質問を行なったときのコメントを繰り返して述べたのである。

　ドレスダウン状態で勢力の象徴を生み出すということは，別の問題であった。標本の20％近くが，勢力をカジュアルに結びつけることができなかった。彼らは，次のようなコメントをした。

　　　私にはわかりません。それが何であるか，想像することさえできません。（WM）

　　　私には，ドレスダウンの［勢力］衣装を考えることができません。（WW）

　　　そんなものはないのでしょう。（WW）

　　　私は，ドレスダウンを好みません。ジーンズは大掃除のために着ます！（HW）

　美のコードをいかに操作するかの女性の好みに関するこれまでの文献（Kimle & Damhorst, 1997 ; McCracken, 1985 ; Solomon & Douglas, 1985）に

基づく期待に反して，ドレスダウンのパワー衣装を説明できなかった女性の割合は，それを想像できなかった男性の割合とほぼ等しかった。そのかわりに，差異は民族性の方向に沿って現われた。白人の回答者は，ドレスダウンのパワー衣装をイメージすることにかなりの抵抗があるか，もしくは，イメージすることができなかった。この差異を説明するものとしてひとつ考えられるのは，アーカーとディーン（Aaker & Dean, 1993）が観察したように，少数派は，白人優位の社会システムのなかで暮らし昇進していくために，すべての社会的手がかりに対して敏感でなければならなかったということである。それゆえ，彼らは，カジュアルな勢力イメージをつくるのに利用できる別の手がかりをもっているのかもしれない。しかしながら，この命題は，女性がなぜそのようなイメージを想像できなかったのかを説明するものではない。

　ドレスダウン・イメージを提案できた回答者のなかでは，フォーマルな勢力の手がかりをとらえ，そしてそれらをカジュアルな状況で再解釈するというのが戦略のようであった。たとえば，暗い色，とりわけ黒のスラックスやジーンズは，頻繁に話に出た。何人かの回答者は，ベルトで締めたスラックスを着用することがイメージを高めるだろうと付け加えた。有名ブランドや，絹，麻，革といった比較的高価な素材でできたカジュアル・スタイルに対する信頼感は，ルビンスタイン（1995）も説明しているように，富の指標と勢力が結びつくことに対する評価を暗に示した。数名の回答者が，ドレスダウン衣装にふさわしい靴，すなわち，肌を露出しすぎるサンダルでないローファーやブーツについてコメントした。ウェスタン・アンサンブルの部分としての，また，独立した品目としてのブーツについてのコメントは，いずれも，ウェスタン風の服が男性の勢力を伝えるように思われるというゴットディーナー（1977）の報告を思い出させるものであった。本来はカジュアルな衣装にジャケットを加えることは，パワールックをつくるためのもうひとつの一般的な戦略であった。

　ドレス・コードと勢力についてこれまでに書かれた著作に一致するいくつかのおもしろい風変わりなコメントもあった。たとえば，1人の女性回答者は，ジャケットではなくベストをブラウスの上の重ね着として用い，それでカジュアル衣装の勢力を高めると述べた。1人の男性回答者は，自分の鍵，巻尺，ポケットベルを勢力の象徴として語った。この人にとって，鍵は，ルビンスタイ

第 3 章　職場における被服と勢力

◆図 3.1
　ある女性回答者が，フォーマルな服装が適切である場合に，勢力のある印象をつくるために着る被服を実際に見せている。黒のウールのスーツにシンプルな金の装身具をつけ，薄いブルーのセーターでやわらげている。

◆図 3.2
　同じ回答者が，職場規範がカジュアルな服装をよしとする日のための勢力イメージを構成している。この場合，カジュアルな黒のセーターとジーンズに，勢力のある色（赤）のジャケットとシンプルな金の装身具を加えていた。

83

ン (1995) が説明したように，利用を統制する権利を表わすもののように思われた。彼は次のように言った。

　　身近に巻尺を携帯して重要人物のように見せる。たとえそれを使わなくても，ポケットベルや鍵束を手許でジャラジャラさせながら［携行する］。学生たちは，「あっ，だれかが来た，鍵をたくさん持っているな」とわかります。(HM)

結　論

　この研究は，マクロードとダムホーストがアフリカ系アメリカ人男性重役の研究 (1996) で行なった観察結果，すなわち，被服の象徴は，確立された勢力構造のなかで適合，昇進していくためにそれらを利用する民族的少数派の人々にとって，とりわけ効能があるという観察を支持するものである。現にこの研究において，ヒスパニックの被雇用者は，白人の被雇用者に比べて有意に，被服を，個人の昇進にとってより重要であると評定した。さらに，彼らは，勢力のある印象をつくるために着る必要性が，白人被雇用者よりも，より頻繁にあると見ていたのである。

　ジェンダー役割の要件についての先行研究は，効果的なビジネス・イメージを作り上げようとする女性が経験した多くの問題，それは女らしく見えることとプロフェッショナルに見えることの間の葛藤を含むのだが，それらの問題に火をつけた（たとえば，Kaiser et al., 1987 ; Kimle & Damhorst, 1997）。本研究は，女らしく見えることもプロフェッショナルに見えることもともに，快適でいたいという要求と，ことにより高齢の女性の間では，矛盾するかもしれないということを示すことで，上記の文献に寄与するものである。回答者は，締めつけるスカート，きついパンティストッキング，痛いヒール靴，そして，「ただ私を煩わせるだけのものすべて」を非難しながら，この点を繰り返し，かつ，力を込めて述べた。

　最後に，本研究は，被雇用者が，職場の変化していくドレス・コードにどのように対処しているかについての感覚を示す。変化をともなう場合にしばしば起こるように，被服象徴に対する抵抗と創造的再交渉との混じりあったものが

存在するようであった。すなわち，回答は，ジーンズも含めてカジュアル・ルックを熱狂的に受け入れるものから，「ジーンズは大掃除のためのものよ！」という心からの不平まで，範囲が及んでいたのである。

注

* 1 この研究プロジェクトに時間を割いて下さった地域の大学の職員の方々に，著者一同，感謝の意を表したい。
* 2 ダムホースト（1990）による印象形成の研究のメタ分析は，「勢力」を考慮することが一般に服装研究ではかなりふつうのことであることを示唆する。しかし，彼女の勢力の範疇はこの研究における勢力の意味よりももっと包括的で，それは，仕事で他者に影響を及ぼす能力というものである。
* 3 これらの呼称は，データを集め始めた時点において，大学の書式や報告書で用いられていた共通の使用法に基づいて，この研究のために選ばれた。

第4章
大衆雑誌に見られる成功のためのドレス[*1]

Jennifer Paff Ogle ● ジェニファー・パフ・オーグル
Mary Lynn Damhorst ● メアリー・リン・ダムホースト

　米国の労働力は，社会的な移り変わりの真っただ中にある。中間管理職や上級管理職につく女性の数は増加してきている。米国統計要覧（商務省国勢調査局；Bureau of Census, 1992）によれば，1990年には，「管理職，マーケティング，広告，広報」といった労働力区分に占める女性の割合が30.6％に達した。ちなみに，1980年の同区分における率は21.8％であった。この職業区分は，民間企業に存在するかなりの割合の管理者ならびに経営者を含むものである。今後数十年にわたり，ビジネスにおけるリーダーシップの役割を担う女性が継続的に増加していくと未来学者は予測している（Aburdene & Naisbitt, 1992）。事業管理者や経営者の間における性の代表性が変化するにつれて，意思決定者および上位権力保持者の性もまた変化していく。
　ビジネスにおける性の代表性が変化するということは，女性が管理ならびに経営的役割により大幅に参入していくとき，同時進行で起こる役割に合った服装における変化を調べるよい機会となる。個々人が新しい役割を引き受けるとき，それらの役割遂行に用いられるドレス・シンボル[*2]は，新しい役割取得者によって，ある一定の意味をもたせて採用され，適用され，そして，修正される（Blumer, 1969）。加えて，新しいタイプの人間が向かう役割の場への入り口は，それらの役割を演じる者に対する社会や組織の期待，ならびに，役割執

行に用いられるシンボルに帰属する意味に，必然的に調整されている。

　変化するビジネス・ドレスに関するひとつの情報源を検討するために，われわれは，1980年代と1990年代をとおして男性および女性にビジネス・ドレスのアドバイスを提供してきた雑誌および新聞記事を調査した。全体としての推奨服が，社会規範ならびにビジネスにおける男性と女性に課せられる期待の特徴を明らかにするために分析された。これらの服装に関する推奨が，ビジネスの場における性別による勢力関係の見地からいかに解釈可能かが考察された。

　メディアで扱われた社会行動は，厳密にいえば実際に人々が行なっていることを忠実に映し出したものでないことは，われわれも承知している。すなわち，メディアはしばしば流行を大げさに言ったり過度に簡単に扱ったり，また，ある行動を強調する一方で他の行動を無視したりする。ビジネスにおける男性や女性たちは，われわれが調べた記事のなかでアドバイスされた服のすべてを実際に着用しているわけではない。しかしながら，メディアが報じる内容を注意深く吟味すると，自分自身や他の人々の服装について人々がどのように考え解釈したかについての何がしかの洞察を得ることができる。

　メディアで扱われたステレオタイプやアイデアは，現実の生活状況のなかで人々が示す行動に付与される意味を形成する原形の背景となるものである（たとえば，Belk & Pollay, 1985 ; Gross & Sheth, 1989 ; Kaiser, Lennon, & Damhorst, 1991）。

■職業的役割のための着装

　服装は，仕事上の役割を遂行する場合に役に立つ（Rafaeli & Pratt, 1993）。男性のスーツのような役割ドレスには，親しみと歴史があり，ビジネスにおける管理や経営の役割を表わす重要なシンボルとして役立っている。男性のビジネス・ドレスは，英国のチャールズⅡ世が，1666年に，法廷，ビジネス，交易に携わる男性のためには簡素で「有用な」スリーピース・スーツがよいと宣言して以来，数世紀をかけて発展してきた（Kuchta, 1990）。重要なシンボルである服装は，ある集団の人々に対して合意性の高い意味を有しており，その結果，他者から当を得た反応を引き出すのである（Davis, 1982）。人間は，ビジネス・ドレスを着ている人に対して，彼らが感じるそのドレス・シンボルが

もつ意味に基づいて行為する（Blumer, 1969）。それゆえ，服装は，管理的役割にある人がその役割を学習し共有する意味にしたがってその役割を遂行するのに役立つ。仕事のアイデンティティは，ある部分，服装をとおして管理され構成される。したがって，服装は，管理職アイデンティティの目に見えるメタファとして機能する（Davis, 1992）。

　カンター（Kanter, 1977）の提言は，大企業の管理職の間で見られる外見の類似性は，標準的な管理職的外見が，プロとしての自覚，ならびに，組織および事業の目標へのかかわりを意味する組織においては，不確実性を低減するのに役立つ，というものであった。管理職のビジネス・スーツは，着用者が組織に対してもつ価値を示すのであり，それゆえ，組織を進展，支援，維持するのに役立つのである（Stone, 1962）。

　男性のビジネス・スーツは，そのビジネス・スーツを着ることによって個々の役割取得以上のものになることを表現している。スーツは，現代的特性と産業資本主義の典型である。というのは，スーツは，簡素という点で合理的であり，規則遵守であり，仕事をするのに機能的であり，体形との関係が明快で，個々人の特異性を押し殺すという意味においては明白かつ直接的で，そして，組織環境の（望まれる）客観的実在と調和的であるからである（たとえば，Morgado, 1996）。フーコー（Foucault, 1977）の見解を借りて言えば，現代の男性ビジネス・スーツは，その制約をとおして，現代社会の集中を要するビジネス労働を成し遂げる際に効率的に働き，かつ秩序を維持する「訓練された肉体」をつくる。それをずっとやりながら，男性のビジネス・スーツは，共同体アメリカのイデオロギーを記号化する。その画一性と安定性は，支配階級（すなわち，白人男性ビジネスマン）を継続的に再生産し，主導権を再確認し，着用者の勢力を正当化する（Mannbeim, 1960）。

　1970年代までは，ジェンダーは管理職の服装の重要な構成要素であった。男性一個人とビジネス・スーツは，管理職アイデンティティを表わす合成シンボルとして不可分に結合していた。女性が実業界で勢力ある地位に参入していくにつれて，彼女たちは，女性のジェンダー・アイデンティティとビジネス・アイデンティティとの不適合に対処しなければならなくなっていった。ビジネス・アイデンティティとジェンダーとのこの歴史的な連合が示唆するものは，

最近のビジネス・ドレスの変化が，ビジネス・コンテキストのなかで何が男性的で何が女性的であるか，つまりは，何が勢力があり何が勢力がないのかについての定義の変化に対すると同様に，実業界における女性の役割の変化に対して，洞察を与えるということである。

　1986年にサンダースとステッド（Saunders & Stead）は，女性の管理職への流入が比較的近年であることもあって，管理職ビジネス・ウーマンの服装の「標準」がはっきりとは出現するにいたらなかったと示唆している。女性がはじめて大量に管理者層に入り始めたころ，ジョン・モーリー（Molloy, 1977）やベティー・ハラガン（Harragan, 1977）といった人気の服装アドバイザーが勧めていたことは，女性は，男性のビジネス・ドレスの高度に制約されたドレス・スタイルを，着用者の女性性を確認するためにごく限られた控えめな修正を加えながら，採用するというものであった。おそらく，役割獲得の初期の段階では，管理的地位で優位にあった男性から既存のドレス・スタイルを借りることが，組織の役割では新参者の女性にとっては無難な戦略であるように思われたのであろう。しかしながら，カンター（1977）の観察によれば，大企業の女性経営者が，その組織の男性経営者と同じように装うことはほとんどなかった。

　同様に，1980年代のはじめに行なわれたビジネス・ドレスに関する学術研究の多くは，かなり限られた範囲でのバリエーションが女性のビジネス・ドレスの理想型であると，われわれに思わしめるものであった。色，スタイル・ライン，そして，ネック・ラインの深さにおけるわずかな変化性は，女性の専門職としての適性や能力に関する認識を高める，と報告されている（たとえば，Cash, 1985 ; Damborst & Reed, 1986 ; Forsyth et al., 1984 ; Rucker et al., 1981 ; Sherbaum & Shepherd, 1987）。しかしながら，研究の多くは，面接時の服装を調査したものであって，その衣装は，面接状況において専門職的シンボルにより多くの注視を向けさせることになるかもしれない。これらの研究の知見は，通常の勤務で効果的だと考えられる服装において予期されるより，もっと限定的で形式化したコード[*3]を特定するかもしれない。

　加えて，先行研究における調査方法ならびに分析の特性は，得られた知見を限定的なものにする。研究者たちは，厳密に統制された実験計画と限定的な刺

激配列を用いた。知覚される有効性における小さい相対的差異に注目するものも時として報告されたが（Damhorst & Reed, 1986 ; Sherbaum & Shepherd, 1987），調査の全般的目標は，女性にとって最も有効なビジネス・ドレスとは何かを確認することであったように思われた。研究者たちが，刺激としてより広範なドレスの選択肢を提示した場合には，適切かつ専門職的と見なされるドレスにかなり大きな多様性が見いだされた（Damhorst et al., 1986 ; Damhorst & Fiore, 1993 ; Solomon & Douglas, 1987）。ソロモンとダグラス（1987）の言によれば，女性のビジネス・ドレスの規範は，選択の「あいまいなセット（fuzzy set）」から成り，そのセットは，ホルブルックとディクソン（Holbrook & Dixon, 1985）が，最近のスタイルや型にみられる「外に現われた好みの集合パターンにおける相補性」について行なった議論（p.122）と同様，おそらくは諸特性についての理想型セットとどれだけ近似しているかによって評価されるものである。女性のビジネス・ドレスの集合パターンには，そのあいまいなセットのどんな要素にも常に存在する特定の基準というようなものはほとんどないが，しかし，男性のスーツの原型に関連する何かが存在するに違いない。たとえば，ダムホーストとフィオレ（1993）の知見によれば，管理者面接において，人事面接担当者は，男性の伝統的な仕立て方がある程度認められる限り，驚くほど多様な，襟型，色，素材，ジャケットとスカートの細目を，受容可能であると判断していた。画一性と多様性の両方が，女性の面接ドレスの弾力的なコード内で調整されていたのである。

　女性のスーツにおけるこの多様性の許容は，男性のスーツの相対的画一性と違って，目をみはるものがあった。この20世紀には，男性のビジネス・ドレスの選択の集合パターンにおけるあいまい性が存在しているが，選択における多様性の程度は，女性のビジネス・ドレスの選択に比べると，かなり制約されている（McCracken, 1985）。ターナー（Turner, 1991）は次のように提言した。すなわち，女性のビジネス・ドレスにおけるそのような規則の締りのなさや予測しがたい美的感覚による選択は，単に，経営者の勢力について対立するメッセージを伝えること，そして，管理における男性優位の正当性やビジネスにおける資本主義者の合理性に疑問を投げかけることができるに過ぎない，というのである。服装における類似性を求めるかなり制約された規範がなければ，ど

のようにして，女性はてきぱきしていると信頼してもらえるのであろうか？
(Kanter, 1977)

■理論的基礎知識

　服装のアドバイスをする記事は，女性のビジネス・ドレスには多様性を，男性のビジネス・ドレスには画一性を推奨したのであろうか？　その好一対やミスマッチは，ビジネスにおける性別役割と勢力関係について何をもたらすのであろうか？　これらの疑問に答えるために，われわれは，ビジネス・ドレスへのアドバイスという現象と，その，職場の性別による勢力関係との関係について多面的な理解を得るために，さまざまな理論を用いる三方向からのアプローチ（Denzin & Lincoln, 1994）を採用した。これらの理論は，われわれが推奨服のなかに発見するかもしれない何か新しい命題を発展させたり探求したりするのに有用であった。理論は，演繹的に検査されるのではなく，データのなかのパターンに適合するかどうかによって検討された。

■ポストモダンの美学

　「ポストモダン」と称される当世の文化的状況は，注目すべき変化のひとつとして特徴づけられてきた（Featherstone, 1991 ; Gitlin, 1988 ; Lyotard, 1984）。ポストモダニズムは，「斉合性や継続性にはまったく無頓着」である（Gitlin, 1988, p.35）。カイザーとナガサワとハットン（Kaiser, Nagasawa, & Hutton, 1991, 1995）は，ポストモダンの状況が，美学，道徳観，ジェンダーの定義や勢力関係に関する以前の規則を問題視することによってあおられる流行の変化過程を生み出す，という理論を提示した。不断の自己構築や自己の再定義を助けるために，対象や経験が，広範に調達され整理される（Featherstone, 1991）。アイデンティティおよび意味の境界が流動的で定まらないこの文化の時代には，あいまい性とアンビバレンス（両価性）は，服装によって個人を表現する実験や改革を絶えず活気づける（Kaiser et al., 1995）。ファッション・トレンドは，移ろいやすく多面的な価値を有するものである。そしてそれは，消費者が順応するために，その部分あるいは全部を選択できる多くの当世ルックスを生み出す（Kaiser et al., 1991 ; Wilson, 1992）。

もし，カイザーら（1991）のポストモダン状況における意味についての理論的命題が，ビジネス・ドレスの推奨の場合にも真であるならば，精巧でかつ変化に富むドレス・コード（MaCracken, 1985）を探求する自由を伝統的に有してきた女性に対して，ブリコラージュ（手に入るものを何でも利用して作ること）を追求し，限定的な制約のあるビジネス・ドレス・コードを高めるようアドバイスする著者たちを，われわれは発見するはずである。同様に，もし，彼らの命題が真であるならば，われわれは，著者たちの男性に対する推奨服に，限定的な画一性を脱して伝統的なコードを疑問視しこれらにつけ込もうとする動きのあるのを見るはずである。

■トリクル・ダウン理論

階級競争およびドレス・スタイルの採用を扱う古典的な理論もまた，本研究の核心と関連する。マクラッケン（1985）の提示によれば，女性がビジネスの場で上級の地位に進出するにつれて，女性は，ビジネスにおける上位者である男性によって着用されているドレス・スタイルを，スタイル普及の「トリクル・ダウン」過程のなかで採用することになったのである。マクラッケンは，ジンメル（Simmel, 1904），ヴェブレン（Veblen, 1912）およびバーバーとローベル（Barber & Lobel, 1952）のファッション変化に関する階級理論を拡張し，ドレス選択における行動模倣がいかにしてキャリアアップのような手段的目標を有しうるのかを説明した。女性は，社会システム（すなわち，米国ビジネス・コミュニティ）において上方移動を試みる間，男性ビジネス・スーツの一部を，その明示的な特質を最適に利用するために意図的に採用した。マクラッケン（1985）は，ビジネス・スーツが，「能力，訓練および信頼性という，その［ビジネスマンおよびビジネスウーマンの］職務上の役割に最も有用なまさにその特質」（p.47）を表現するということを強調した。権威や勢力の地位を象徴している服装を着用することは，女性がその地位を全うするのに役立つかもしれない。

しかしながら，「トリクル・ダウン」理論（政府資金を大企業に流入させるとそれが中小企業と消費者に及び，景気を刺激するという理論）を全面的に適用するために，われわれは，男性が長く標準的であるビジネス・スーツから新

しい形のビジネス・ドレスへ移行することを考慮に入れなければならない。下位者（すなわち，女性）の間で模倣がいきわたるにつれて，競争下にある上層階級は，下層階級からの卓越を維持するために，新しいスタイルへと移行し続ける傾向がある。マクラッケン（1985）は，1980年代半ばに，支配者エリートである男性を，重役会議室に侵入しつつある女性から差別化するためのありそうな動きとして，男性のための「英雄の優雅」という新しいスタイルが促進されたと主張した。

■象徴的な自己完成

象徴的自己完成理論（Wicklund & Gollwitzer, 1982）もまた，役割取得の初期の段階における行動模倣やグループ・シンボルの採用に対して洞察を与えうる。ソロモン（Solomon, 1983 ; Solomon & Douglas, 1985）は，職務的役割を規定する服装のような消費財の採用ということに，この理論を適用した。個人がある新しい役割を引きうける際，彼または彼女は，その役割を学習し信頼する助けとなる役割規範に従うようである。ある役割に熟達し経験を積んだ人は，自信に満ちているので，厳格な規範遵守をゆるめ，その役割における自己表現をより広い多様性のあるものにするかもしれない。熟達の役割取得者は，役割の手段的達成というよりはむしろ，自己実現のために役割の支柱となることを選択するようである。

本分析では，われわれは，個々の役割規定にではなく，ビジネス・ウーマン全体に対して，象徴的自己完成理論を拡大適用する。その理論的教義を広げると，女性が職場への新参者であったころの初期の服装アドバイス記事が画一性を推奨するものであったことを，われわれに予期させる。また，管理者層における女性代表者の割合が増加し，女性が実業界において熟達した役割演技者としてめずらしくなくなりつつあった1990年代の記事のなかに，われわれは，若干多様性のある，または，ゆるめられたコードが推奨されているのを見いだすであろうと予想している。

しかしながら，象徴的自己完成理論があてはまるとするならば，男性のビジネス・ドレスの推奨は，研究期間の間ずっと変わっていくはずである。というのも，ビジネスの役割における男性支配が長い間行なわれているからである。

さらにいうなら，この理論を反映するアドバイスは，男性に，確立された規範から離脱するよう勇気づけるものであろう。特に，制度的に年功を有する，もしくは，注目される成功履歴をもつ男性の服装に焦点をあてた記事においては，ことさらそうであろう。

■同化過程

人々が新しい文化環境に適合する際のさまざまな方法にかかわる理論もまた，本研究に適用される。個々人が新しい文化へ「移住する」ときには，ちょうど女性が共同体アメリカの男性文化に侵入してきたときと同じように，人々はその新しい支配的な文化の行動慣習に順応することを，ガンズ（Gans, 1962）は提示した。文化変容する個々人は，新しい規範のいくらかを採用するが，しかし，完全にその新しい文化の部分になるわけではない。彼らの社会的アイデンティティは，彼らのもともとの集団によってまだ大幅に制限されており，移住者は新しい文化のなかの境界的成員として周辺に追いやられる。文化変容をした人の外見は，支配的集団の成員の外見と，ある程度，つりあう，あるいは張り合うものであろうが，しかしまた，その外見は，彼らの境界的地位を特色づけ強調するものでもあるだろう。マクラッケン（1985）は，女性の「成功のためのドレス」・スーツを男性スーツの部分的採用に過ぎないものと解釈した。ビジネスの役割に参入する女性にとって，その「もともとの」文化は，女性の文化であろうし，美的な遊びや服装への深い関与が受容可能でごくあたりまえの約束事である米国社会における女性の伝統文化であるだろう（MaCracken, 1985 ; Sahlins, 1976）。

同化する移住者は，勢力と威信を共有して，支配者グループとの差違にもかかわらず，その新しい文化へ受容されるようになる（Hood & Koberg, 1994）。同化した移住者は，彼らが採用したグループにきわめて類似しているように見えるかもしれないし（Arthur, 1997），外見におけるその差違は，進化する主流規範や主導権を有する勢力集団の進化する定義に，おそらくは統合されるであろう。もし，女性が経営的地位に高度に同化していれば，われわれは，女性が男性のドレス・スタイルを完全に採用していること，あるいは，彼女たちの服装における差異が完全に受容され，そして，現に男性のビジネス・ドレスに

影響を及ぼしているのを，見いだすことができるかもしれない。

◆◇ 目　的

　本研究の目的は，ビジネスにおける男性および女性の役割ならびに勢力関係の発達を反映するビジネス・ドレスに関する人気プレスの推奨を探究することであった。本研究より以前に，人気プレスによる女性のためのビジネス・ドレス・アドバイスについての限定的な分析（たとえば，Forsythe, 1993）が行なわれている。これを受けて，本研究では，われわれは，男女双方に対してビジネス・ドレス・アドバイスを提供する人気プレスの記事内容を検討し比較する徹底的な分析を行なった。われわれの知見の理解をしやすくするために，われわれは，われわれのデータについて複数の理論からの予測の適合度を検討した。そうすることによって，これらの理論ならびにこれらの理論に基づくわれわれの予測は，われわれが調査結果を解釈する際に用いるレンズとなった。

◆◇ 方　法

　人気プレスにおける特定のビジネス・ドレス推奨および，これらの推奨に反映された多様性および不確実性の程度を検討するために，帰納的内容分析法が用いられた。1986年から1994年にかけて公刊され，かつ，「リーダーズガイド・トゥ・ペリオディカル・リタラチャー（The Reader's Guide to Periodical Literature）」，「ニューヨーク・タイムズ・インデックス（The New York Times Index）」および「ウォール・ストリート・ジャーナル・インデックス（The Wall Street Journal Index）」に列挙された記事からの網羅的な標本抽出に基づいて，ビジネス・ドレスに関するアドバイスと解説を提供している雑誌ならびに新聞の記事が集められた。補足的に，「ワシントン・ポスト（Washington Post）」と「デス・モリス・リギスター（Des Moines Register）」および新聞の記事が追加されたが，新聞は本研究においては網羅的に標本抽出されたわけではなかった。

　この方法を用いて，われわれは，48人の著者により書かれた合計84の記事

をつきとめた。それらは，21の異なる都市の全国版の新聞ならびに一般大衆雑誌においてつきとめられたものである。表4.1は，それらの記事が抽出された雑誌および新聞のリストである。20の事例については，特定の著者名が記されていないか，または匿名のものであった（たとえば，「編者」）。いずれの著者も，3本の記事より多くは書いていない。

各記事におけるアドバイスが，以下の事項に関係している場合にのみ記録された。化粧および身繕い，髪の毛，アクセサリー，宝石，被服スタイルの特徴，靴下，履物，スタイルが適切であるコンテキスト，ならびに，その他服装に関係する種々雑多な論評である。記事のうち書かれた本文活字のみが分析され，記事をめだたせるための活字でないイメージ（たとえば，写真または絵）は，分析されなかった。服装および使用のコンテキストに関する推奨に基づいて，記事の内容が整理され，分析された。

◆表4.1
記事の出所

雑誌／新聞のタイトル	記事の数
グラマー（Glamour）	28
ワーキング・ウーマン（Working Woman）	14
マドモアゼル（Madamoiselle）	5
エッセンス（Essence）	4
ニューヨーク・タイムズ（New York Times）	5
デス・モリス・リギスター（Des Moines Register）	5
ビジネス・ウイーク（Business Week）	3
ボーグ（Vogue）	5
ブラック・エンタープライズ（Black Enterprise）	2
レッドブック（Redbook）	2
エボーニ（Ebony）	1
エスカイア（Esquire）	1
フォーブス（Forbes）	1
フォーチュン（Fortune）	1
GQ（GQ）	1
ハーパーズ・バザー（Harper's Bazaar）	1
レディズ・ホーム・ジャーナル（Ladies' Home Journal）	1
マッコールズ（McCall's）	1
ニューヨーク・タイムズ・マガジン（New York Times Magazine）	1
ウォール・ストリート・ジャーナル（Wall Street Journal）	1
ワシントン・ポスト（Washington Post）	1
記事の総数	84

特定の推奨を行なった著者の数ではなく，推奨が出ている記事の数がわれわれの計量単位であった。この決定は2つの要因に基づいている。第1に，われわれは分析において，読者が分析の焦点に出くわすであろうそれぞれのメッセージの内容と頻度を考えるうえで，著者ではなく観察者の視点を採用した。われわれは，あるアドバイスがメディアに表われた頻度が，メディア利用者へ与えられる混合的または集合的メッセージのよりよい指標を提供するであろう，と仮定した。同様に，われわれは，大部分の読者は，ある所与の人気プレスの著者に注意を払ったりその著者を覚えていたりすることはあまりなく，繰り返して出くわす1つのアドバイスをよく覚えているようである，と仮定した。第2に，著者の身元を確認することが常に可能であるとは限らなかった。したがって，著者を重要変数とする分析の実施は，不可能であった。可能な場合には，著者の性および雑誌の情報源が，アドバイスの内容に与える潜在的影響という点で考察された。

◆◇ 結　果

　分析された84の記事のうち，80は女性への推奨を含んでおり，12は男性への推奨を含んでいた。与えられたアドバイスは，出版の情報源や対象とされる読者の民族性によって異なることはなかった。たとえば，当該記事の35％を占める「グラマー（Glamour）」誌は，記事全体にわたって多様なアドバイスを提供していた。当該推奨から，以下の5つの一般的パターンが浮かび上がってきた。高い合意のある推奨，推奨の多様性，コンテキスト関係の推奨，推奨されるドレスの女性らしさとセクシーさ，ならびに，普及しているドレス哲学である。

■女性への推奨

高い合意のある推奨　衣服の特徴（たとえば，製作，スタイル，着ぐあい等）は，若干の事例において，頻繁に，仕事着としては適切である，あるいは，不適切であると推奨された。9つ以上の記事（10％以上）の事例が，衣服またはアクセサリーを推奨し他の記事と対立しないものであったが，それらが，適切

な女性用仕事着に関して明確に定義され広範に受容されたアドバイスを示すものとして，解釈された（同意水準が10％を超えることはまれであった）。9つ以上の挑戦的でない記事において適切であると示唆されたのは，以下の事項であった。明るい「ファッショナブルな」色彩のスーツ，ほっそりとして身に合ったまっすぐなスカート，絹製の生地，ウールの生地，スカーフ，平らなヒール，低いヒール，ならびに，高品質の「本物の」宝石であった。

推奨の多様性　アドバイスは通常，詳細にわたり明示的であり，記事によってじつに多様であった。しばしば，多様性が，記事についての露骨な対比にはっきりと表われた。他の事例では，記事が明らかな意見の相違を含むことはなかったが，その推奨が非常に多様であったので，何が適切な女性のビジネス・ドレスと考えられるかについての明確な基準を描くことができなかった。衣服のスタイル，衣服の長さおよび色彩それぞれについての広範かつ多様な代替案は，適切なものとして確認された。したがって，データは，全体として，単に1つの「正しい」外観を定義するのではなく，ビジネスにおける女性のための多くの多様なドレス選択肢に対して承認を与えるものであった。

　以下のスタイルおよび長さの細部は，少なくとも2つ以上の記事において不適切であると考えられた。サロン風または巻きスカート，ミニまたは超ミニスカート，レギンス，厳格に紳士服式に仕立てられたジャケットおよびスーツ，袖のない衣服，ぶらぶらしたイヤリング，蝶ネクタイ，パンプス，サンダル，そして，スニーカー。しかしながら，その混乱に加えて，少なくとも他の1つの記事は，これらの同じ品目を適切であると示唆していたのである。

　推奨における複雑性および推奨の資格性は豊富であった。たとえば，6つの記事はスコットランドの格子縞を推奨していたが，1つの記事は，承認を4色以下の色彩の格子縞に制限して推奨の資格を与えていた。他のもう1つの記事は，女性は，仕事をするのに，スコットランドの格子縞またはツイードをけっして着るべきではない，と主張した。

コンテキスト関係の推奨　34の記事は，多分に推奨における多様性を導く主要因である，コンテキスト特化型の推奨を提供した。

> コンテキスト関係の細目は，住所，経営者および職場のインフォーマル度にしたがって異なるであろう。("Caution：Beauty at Work", 1992, p.170)

　これらのコンテキスト特定型推奨のいくつかは，特定の職業，職務上の地位または国の地域（たとえば，南部，西部，あるいは，ニューヨーク市）の服装に関係するものであった。また推奨のなかには，ユニークな会社のドレス期待を記すものもあった。すべての記事をみてみると，22の異なる業界について，特定のアドバイスが与えられていた。銀行業は最も保守的な業界としてたびたび言及され，ファッションおよびデザイン業界は最も保守性が低いとされた。

　コンテキスト関係の推奨は，雇用段階で異なる示唆を含んでいた。9つの記事は，面接時の服装を扱っていたが，その限りでは，保守的な外観が一貫して推奨されていた。いくつかの記事は，被面接者が面接時服装の儀礼を将来の仕事で期待される儀礼に匹敵させることを推奨するが，片や他の記事は，役割服装規範の儀礼の「ひとけた上の」ドレスを提案した。すべての事例において，記事は，面接状況における服装の重要性を強調した。入り口レベルの地位の服装に関する推奨は，比較的一致していたが，いくつかの記事は，女性に唯一必要なことは，面接時または仕事の最初の数か月間，「成功するスーツ」を着用することである，という考えを支持していた（"Breaking the Code", 1990；Hoffman, 1991；Stacey, 1992）。

　中間レベルの地位の女性に関係するアドバイスは，女性はその特定の分野で経営者と競うために着装することを，たびたび提案した。これらの女性には，テーラー仕立てのジャケットが推奨された。経営者の着装に関するアドバイスは，いくぶん多様であった。4つの記事が控えめで紋切り型の業務服を推奨したが，一方で，他の4つの記事が，安定した地位に就いているキャリア・ウーマンは，保守的なドレス規範を越えて前進することができると示唆した。

> あなたのドレス・コードはあなたの環境から生まれる。すなわち，組織のなかを昇進していくにつれて，あなたの環境は変化する。(Moody in "Breaking the Code", 1990, p.56)

より若い，そして，より高齢の女性にも，異なるアドバイスが与えられた。たとえば，「ミニ」スカートは「きれいな」足をもつ若い女性には適切であるが，高齢の女性には「愚か」で不適切であるといわれた（Radziwill, 1988, p.136）。

推奨されるドレスの女性らしさとセクシーさ　多分に，女性に対して与えられた推奨において最後までなされた最も白熱した議論は，性的に示唆的な服装についての刊行に関係していた。アドバイスは，以下の2つの異なる見解を反映していた。(a) セクシー・ドレスは仕事に適している，および，(b) セクシー・ドレスは仕事には適していない，という見解である。著者が性的に魅力的または誘発的なドレスに異議を申し立てる7つの記事は，開きの多い刺激的なスタイルすべてを「議論の余地なく不適当である」と公然と非難したし，ある著者の言葉によれば，「『私とベッドを共にしよう』と叫ぶ」（Stacey, 1992, p.175）衣服は着用しないように読者に警告していた。これらの7つの記事のうちの3つもまた，あからさまに「女性らしい」ドレス（いかに淑やかであろうとも）をすべて非難していた。これらの記事によれば，女性の仕事ドレスは，職務上の目的にのみ役立たなければならないし，また，男性同僚の性的注意をひいてはならない。（これらの記事において，著者は，「セクシー」と「女性らしい」という言葉の区別をぼんやりとさせる傾向があり，場合によっては同義に使用していた。）これらの推奨は，一貫して，以下の4つの議論により正当化された。(a) けばけばしく女性らしいまたは挑発的なドレスを着用することが，女性の権威を失墜させること，(b) けばけばしく女性らしいまたは挑発的なドレスを着用することが，女性のセクシュアル・ハラスメントの機会を増加させること，(c) 挑発的なドレスを着用することが，着用者の成功が職務上の遂行以外のものによると言いたてる，うわさの機会を増加させること，ならびに，(d) 女性は，キャリア開発を促進するすぐれた手段（たとえば，知性，創造性，能力）を有しているのであるから，職場で出世するために「女性らしい手管」に頼るべきではないこと。

　9つの記事は，逆の主張を支持し，挑発的（誘惑的でさえある）ドレスこそが職場に存在すべきであると主張した。これらの記事の一部は，女性が仕事で

「その性（sexuality）を開花させて」きたこと（Hoschwender, 1991, p.230），および，性が女性の利益のために利用されうる（かつそうすべきである）ということを示した。たとえば，複数の記事において，女性はそのプロ意識を強調するために肉体の存在を用いるべきであると，著者は主張した。セクシーさを大胆に主張することは，強引でありそれゆえに専門勢力を強調することにつながるものと解釈された。これらの記事にある推奨によれば，もし首尾よく責任ある地位を保持すれば，権威と信頼性は当然のこととなるのである。これらの記事は，職場におけるこの性の容認という新発見について，しばしば，以下の2つの理由を引用している。(a) ビジネスの役割を果たす際の女性の新しい自信は，女性がかつては安心を求めていた男性の基準から離脱することを可能にすべきであるということ，および，(b) 不確実な経済にあっては，成功に到達しようとする女性は，もてる資源のすべてを利用するダイナミックで印象的な外観によって，自分自身を他の能力ある労働者から秀だたせなければならないということ。記事は，やわらかなライン，権威的な色彩および挑発的ではあるがけばけばしくはない衣服の使用を通じて完成された，タフであるが女性らしい，セクシーであるが威厳のある外観を提案した。記事は，女性がどのようにすれば「挑発的ではあるが，けばけばしくはない」ようでいられるかを説明してはいなかった。

2つの普及しているドレス哲学　すでに述べたように，われわれの分析は，女性の服装に関係する十分に多様な推奨を示してきた。この推奨の多様性は，多数の形式の女性ビジネス・ドレスの一般的な受容を示しているように思われた。しかしながら，推奨は，まったく共通点がないわけではない。アドバイスにおける共通のテーマが，以下の2つの異なるドレス基準に大別される。(a) 低リスクで保守的なビジネス・スーツ外観（n = 32），および (b) 革新的で，粋な，個人主義的な外観（n = 29）。記事のなかには，特にコンテキストの重要性を強調する記事においてであるが，混合したアドバイスを提供するものもあった。

　保守的なスーツ外観を推奨した記事は，1980年代初頭の「男性クローン外観」がもはや適切ではないという警告とともに，男性スーツの女性版を一般的に提案した。勢力の地位にある男性によって着用される専門職の服装が，通常，

伝統的かつ非ファッショナブルであるので，勢力のあるイメージを発する最も簡単な方法は，保守的に，かつ限られたファッション感覚で着装することである，ということが示唆された。対照的に，保守的な基準に反対の推奨を行なう記事は，極端に保守的な服装が，しばしば退屈でかつ見分けのつかないことがあり，自己表現およびジェンダー・アイデンティティの享受に対する女性の権利を害しているということを，頻繁に提示した。これらの記事において，女性は，その独立性を高め，キャリアの階段をかけあがらせうる個人スタイルを展開するために，流行の利用をうながされていた。

■**男性への推奨**
高い合意のある推奨　女性に与えられたアドバイスとは異なり，ビジネスマンへ向けられた提示には，非常に大きな一貫性が存在した。ビジネスマンは，スーツまたはスポーツ・コートのいずれかを着用すべきであると，10の記事は提示した。ジャケットを提案しない2つの記事は，「カジュアル・デー」の服装について記している。ジャケットまたはスーツは，暗い色調でなければならない。できればグレーまたはネイビーが好ましいと，8つの記事は推奨した。7つの記事が，ネクタイはビジネス・ルックに必要不可欠な要素であると提示した。

推奨における多様性　若干の例外はあるものの，男性に対する推奨間の多様性は，相対的にわずかであった。ごく細部におけるいくつかのバリエーションが含まれてはいたが，スーツの基本部分はかなり一致していた。女性に対する推奨とは対照的に，ジャケットおよびズボンにおける生地と色調の可能性，襟およびネックラインのスタイル，それに，ジャケットとズボンの長さについての際限のない細部というようなものはなかった。細部が提供される場合でも，選択に関しては規定的かつ限定的であることがしばしばであった。

　　　男性のベルトが靴の色に調和しなければならないということが，どこに書かれているのか。ここにある。ベルトは靴に調和しなければならない。それから，絶対に極端を避けてください。寸分違わない1インチと4分の1が，適切な幅である。すばらしい仕上げ（たとえば，ペブル・グレイニング）が好ましいの

であって，ウェスタン風のステッチはよくない。そして，バックルは，じょうぶかつ簡素でなければならない。ハーレイ・ロゴやトルコ石はどうかおやめください。(Omelianuk, 1994, p.113)

　推奨間の相対的な一貫性の1つの例外は，男性のドレス・シャツの色およびパターンに関係していた。ここでは，たとえ大胆な窓格子のようなチェックであっても，多様な選択肢が適切であると見なされた（Omelianuk, 1994)。ネクタイに関するアドバイス，特に色およびパターンの推奨において，非常により大きなバリエーションが存在した。ネクタイは，男性がそのパーソナリティまたは個々の嗜好を表現する機会を与える男性ドレス・シャツの唯一の部分である，ということをある著者は示した（Nusbaum, 1989)。男性に対してアドバイスを与える12の記事のうち，3つが，推奨における多様性の大部分を提示していた。興味深いことに，これら3記事のすべてが，カジュアル・デーの服装に関係していた。これらの記事において，男性は，トレンディでリラックスした服装を職場で採用するようアドバイスされていた。かくして，カジュアル・デーとシャツとネクタイに関係する多様性を除き，男性のビジネス・ドレスへのアドバイスは，著しく首尾一貫していた。

コンテキストに関係する推奨　コンテキストの問題は，12の記事のうち7つで扱われ，男性の適切なビジネス・ドレスと考えられるものが，職場および職業によって異なるかもしれないということを示唆していた。しかしながら，女性とは対照的に，年齢も地域のいずれも，男性の服装選択に影響を及ぼすかもしれない要因としては扱われていなかった。

セクシーさとビジネスマン　男性用衣類に関する12の記事において，性的表現についてはまったくふれられていなかった。ディスプレイに関する唯一の言及が，足が組まれた際に裸のふくらはぎがむき出しとならないような長さのある靴下をはくという推奨に関係していた。性的ディスプレイではなくエチケットがこの問題の背景にある理由づけであった。

普及しているドレス哲学　女性に対する推奨を特徴づける大きな多様性とは対照的に，男性に与えられるアドバイスは，著しく一貫しており，ある普及した哲学すなわち保守主義を示していた。1994年以前では，カジュアル・ルックは受容可能なビジネス・ドレスとして広範に推奨されることが依然として必要であったし，テーラー仕立てのスーツは，職場における男性に最適であると，一貫して示唆されていた。

◆◇ 考　察

　女性に対する推奨の大きな多様性からも明らかなように，記事のなかで与えられるアドバイスは，概して，女性のビジネス・ドレスに関する明確な基準を描いてはいなかった。この知見は，ビジネス・ドレスのアドバイスに関するフォルシス（Forsythe, 1993）の概観による知見と一致している。すべての記事にわたって完全な合意が存在するきわめて少数の推奨が見いだされた。人気プレスという情報源からビジネス・ドレスに関する明確なアドバイスを集めようとしている女性消費者は，もし2つ以上の記事を読むとすれば，おそらくもっと大きな混乱を経験するであろう。

　男性にとってのアドバイスは，シャツならびにネクタイの色とパターンの選択の多様性にごくわずかな余地を残し，仕事の公式日のための推奨における相対的合意を反映していた。男性のビジネス・ドレスのための社会の期待は，人気メディアに反映しているとおり，男性に，ごくわずかの相対的に硬直した選択肢しか与えない。行なわれる選択の幅が限定されているせいで，男性の専門職の着装は，女性のそれよりも平易であることを，著者の1人のシーロ（Schiro, 1989）は強く主張した。たぶん，その理由は，この期間中に男性のビジネス・ドレスのためのアドバイスに焦点をあてた記事がほとんど書かれなかったからであろう。

■理論の支持

　コンテキストにかかわるアドバイスおよび女性の制約的なドレス・コードに対する明らかな問いかけは，ポストモダン時代における服装に関する理論的命

題 (Kaiser et al., 1991, 1995) に一致する。アドバイス記事における推奨は，ビジネスにおける女性の側に，伝統的な男性のスーツ・スタイルを全面的に採用することの困難さを反映していた。総じて，アドバイスは，ファッションの特権および精巧なドレス・コードを伝統的に有してきた女性に対して，伝統的な男性のビジネス・ドレスの一部を借用すること（特に，テーラー仕立てまたはセミ・テーラー仕立てのジャケットを着用すること），ならびに，これらのシンボルにおいて色，パターン，生地およびスタイル・ラインで遊ぶことをうながしていたように思われる。男性および女性の服装からの折衷的な借用は，女性が，職場において識別可能かつ個人的な目に見えるアイデンティティを作り出すために，利用可能なドレス・スタイルの部分を集めることを仲介する，ブリコラージュのプロセスに，結果としてなる（たとえば，Gubrium & Holstein, 1995）。伝統的な女性文化の（すなわちファッションに関する）豆記事，および，ビジネス・プロフェッショナリズムに関する男性のドレス・シンボルについての豆記事は，そのすべてがひとつの多面的なアイデンティティである職務上の権限，ファッション，美学および女性であることの表現に組み込まれる。

　リオタール (Lyotard, 1984) は，『ポストモダン・コンディション (The Postmodern Condition)』において，いかなる以前よりも今日複雑かつ動的な関係の構造にあって，自己がいかに存在するのかを記した (p.15)。ここで，われわれは，ビジネスウーマンが職場において自己のアイデンティティを表現する服装に対する推奨を調べる際，文字通りそのほとんどすべてを扱うことができる。ビジネス人としての1つの役割アイデンティティを強調するのではなく，推奨される男性スーツがしばしばそうであるように（たとえば，Joseph & Alex, 1972），ビジネスウーマンの服装に関するポストモダンの推奨は，多重的なアイデンティティの同時的な言語によらない言葉のゲームを表わす (Lyotard, 1984)。このアイデンティティは，商才，個人的な嗜好および特徴，現代風な理解，美的な熟練，セクシーの理解（そのアドバイスが認められることに依存），ならびに，コンテキストおよび状況による調整の多数からなる。この解釈は，キムルとダムホースト (Kimle & Damhorst, 1997) により支持されており，彼らは，ビジネスウーマンの面接において，それぞれの女性が，

第4章　大衆雑誌に見られる成功のためのドレス

それぞれの日の仕事のための着装をしている間，多くの意味をまさにそのとおりに演じていると報告したことを見いだした。

　対照的に，男性のビジネス・ドレスに対する推奨は，多面的な自己の表現のための余地をほとんど残さない。着装者が十分に勇敢であれば，ごく少数のコンテキストの調整ならびにネクタイおよびシャツにおけるごく小さな個人的な表明が許される。男性スーツに関する推奨は，明らかにポストモダン時代のものではないし，時代に対してほとんど調整されてはこなかった。しかしながら，もしスーツが1666年以来，十分機能してきたとしたら，大きく修正しそうな可能性が高い。美の多様性の快楽説に加わることは，「合理的な」ビジネス・ドレスの伝統的なコードを問題視して，女性らしさが現われるであろう。勢力の欠如を意味する2つの違反はあるが，ビジネスの場において久しく勢力を保持してきた男性は，おそらく，その長く効果を発揮する道具のシンボルを放棄することに時間がかかるであろう。厳格な規範からリラックスするために，「カジュアル・デー」を組織的に宣言するようである。事実，男性ビジネス・スーツの「持続パワー」は，カジュアルなビジネス・ウェアによるリラックスにもかかわらず，現代性は完全に隠れているわけではないという事実を証明するだろう。

　男性ビジネス・スーツの持続性および外観的現代性は，その地位を，米国における高度に発展したシンボルとして，あるいは，クローリー（Crawley, 1965）が「神聖なドレス」とよんだものの一例として，指し示すかもしれない。スーツおよびネクタイは，産業社会における男性の理想的な役割を記号化する。その役割を変えることは，依然として少なくとも神話として米国共同社会の根底であり保証となる資本主義的で自由放任主義的な経済の基礎を疑問視することになるであろう。ビジネス，商業および経営管理用の男性のスーツおよびネクタイは，伝統を疑問視し，20世紀末を特徴づけるポスト産業化社会にも生き残る至聖のシンボルである（Baudrillard, 1983）。

　たぶん説明理論としては最低の出来のトリクル・ダウン効果は，女性のドレスアドバイスにおいて明確な証拠とはならなかった。男性用衣類との類似または部分的な採用が，女性のために推奨された保守的な外観に存在した。しかしながら，過度に男性的な外観を極度に軽視する精巧なバリエーションのための

推奨は，この理論の支持を弱める。加えて，下位にある男性が競争ビジネス・スーツ・スタイルを放棄した帰結は，マクラッケン（1985）の推定にもかかわらず，いまだ証拠づけられてはいない。女性は，トリクル・ダウン・スタイルを超えていくようにいわれている人々と同様に，その採用に多様性を組み入れることを促されている。

ビジネスにおける女性全体への象徴的自己完成理論の拡張（Wicklund & Gollwitzer, 1982）は，推奨されるかなりの程度の多様性の理解を深めるであろう。その多様性は，女性が厳格なドレス規範から離脱する自信を得るほど多数でビジネスに参入したという著者の確信を反映しているかもしれない。しかしながら，推奨が分析された最初の数年（1986年および1987年）が，後年に比べて，推奨においてより少ない多様性しか与えなかったというようなことは，見いだされなかった。女性がビジネスにおいて数の上できわめて小さかったころ，（男性らしさを示す）制約的なコードの借用が，われわれの標本データよりも早めに発生したということを，仮定することができるだけである。しかし，もしも象徴的自己完成理論があてはまるのであれば，なぜわれわれは，男性用衣類の推奨のなかにもっと大きな多様性を見いださなかったのであろうか。ビジネスの上級の地位における男性支配は，少なくともトップの地位にある男性間にドレス規範の緩和を与えるはずである。多様性の唯一の余地は，ネクタイ，シャツ，そしておそらくはジャケット下に注意深く隠されたサスペンダーにあるようである。たぶん，これらの小さなバリエーションは，精巧なドレス・コードを操作するように社会化されてこなかった男性にとっては相当な変化である。

われわれはまた，女性が完全な同化へと変化するのではなく男性の実業界へ単に文化変容したに過ぎない，ということも服装の推奨から結論づけるかもしれない。それでもなお，女性は，男性により作り上げられたビジネス規範を完全に内在化してしまってはいないまでも，ビジネスにおける役割取得者としての自らを服装によって大きく定義づけている。しかしながら，アドバイザーは，辺境の役割演技者として留まるのではなく，女性の文化変容した外見が，服装において何が専門職的であるのかを再定義していることを暗に示している。しかし，われわれは，たとえネクタイやシャツの生地の多様性が男性の多様性へ

のささやかな移行の証拠にすぎないとしても，男性のビジネス・ドレスに明確に反映している女性のドレス規範を調査しなければならない。もしも女性が増大する数をともなってビジネスの中位および上位の地位に「浸透し」続け，ある程度ビジネス文化を再定義するのであれば，われわれは，その文化への女性の同化のより大きな証拠を見るかもしれない。

　服装アドバイス・メディアは，女性のアイデンティティについて提示されるあいまい性を非難されることもありうる。ダグラスは以下のように記した (Douglas, 1994)。

> メディアは，もちろん，「女性に」従順で，キュートで，性的利用可能で，細身で，ブロンドで，毛穴がなく，しわがなく，そして男性に敬意を表することを力説した。しかし，「女性が」反抗的で，タフで，進取的で，賢明でありうることもメディアが示唆したことを忘れがちである。(Douglas, 1994, p.9)

　アドバイス記事において，女性は，勢力があり有能（しかし退屈ではない）であると同時に，セクシーで女性らしく見えるように言われてきた。これらのメッセージの相反する性質は，それぞれ利用可能な選択肢がなんらかのペナルティをともない，フライ (Frye, 1983) が言うところの「二重の拘束」状況を作り上げることになるということもできる。

> 人が，もし，ある様式で着装すれば，その人の性的利用可能性を広告しているという仮定に従う。もし，他の様式で着装すれば，「自己に頓着しない」または「非女性的である」と見える。(Frye, 1983, p.3)

　女性をビジネス勢力の地位へ受け入れるべく，社会は前進後退パターンで，不規則ではあるが，変動しているようにわれわれには思われる。女性がビジネスの舵とりで勢力の完全な分担を果たすということは，一部の人々にとって非常に脅威であるかもしれない。女性，勢力，そして，ビジネスの合理性は，米国社会の多くにとって調和する概念ではない。男性ビジネス・ドレスの部分的な採用は，権威と支配のビジネス上の地位へ女性が移行するのをやわらげるの

に役立つかもしれない。十分奇妙なことに，他の役割の場において，女性は，男性と同じ服装の着用を許されてきた（たとえば，警察官，軍隊，学校の楽隊）。ビジネス指導者の役割は，資本主義米国社会における実際の勢力の根元に近すぎるために，容易には女性を組み入れることができないのかもしれない。移住者として女性の外観を強調することは，その脅威をやわらげるかもしれないが，同時に，女性の役割への適合性に関する疑問を呈することによって，同化を遅くするかもしれない。

　服装アドバイスのこのあいまい性は，不適切な服装をうながすことによってビジネスのトップの地位から女性を遠ざけておく潜在的な策略なのであろうか。もちろん，読者のなかには，与えられるアドバイスの多様性および終わりのない細部のなかに明らかに見える回りくどい使命が存在するという結論に達することができた方もいたであろう。事実，このことは，女性が外観にとりつかれて，多忙のために重要な仕事をなしえないようにすることもできる（Faludi, 1991）。実際，ナオミ・ウォルフ（Wolf, 1991）は，女性のビジネス外見は，メディアで奨励されたのではあるが，女性を社会の周辺的地位に追いやったと主張した。女性が職場でファッショナブルでかつセクシーに見えるように社会が奨励することは，ファッション産業を支援する計略であり，またファッショナブルな服装が不適切であるビジネス・リーダーシップの役割から女性を究極的に遠ざけておく戦略を表わしている，とウォルフは感じたのである。

　しかしながら，推奨の多様性は，女性がビジネスにおいて何でありうるか，また，いかにしてキャリア・アイデンティティを明示することができるか，に関する意見の多様性とも解釈されうる。概して，推奨の多様性は，選択の順向性を与える。推奨を特徴づけるあいまい性は，ある1つの記事の内部よりは，複数の記事にわたって現われる。服装アドバイスの記事は，勝利のない二重の拘束状況を単に作り出すのではなく，女性のビジネス・ドレスの交渉のための討論の場として機能しているかもしれない。服装アドバイスの記事は，女性の外見の意味およびビジネス・リーダーシップの役割における女性の正当性に関する進行中の社会的交渉の一部であるのかもしれない。

　多様なビジネス・ドレスの美学が男性支配の正当性を問題視するというターナー（Turner, 1991）の考え方に戻れば，女性の多様な服装は，企業階級への

反抗の一形態として，また，男性支配権への挑戦として機能しうるであろう。本質的には，ビジネスにある女性は，一部のフェミニストが長年主張してきた服装を通じて，男性の経験および思考様式と等しく，女性の経験と知識も正当で価値のあるものであると認めることが重要である，ということを提唱しているのかもしれない（Fischer et al., 1993 ; Jagger, 1983）。多様な美学および他の女性特性もまた，企業環境において，価値がありうるのである。女性は，男女両性の混合特性をビジネスの場へ持ち込もうとするので，彼女たちの服装は，男性と女性のスタイル要素が混合したものになるかもしれない。

結　論

　女性のビジネス・ドレスに関する人気プレス記事にあるアドバイスは，20世紀末における女性の役割についてわれわれに多くを語る。推奨の多様性の程度は，女性の労働規範のコンテキストに基づく特殊性，および，何が適切であるかについての意見の不一致の程度の両方を示す。記者のなかには，もともとは女性のためにまたは女性によって作り上げられたスタイルでないビジネス・スーツ様式の，より旧式のそして一度はより安全であった伝統に用心深くくっついて離れない者もいる。また他の記者で，男性の伝統を飛び越えたことを心配して，伝統的に女性の非ビジネス・ドレスである多様で多彩な外見をある程度賛美する服装の採択を推奨する者もいる。

　対照的に，男性へのアドバイスは，男性のビジネス・ドレスにおいて一掃するような変化が生じているとは示していない。しかしながら，ネクタイとシャツの限定された実験の促進およびビジネス・ドレスにおけるよりカジュアルに向かう起こりそうなトレンドは，おそらく，明らかになりつつある変化を予告しているのであろう。「ビジネスライク」行動の何たるかに関する再定義が，近い将来，現われるかもしれない。

　多様性と状況特定という新しい時代へわれわれは推移していると，未来学者は予測する（Aburdene & Naisbitt, 1992 ; Toffler, 1980）。21世紀が，ビジネス状況における無限の多様性に対する規範を慣習化するために，多様性の戦略的利用の時代をそのなかに含むということはありうることである。女性の（男

性との比較で) より限定されない精巧なドレス・コードは，高度にコンテキスト化され慣習化されたビジネス環境に，生来的に適用性があるのかもしれない。十分奇妙なことに，多様なスタイルによる女性の現行の実験は，男性および女性双方のビジネス・ドレスの規範の新しい柔軟性への道へと通じるかもしれないのである。

　ゲラルディ (Gherardi, 1994) は，記している。

　　　こういったジェンダーを実践するということはシンボルとかかわりあう。それを用い，ともに遊び，それを変える。それは二重の存在を扱うことを要する。一方のジェンダー・アイデンティティに一致するシンボリックな世界と，「他方の」ジェンダーのシンボリックな領域との間の往復である。(pp.598-599)

　今日のビジネスにおける女性は，女性と男性のシンボリックな世界を同時に往復しており，おそらくはかつて歴史ではみられなかったほどその二重の存在に精通している。男性および女性のドレス・シンボルの単一の外観への両性具有的結合（またはそうすべきだという推奨）は，ビジネスにおける女性が，以前には一方または他方のジェンダーの領域に押しやられていた特性や行動をうまく結合することができる，という一般的な合意を反映しているのかもしれない。男と女にかかわる自信にみちたシンボリックな二重性の採用は，支配の勢力構造に対する抵抗，現状をまねし，と同時に，現状に挑戦するひとつの吸収合併なのか？　ダグラス（1994）がまとめているように，この二重性は問題なのであろうか。それとも，女性が二重のアイデンティティで存在することに成功したことが，組織において適応性があり弾力的な役割演技者として，――伝統的に女性らしいと見なされてきた行動の一部をともなっていた――女性を受容し高く評価する米国ビジネス一般における増大する開放性をもたらすかまたは予言するのであろうか。ビジネスにおける女性は，その服装を新しい役割に適合するよう工夫する際に，新しい役割を形成しているのかもしれない。まさしく，時のみぞ知る，である。

注

*1 本研究は，一部，アイオワ州立大学・家族消費者科学部・家族消費者科学研究所（Ames, IA50011）の助成を受けた。

*2 われわれは，「シンボル」という用語を，コミュニケーションおよびシンボリック相互作用の領域の定義と同義に用いる。シンボルとは，「直接的に認知される以上のもの」を表わす対象および行動である（Charon, 1985, p.39）。シンボルは，対象または行動の物理的な特徴を超えた抽象的な性質およびアイデアを伝達するために用いられるのであるから，社会的相互作用において意味がある。事実，意味とは，対象および行動をとりまく社会的相互作用の結果である。われわれが研究したビジネス・ドレス・アドバイスは，管理または専門職の役割，プロ意識，適性，ならびに社会的勢力という印象を与えるために，着るべき対象およびそれらの対象を身につける際の配合のしかたを推奨していた。これらのアイデアは，肉体修正それ自体にあるのではない。象徴的なドレス・スタイルは，着ている人の資質を暗に示す意味（人気のプレス・アドバイザーによる）をともなう。シンボリック相互作用主義者の伝統のなかで，われわれは，「象徴」という用語を強調するのであって，「象徴」「記号」および「図像」という用語の間の区別はしない。それは，研究者および現場でのこれらの用語の定義に明快さを欠くからである（Lyons, 1979参照）。

*3 われわれは，一般的な用語の意味で，用語「コード」を使用し，ビジネス組織における特定の文書化されたドレス・コードに関連して使用しない。コードは，コミュニケーション交流におけるサイン（またはシンボル）の結合ルールである（Eco, 1976）。意味を生み，意味を交換するために用いられるシンボルとシンボルの配列は，コードによって定義される。

第5章
「新・スタートレック」に見る，職場での性別，服装，勢力

Sharron J. Lennon●シャロン J. レノン

　女性の職場進出が増加し続けるなか，服装と人間行動の研究者ら（Damhorst, 1984-5；Easterling et al., 1992；Forsythe et al., 1984；Johnson & Roach-Higgins, 1987a, 1987b；Kimle & Damhorst, 1997；Thurston et al., 1990）は，職場における被服行動の研究に興味を示すようになってきた。被服と勢力との関係を研究するには，職場は理想的な場所である。というのは，職場にはヒエラルキーがあり，フォーマルな場の典型であり，それらの特性は，被服に反映されるものだからである。職場での被服は，さまざまなアプローチを用いて研究されてきた。そのアプローチとは，(1) 個人を描写する刺激語を開発し，その刺激語で描かれた印象を測定するもの（Damhorst, 1984-5；Forsythe et al., 1984），(2) 職場での被服について被雇用者にインタビューする（Kimle & Damhorst, 1997），あるいは調査する（Eastering et al., 1992）もの，(3) 職場での被服はテレビでどのように描写されるのかを分析するもの（Lennon, 1990a, 1990b, 1992）である。
　被服やその他の人工物（Weibel, 1977）に加え，テレビやその他のメディアは，文化的産物あるいは文化の一形態であり，その文化や社会でのおおよその考え方が表わされる（Johnson, 1986-7）。つまり，メディアと社会は互いに影響しあうため，メディア研究を行なうことは重要となる（Belk & Pollay, 1985）。

したがって，テレビの連続番組での被服の使用のしかたは，その社会がどのように被服を使用し，解釈しているかを反映することになろう。メディアは実生活をそのまま反映しているわけではないが，メディアを生み出している社会についての情報を提供してくれるのである。

この章では，テレビではどのように勢力が伝えられているのかを「新・スタートレック」の例を用いて分析，議論する。生物学的性は，多くの文化において勢力と関連することがよくあるので，この章では，男性と女性が同じぐらい影響力のある役割を演じているのか，意思決定に同程度に携わっているかどうかを分析する。作家や脚本家や，そして当然ながら衣装デザイナーは，自分たちが創り出す登場人物についての情報を伝えるために，被服を用いることがよくあるので（Anderson & Anderson, 1985 ; Corbett, 1977 ; Cunningham, 1989 ; Russell, 1973），登場人物の被服も調査する。さらに，勢力についての定義づけをし，対人関係上の勢力の基礎となるものについても議論する。分析にあたって，研究の理論上の枠組みと，テレビの連続番組「新・スタートレック」の予備知識にふれておく。

■勢　力

フレンチとレイヴン（French & Raven, 1959）は，対人関係で影響する社会的勢力について，その基礎的なものを類型化したが，その後，何度も改訂され更新されてきた（Raven, 1965, 1983, 1992, 1993）。レイヴン（1992）は，社会的影響を「影響を与える対象となる個人の信念，態度，行動を変化させるもので，影響力を及ぼすグループの成員の行動，あるいはグループの存在に起因するもの」（p.218）と定義している。社会的影響のこの定義づけに従えば，社会的勢力はこうした社会的影響を及ぼす潜在力と定義することができる。レイヴンは，社会的勢力の源泉となるものは，強制，報酬，正当，専門，準拠，情報の6つであるとした。強制勢力は，罰，拒絶，不承認の脅威に基づく。報酬勢力は，有形の報酬あるいは個人的な賞賛を与える力に基づく。正当勢力は，地位，互酬性，衡平（たとえば，一生懸命働いたのだから，私は何かもらうに値する），依存（たとえば，自分でどうにかできない人を助ける義務がある）に基づく。専門勢力とは，専門的知識に基づく（たとえば，このアドバイスは

正しいと考えるので従う)。準拠勢力は，だれかに同一化したいという要求に基づく。情報勢力は，影響力のある者による論理的な情報提示に基づくもので，従わせるべき対象を説得する。対象者はこれらの6つの勢力に従うかどうかを自分で決定する。

　レイヴン（1993）は，さらに2つの影響のしかた，強制と操作についても概説している。強制とは，対象者の意思と関係なく起こる変化である。操作は，対象者のある側面や環境に影響が及んだときに起こるものである。たとえば，シートベルトを着用しないと車が発進しないので，シートベルトを着用するようドライバーが影響を受けたような場合である（Raven, 1993）。

　これらの定義づけに基づけば，被服の手がかりの多様なタイプが，どのように社会的勢力のタイプをそれぞれ表わし伝達しているのかを明らかにできる。たとえば，警察官は市民を逮捕し拘留できるため，警察官の制服は強制勢力を表わす。患者は医師の専門的知識を信じており，そのアドバイスに従うため，医者の白衣は専門勢力を表わす。正当勢力は対人関係での地位に基づくことがあるので，軍隊でのランクづけは，より低いランクの者に対して影響する正当勢力を意味する。そのため，軍服は正当勢力を表わす。女性の並外れた美しさは，報酬勢力を表わすと考えられる。最後に，カトリック信者にとっては，ローマ法王の白い聖職者用衣服は，ローマ法王は神と直接対話できるという信仰があるため，情報的勢力を表わすだろう。

■理論的枠組み

　社会的知覚，象徴的相互作用および，社会的共有認知過程（Resnick, 1991）に基づいた見方は，被服とその他の外見的特徴が，「新・スタートレック」での勢力を示すために，どのように使用されているのかを理解する助けとなる。社会的知覚は，知覚対象としての人々あるいは人々についての情報と関連している認知過程に注目する。印象形成は，初めての出会いで，他者について形成されるものである。印象形成は個人的なプロセスであるが，特定の刺激人物によって伝達される印象の種類については，多くの人々の間でかなり一致している（たとえば，Damhorst, 1990；Davis, 1984）。この一致は，刺激人物に関する印象についての客観的リアリティを示唆しているとされてきたが，30年以

上前から，心理学者たちは印象形成での客観的リアリティの存在を疑いはじめた（Dornbusch et al., 1965）。個人は，独自の方法で他者についての描写やカテゴリー化をしているように考えられる。描写やカテゴリー化の方法は，人によってさまざまである。しかし，研究者たちは，人物スキーマ（たとえば，Wyer, 1980 ; Wyer & Martin, 1986）や性格特性のタイプへの期待内容が，人々に共通して生じ，同一文化で共有され，異文化間では異なることを示してきた（Hoffman et al., 1986）。ここで生じるジレンマは，「個々人が別々に知識を構築するにもかかわらず，どのように同一の知識を知るのか」（Resnick, 1991, p.2）ということである。

知識や知覚は，単に個人的経験の上に構築されるのではなく，記述，言語，映像，しぐさの形で，個人的経験以外のことから受ける情報にも影響を受ける（Resnick, 1991）。他の情報源には，会話や相互作用もある。知識は，個人的，社会的情報源から影響を受けるだけではない。社会的経験は，情報が解釈され（Mead, 1934），構成される（Alba & Hasher, 1983）過程を形作るのである。このように，「社会的」背景を社会的認知においてみると，社会的認知とは，他者について人間が知識を連帯的に構築する方法であると考えられる（Morgan & Schwalbe, 1990 ; Resnick, 1991）。個人的に構築した知識と，連帯的に構築した知識を区別するために，レズニックは「社会的共有認知」（socially-shared cognition）という造語をつくった。社会的共有認知のおかげで，衣装デザイナーは，特定の登場人物についての情報を，観衆が視覚的に広く理解しやすいように伝達することができる。視覚的な情報の文脈において，人々の集団が外見上の文化の象徴の意味（たとえば，サンタクロースなど）を認識し理解するとき，社会的共有認知が生じる。

テレビの登場人物の描写は，観客が望むものを作者がどう知覚しているか，観客が必要とするものを作者がどう理解しているか，および作者のステレオタイプに影響される（Lennon, 1990a）。登場人物を創り上げるにあたり，映画作家，劇作家，作家は，被服からの手がかりなど，観客に共有された意味をもつシンボルを選択する。そして，そのシンボルを登場人物の特性に結びつける。それによって，社会的共有認知が助長されるのである。登場人物の分析，つまり，いろいろな形のメディア上の登場人物の特徴を分析する際，メディアがビ

第5章 「新・スタートレック」に見る，職場での性別，服装，勢力

ジュアルなものである場合には，登場人物の被服が手がかりになることがよくある。演劇の衣装デザイナーは，性格特徴を際立たせることが，舞台衣装の主要な機能であるとしている（たとえば，Anderson & Anderson, 1985）。性格特徴づけを通じて，作家は観客に伝達される個人のパーソナリティの印象（Schlenker, 1986）を操作することができる。このことは，(a) 役者のビジュアル上の特徴と，そのなかでも特に強調したい特徴を操作し，(b) 役者の被服や外見が披露される劇，小説，テレビのセットやコンテキスト（相互作用を含む）を操作することにより達成できる（Corbett, 1977）。このように，社会的共有認知は，外見上の性格特徴づけを注意深く選別することにより促進される。

社会的共有認知は，対人的相互作用からも生まれる。というのも，人は日常的活動を通じてシンボルの意味を理解し，これらの意味に基づいてふるまい，情報を解釈するからである（Mead, 1934）。社会的勢力を研究するには相互作用に注目するとよい。というのは，多くの潜在的な影響が相互作用から生じることが多いからである。テレビ番組では2つの相互作用が生じる。その2つとは，役者間の相互作用と，聴衆メンバーと配役メンバーの間の擬似社会的相互作用である（Horton & Wohl, 1956）。擬似社会的相互作用という用語は，ニュースキャスターやテレビ番組の登場人物などのテレビ上での活躍人物に対して視聴者がいだく，想像上の対面的相互作用を意味している（Perse & Rubin, 1989）。メロドラマの主人公に焦点をあてた調査では，ドラマへの感情的な関与や登場人物への身体的魅力を感じていると視聴者は報告している（Rubin & Perse, 1987）。このように，相互作用に焦点をあてることで，勢力について研究することができ，被服など共有シンボルの使用を通じて意味づけは操作されて聴衆に伝達される。

先行研究では，レズリー・バーンズと筆者は（Lennon & Burns, 1993），文書化されたメディアでの被服について情報を分析する手段を発展させた。暗黙の人格理論（Schneider, 1973）を用いて，作家は性格特徴を伝えるために被服を用い，読者は特定の被服の手がかりに関連する情報などに基づいて登場人物の印象を形成すると仮定した。(a) 被服上の手がかりとコンテキストの間の非一貫性や，(b) 被服上の手がかりと社会的役割の間の非一貫性があった場合，

119

著作のなかの人物特徴についての情報がどのように伝達されるのかを明らかにした。その結果，状況的手がかりが被服とともに使われ，期待した意味づけが得られることが見いだされた。たとえば，物語にある被服上の手がかりを特定し，これらの手がかりを研究上の知見と関係させ，また同時に，物語のコンテキストの枠内で，研究で特定された被服上の手がかりを解釈した。もともとは文書化されたメディアに注目していたが，テレビなどの視覚メディアにも同じアプローチを用いることを提案した。これが，この章で用いるアプローチである。

テレビのショーやお芝居のコンテキストでは，登場人物の被服は衣装とよばれる。効果的な衣装は，特に，年齢，性別，社会階級，地位，職業，パーソナリティを明確にすることで，登場人物の特徴を視覚的に定義する（Anderson & Anderson, 1985, pp.30-36；Cunningham, 1989, pp.1-2；Russell, 1973, pp.9-10）。

> 舞台衣装は，「魔法のような」被服であり，俳優を時には別人のようにさせることもできる。そして，聴衆の集合的記憶のなかにある大量の文化的情報にふれながら，巧妙に魔法のごとく作用するものもある。また，他の舞台衣装のなかには，その文化においてはよく知られており，役者がその外見をすればたちまち彼の特徴を確定してしまうものもある。（Cunningham, 1989, pp.1-2）

年齢[*1]や性別，または場合によっては職業などの特徴は，あるコンテキストにおいては比較的確立しやすい。しかし，SFのための衣装をデザインするのはむずかしいだろう。なぜならば，デザイナーは，これまでに見たことのないデザインを制作しなければならない（Warren, 1991）。このように，衣装は現在のコンテキストで意思伝達をしなければならないのだが，にもかかわらず，観衆が思い描く未来像に対して，リアリティがあるようにも見えなければならないのである。

「新・スタートレック」は，次の3つの理由から分析対象に選ばれた。第1の理由は，SFの衣装デザイナーは未来の装いを制作するので，現時点のデザインだけに限定して性格特徴を示す必要がない。そのため，他の衣装デザイナーよりも性格特徴の情報を伝える被服上の手がかりをより多く用いることが考

えられるからである。第2の理由は，「新・スタートレック」では活動の多くが職場で行なわれ，職場ではヒエラルキーが存在するため，それが（a）勢力を映し出し，（b）被服に表わされるからである。第3の理由は，このシリーズは軍艦とその乗組員の活動に注目しているが，（a）軍隊の階級は被服で外に表われやすく，（b）職務上のやりとりをする対人関係では，勢力がはっきりしているからである。

■「新・スタートレック」と勢力

多くの意味で，「新・スタートレック」は，勢力に注目する研究にとって理想的なテレビシリーズである。第1に，「スタートレック」の宇宙は，「勢力のバランスをとるべく規定された」宇宙である（Richards, 1997, p.28）。他の惑星の政府との均衡維持が多くのエピソードの焦点になっている。ロマンマン帝国，クリンゴン帝国，カルダシアン共和国の3つの惑星政府は，拡大，植民地化，戦争を通じて，勢力を広げようとしている。勢力を広げる手段は，レイヴン（1992）のいうところの強制と操作の例で表わされる。

第2に，シリーズそのものが，ファンと消費へ絶大な影響[*2]を及ぼしたため，準拠勢力があった。たとえば，言語学者（Gorman, 1993 ; Tell Scotty, 1992）は，1985年にクリンゴン語を見いだした。それ以来，クリンゴン語の辞書が，25万部以上売れた。加えて，「クリンゴン語会話」と題されたビデオテープが5万本以上売れた（Gorman, 1993）。さらに，マー・ジェミソン教授が，「スタートレック」がいかに社会に影響を及ぼしたかについて，明らかにした。ジェミソンは，宇宙での最初のアフリカ系アメリカ人女性だが，最初のシリーズの登場人物ウーラによって，宇宙飛行士になる決意をしたと語っているのである（Nemecek, 1995）。ファンや消費者は「スタートレック」の宇宙やその登場人物に感情移入したので（Davis, 1995），9つの長編映画，アニメ化したテレビシリーズ，ファン雑誌，催しもの，博物館展示は評判になり，多くの記念グッズがよく売れた。[*3]結局，「新・スタートレック」は1994年に7年の製作期間に終わりを告げたが，「スタートレック，ディープスペースナイン」と「スタートレックの旅」の2つの追加作品がテレビ用に製作された。

■「スタートレック」の宇宙

　オリジナルの「スタートレック」は，1966年から1969年の間に放映された，SFの連続テレビドラマであった。23世紀の惑星連盟から来た銀河系内を航行する宇宙船での，生活や職場のようすを描く。最初のシリーズは3年で終了したが，もともと放映された時よりも，再放送でさらに人気を集めた，数少ないテレビドラマの1つとなった（Blair, 1983）。

　その次の連続テレビドラマ「新・スタートレック」が，この調査の調査対象である。このシリーズは，24世紀という設定で，1987年から1994年に放映され，最初のシリーズより人気を集めた（Turque, 1990）。このシリーズでは，整合性のある宇宙をじょうずに創造したので，シリーズの意味が増して評判がよくなり，社会的な影響力をもったともいえる（Richards, 1997）。たとえば，スタートレックの宇宙には，社会構造，制度，イデオロギー，態度，信念システムがあったのである。

　多くの有用な技術が，「スタートレック」の宇宙には存在している。たとえば，大きな宇宙船には，ホロデッキ，すなわちレーザー写真の環境シミュレータが備えられているため，いかなる環境についてもビジュアルに，非常にリアルにシミュレーションすることができる。ホロデッキは，ユーザーの好みでプログラムすることができる，3次元のプロジェクションを用いる（Okuda et al., 1994, p.128）。ワープの技術により，光の速さより早く移動することができる（p.371）。この技術を用いれば，人間を含むすべての物質は，エネルギーに変換でき，何キロでも岩をも貫通して移動させられる（p. 349）。加えて，物質エネルギーの変換装置により，食物（p. 274）や他の人工物を複製することもできる。

　物質を複製できる技術を利用して，乗組員は宇宙船の複製センターで「店を開く」ことができる（Nemecek, 1995, p.152）。そのような技術があるので，その連盟国内では，通貨，宝石，貴金属などは，ほとんど価値がない。富を蓄える代わりに，人々は，めずらしいもの（p.125）や美術品（p.243）や書籍（たとえば，Okuda et al., 1994, pp.53, 333他）など，高い価値のおかれた古代の品々を収集する。人々は，他人と自分を分かつもの，つまり，民族に世襲されているものや才能や能力や専門性に価値をおく。最初のシリーズでも，その

第5章 「新・スタートレック」に見る，職場での性別，服装，勢力

後のシリーズでも，「スタートレック」は異なる文化に対する理想的な寛容さや，あらゆる生活様式へ敬意を表することを奨励した。この価値観は成文化され，あらゆる社会が標準的に成長することをうながしてきた。

「新・スタートレック」での被服　7年間にわたるシリーズを通じて，ユニフォームの基本色が特定の意味をもち続けた。青いユニフォームは天体物理学や薬学などの科学の知識をもった個人が着用する。赤いユニフォームはキャプテンやキャプテンを訓練する者など，指令の機能を遂行する者が着用する。金色のユニフォームは，セキュリティやエンジニアリングなど，サポート的な立場にある者に着用される。このように，登場人物のユニフォームの色は，職務上の役割のタイプ，つまり専門性を示す。シリーズの最初の2年間では，ほとんどのユニフォームはユニセックスのジャンプスーツで，前身ごろでジップアップし，襟のない長袖のものであった。ジャンプスーツのズボン部分はすべて黒で，上半身部分は黒い部分を交えた，赤，金色，青である。これらのユニフォームは，身体にピッタリし，スパンデックス製なので（Warren, 1991），俳優が10時間以上着用すると，不快であった。2, 3のエピソードのうち，主な登場人物のうちの1人および何人かのエキストラ（最初のシリーズのうちの少なくとも1人）は，「スカント」（Nemecek, 1995）とよばれるプリンセス仕立てのラインの半そでのミニドレスと，ひざ上の黒いブーツを着用していた。

　第3シーズンには，ロバート・ブラックマンという新しいデザイナーが登用され（McLaughlin, 1996 ; Snead, 1995），新たに「スターフリート（星の艦隊）」の標準ユニフォームをデザインし，登場人物の外見に明白な変化を引き起こした。新しいユニフォームは，少尉ランク以上のすべての登場人物にデザインされた（Nemecek, 1995）。男性は，ツーピースのユニフォーム（Warren, 1991）で，上着は背中をジッパーで閉じる短いジャケット，ボトムにはベルトがつき（Okuda et al., 1994, pp.358, 360），襟には2本の帯がついていて，ウール製の薄手の生地でできていた[*4]（Warren, 1991）。男性の登場人物は，ウエストに切り替えのあるユニフォームの下に，ぴったりとしたTシャツを着用した（Snead, 1995）。ラインのデザインとともに，ユニフォームの色はそのままにされた。しかし，従来のものより，新しいユニフォームのほうがずっと着心地

がよかった。女性幹部のユニフォームはワンピースのままで (Nemecek, 1995)，スパンデックス製であったが，縦ではなく横に伸び縮みするように裁断された (Snead, 1995)。加えて，別の色のセーラーカラーが加えられ，背中をジッパーで閉じるようになった。さらに，女性の登場人物のユニフォームは，パッド入りのブラジャーが備えられていた (Snead, 1995)。「エンタープライズ」上の人間以外のメンバーは，二足歩行の種[*5]であり，宇宙船の顧問以外は，「スターフリート」の標準ユニフォームを着用した。

登場人物とコンテキスト　「新・スタートレック」は，哲学的なメッセージ，創造的な話の筋，調和のとれた配役で注目を集めた (Stark, 1991)。シーズン前の宣伝では，次のようなレギュラーキャストについてふれていた。つまり，頭髪の薄いキャプテン，ハンサムな第一将校，アンドロイドの第二将校，女性の警備チーフ，宇宙人の顧問，チーフの医療将校と，才能ある10代の彼女の息子，後にチーフエンジニアになる目の見えないナビゲーターである (Merrill, 1995)。しかし，第1話に先立ち，クリンゴン惑星の戦術将校がキャストに加えられた[*6]。話にいつも登場するこれらのレギュラーキャストに加え[*7]，たびたび登場するキャストには，万能で非常に賢明で長寿のバーテンダーと，"きどった"宇宙人少尉と，宇宙人大使，神経質なエンジニアなどもいる。

　物語は，連盟国の旗艦である宇宙船「エンタープライズ」にいる，将校と乗船員に焦点をあてている。「新・スタートレック」では，宇宙船は10年間にわたり探索任務を行ない，1000人の乗船員 (Merrill, 1995) とその家族 (Nemecek, 1995, p.5) を乗せている。「エンタープライズ」には，学校，託児所，保育園，病院，娯楽施設，樹木園，天体物理の研究所などの何種類もの研究所，その他の高い生活の質を維持するのに必要な設備が備えられている。「スターフリート」でも市民でも，乗船員メンバーには多様な民族，人種，性別の人がいる。たとえば，最初のシリーズの「スタートレック」では，コーカサス，アジア，アフリカの民族を代表する男女のキャストを含み，その当時にしては画期的であった (Casper & Moore, 1995 ; Logan, 1991)。

　女性も登場したが，女性差別的で女性に実質的な役割が与えられていなかったために，最初のシリーズは批判された (Cranny-Francis, 1985 ; Deegan,

1986 ; Littleton, 1989 ; Logan, 1991 ; Reid-Jeffery, 1982)。たとえば，女性の乗船員は弱く，非合理的で，感情的で，媚を売り，いくらでも他に代わりがおり，セックスによって容易に操作されるように描かれることがよくあった（Reid-Jeffery, 1982）。人間でも宇宙人でも，女性の登場人物は，性的な満足を与える者，母親，支配下にある娘，服従的な妻を演じた（Reid-Jeffery, 1982）。ヘンダーソン（Henderson, 1994）は，「スタートレック」で完全な力をもつ女性は，宇宙人にしかいないと述べている。「新・スタートレック」で，女性の役割が向上したかどうかは疑問であり，議論に上ったままである（Joyrich, 1996 ; Wilcox, 1992）。たとえば，ウィルコックスは，新シリーズでは女性が力を行使することも頻繁であり，女性の役割は，最初のシリーズに比べればかなり進歩したと主張している。

「新・スタートレック」での意思決定　「新・スタートレック」の話では，意思決定が行なわれる3つの主要なコンテキストがある。それは，宇宙船の指揮をとるデッキの上あるいはコマンドセンターと，遠征と，スタッフ会議においてである。航海中の船なので，エンタープライズ上では，指揮デッキから指令係の将校が船を制御する。重要な登場人物だけが，指揮デッキで指示を与え，指揮デッキ上で業務ができる。戦いになると，要人以外は指揮デッキの上から去るように命令される。シリーズにおいて，しばしば危機コールを送信してくる他の宇宙船や惑星を訪問するために，有用なスキルをもつ乗務員だけが業務やチームを離れて遠征する。エピソードのなかでは，問題解決のための戦術を論ずるために，スタッフ会議が開かれるが，問題に関係する専門性，助言，スキルをもつ乗船員や特別ゲストだけが会議に出席する。これらの3つの主要なコンテキストで登場する人物は，なんらかの社会的勢力，すなわち主として専門勢力，正当勢力，情報勢力，あるいはこれらが組み合わさった勢力を有する。

調査項目　社会的勢力，生物学上の性別，服装を分析するために，次のような調査項目がとりまとめられた。1) 意思決定行動（たとえば，勢力の行使）においては，女性より男性のほうが多く描写されているか？　2) 服装上の手がかりは勢力と関係があるか？　3) 服装上の手がかりとコンテキストが矛盾す

るときでも勢力を伝達するか？　4）服装上の手がかりと役割は勢力についての情報を伝達するか？

◆◈◇ パート1：量的分析

　調査項目1）の意思決定行動（勢力の行使）においては，女性より男性のほうが多く描写されているかという問題を扱うために，登場人物が指揮デッキ上で業務を行なったり，遠征中であったり，会議室で会議に加わるといった相互作用場面を検討した。これらの各相互作用場面のコンテキストでは，一般的な意思決定の例が示され，そのような意思決定は社会的勢力に直接関連している。すなわち，各コンテキストにおける個人は，潜在的な影響力を有するのである。したがって，これらの意思決定のコンテキストが，本稿での内容分析の焦点となったのである。

■方　法

　調査項目1）を検討するために，テレビからビデオ収録したエピソードが使われた。シリーズ全7年分の完全録画は手に入らなかったが，シリーズの最初の5年分については，完全録画が手に入った。無作為抽出するために，最初の5年間に放映された126のエピソードが内容分析の母集団とみなされ，そのうちの35のエピソード（28％）が視聴された。1年分につき，7エピソードを分析することにした。それは，7つを見れば，放送年度の25％を見たことになり，ある程度，多様な内容を分析できるからである。1987-1988年，1988-1989年，1989-1990年，1990-1991年，1991-1992年の5年から，エピソードを無作為抽出した。エピソードは少なくとも5回は視聴され，シリーズの登場人物は，レギュラーかゲストかに類別され，役割や外見も分類された。これらの分類をもう1人の評定者も行ない，二者によって分類された度数における信頼性を確かめたところ，係数は0.75より高く，分類の評定の信頼性が確かめられた。この度数の分類は，すべての乗船員について行なわれた。分類が評定者間で食い違った場合は，一致するまで，問題となるエピソードを再視聴した。

　「エンタープライズ」での意思決定には，女性と男性が等しく関与している

第5章 「新・スタートレック」に見る，職場での性別，服装，勢力

かどうかを決定するために，彼らが指揮デッキの上の乗船員，遠征チーム，スタッフ会議の参加者になる頻度を記録した。たとえば，場面が「エンタープライズ」の指揮デッキから惑星に切り替わるときは，宇宙船の指揮デッキの上には1〜2人しか人が現われない。したがって，指揮デッキの乗船員が，少なくとも6人以上現われるシーンにおいてのみ取り上げ，頻度を集計した。加えて，ゲストの登場人物が現われる頻度も分析した。その際，性別，外見，ゲストの登場人物の職業が記録された。

■結果と考察

分析された35エピソードには，113の指揮デッキ上のシーン，49のスタッフ会議，惑星や他の宇宙船などへの遠征が35あった。レギュラー出演には，8人の女性（1年以上）と9人の男性がいた。登場人物には出入りがあるので，これらの人物は，シリーズに毎年出るわけではない。しかし，各エピソードに，平均8人のレギュラー男性と，3人のレギュラー女性がいた。レイヴン（1992）の勢力の定義に従って，ゲストの登場人物は職業上勢力があるものとないものに分類され，彼ら（あるいはその職業）には潜在的影響力があるかどうかが分類された。たとえば，大使，世界的リーダー，軍の将校は正当勢力があり，テロリストや警官は強制勢力があるとされた。

データは，男性と女性という2つに分類された母集団に対する二項検定（Siegal, 1956）を用いて分析された。ここでは，二項検定は，観測された事項の起こりやすさが男女で同じであるかどうかを判断するのに使われるものである。ここでのデータに適用する二項分布は，正規分布に近似するので，検定する統計量はz（平均＝0，標準偏差＝1）となる。

両側検定の二項検定より，$z(N = 399) = 7.97$，$p < .0001$となり，指揮デッキ上の乗船員に占める男女の観察数は有意差が認められた。すべての年度のすべてのエピソードにおける指揮デッキ上のシーンの平均をとると，乗船員は男性5.6人，女性は2.3人であった。すなわち，男性のほうが女性よりも，指揮デッキ上のシーンで描写されることが多かった。また，遠征チームに占める男女の観察数に関しても，$z(N = 163) = 6.66$，$p < .0001$（両側検定）で有意差が認められた。平均すると，遠征チームは男性1.9人，女性1.1人からなっていた。こ

のように，男性のほうが女性よりも，遠征使命のチームで描写されていた。勢力についての残りもう1つの測定は，スタッフ会議へ参加する男女の観察数で行なわれた。z (N = 260) = 7.82, $p < .0001$（両側検定）となり，重要な決定でテーブルにつく男女の観察数は有意差があるようであった。すべての年度のエピソードのスタッフ会議のシーンの平均をとると，男性3.9人，女性1.3人が会議に出席していた。つまり，女性より男性のほうがスタッフ会議に参加していた。ウィルコックス（1992）は，「新・スタートレック」での女性の役割に明らかな変化があると断言したが，これらの結果からはその発言を支持できない。事実，番組での意思決定の場面には，男性は女性の2，3倍もかかわっているので，男性の登場人物が，女性の登場人物よりも勢力を行使していないと結論づけるのはむずかしいだろう。

　登場人物の勢力を測定するもう1つの測度が，職業上の地位である。ゲストの登場人物の場合，やりとりにおいて，職業上の地位が地位としてものをいう。そこで職業を用いて簡単に分類された主要な勢力のタイプは，正当勢力と専門勢力であり，その両者は職業上の地位に関連している。程度は少ないが，強制勢力（テロリストなど）と判断されるものもある。しかし，ゲストの登場人物を含むやりとりで，明確に勢力のタイプを確定するのはむずかしい。というのも，社会的影響の基礎となるものを特定するには，やりとりが短くはっきりしないからである。たとえば，報酬勢力，情報勢力，準拠勢力などを明確に評価するのは不可能であった。2人の評定者がそれぞれゲストの登場人物の職業をコード化し，勢力の評価においてはだいたい一致した（評定者間の相関係数は.70より高い）。評定者間で合意が得られた職業だけが，次の分析に用いられた。

　ウィルコックス（1992）は，「新・スタートレック」では，女性が勢力のある地位に頻繁に現われると言及したが，勢力のある男性ゲストが46人いたのに対して，勢力のある女性ゲストは18人の登場人物（科学者，世界的リーダー，海軍将官，指揮官，テロリストなど）であった。これらのデータを二項検定すると，z (N = 64) = 3.50, $p < .001$（両側検定）となり，勢力のあるゲスト登場人物の男女の観察数には有意差が認められた。すなわち，女性より男性のほうが勢力のある登場人物として描写されていた。35のエピソードのうち，ゲストの登場人物は81人いたが，55人は男性で，26人が女性であった。

z（N = 81）= 3.22, $p<.002$（両側検定）となり，ゲストとして登場する頻度にも男女差が認められ，「新・スタートレック」では，女性より男性のほうがゲストとして描写されていた。

　レギュラーの登場人物，たとえばバーテンダーや医者の息子でさえ，高い技術をもつか，才能に恵まれているものとして描かれている。したがって，そのすべてが専門勢力をもっている。35の類型化されたエピソードのうち，女性レギュラーは8人いた。すなわち，女性の警備チーフ，実権のある将校，ウェイトレス／バーテンダー，植物学者，大使，カウンセラー，2人の外科医である。同じ5年間で，レギュラーの男性の登場人物の役割は9つあった。すなわち，指揮官，一等将校，科学将校，チーフエンジニア，警備チーフ，エンジニア，全能の存在，運送チーフ，医者の息子である。レギュラーの女性の登場人物のうち3人は，長い間女性にふさわしいとみなされてきた教育／援助職である（Wilcox, 1992）。これに対し，男性レギュラーには，世話や援助的な職業のものはいなかった。したがって，女性レギュラーの重要な役割は，男性の役割とは対照的に，人を助けるような役割であった。さらに，少なくとも，男性のうち何人かは，高い階級の命令的地位にいたのに対し，女性レギュラーでは1人しか命令的な地位にはおらず，しかも，低い階級（たとえば，少尉など）であった。9人の男性レギュラーは合計197回出演したが，女性レギュラーは84回しか出演しなかった。z（N = 281）= 6.69, $p<.0001$（両側検定）となり，登場の頻度に男女の有意差が認められた。すなわち，「エンタープライズ」では，女性より男性のほうがレギュラーの登場人物として描写されることが多かった。

　これらの検定結果を要約すると，(a) 指揮デッキの上，(b) 遠征チーム，(c) 会議室，(d) 勢力のあるゲストの登場人物，(e) ゲストの登場人物，(f) レギュラーの登場人物において，より多く描かれるのは，女性より男性であった。また，意思決定活動においては，男性の登場人物のほうが，女性より多く描かれていたのである。

◆❖◇ パート２：質的分析

　残りの問題を扱う目的で，量的な内容分析で使ったエピソードに，シリーズ７年分のなかから別のエピソードのビデオテープが追加された。これらのビデオテープは系統的に選ばれたわけではないが，視聴され，視覚的に分析された。レギュラーとゲストの登場人物の外面的特徴である，髪型，化粧，被服について，莫大な記録がとられた。同じエピソードを何回も視聴することで，さらに記録が追加された。登場人物の外見は，分析を補助するためにスケッチされた。ビデオテープを視聴するときに，外見的な特徴が見落とされることがあるので，外見上の情報に食い違いが生じた場合には，エピソードを再び視聴することで解決された。この分析の目的は，登場人物の勢力，外見，生物学的性別の関係を探究することである。勢力と外見の関係を見るために，相互作用のコンテキストでの外見について，次のような解釈を提案したい。

　調査項目2）の「服装上の手がかりは勢力と関連があるか？」について，正当勢力が被服上の手がかりと関連があることを見いだした。将校候補生の制服と将校の制服の間に，正当勢力の違いがあるのは明らかである。候補生の制服は，2つのエピソード（「忠誠」「最初の義務」）で見られたが，将校の制服と同一のもので，ただし色が逆転している。将校の制服は，色（赤，金，青など）のついた胴着と黒いヨーク（切り替え布）であるが，候補生の制服は，黒い胴着に色（赤，金，青など）のついたヨークである。これらの違いにより，一目瞭然で将校と候補生が視覚上区別されている。

　さらに，「新・スタートレック」では，海軍将官とその下の海軍次官が出演するときに，被服上にはっきりと正当勢力の違いが現われる。また，海軍将官と指揮官のランクづけは，制服のスタイルと飾りの違いによってなされている。そしてこのシリーズでは，海軍将官の制服にバリエーションがある（Okuda et al., 1994, p.360）。それよりランクの下の将校に比べて，海軍将官の制服は金属製の組みひもで飾り立てられていて，デザインも凝っていた。そのような制服は，「陰謀，両世界の最善」と「宇宙孤児ジョノ」において見られた。宇宙船の指揮官は，「ロウ少尉」にあるように，同意できない命令にも従わねばならないので，海軍将官や海軍次官よりも指揮官が正当勢力をもっていないこと

第5章 「新・スタートレック」に見る,職場での性別,服装,勢力

は明らかである。

本シリーズの軍部以外の人物の服装においても,地位の差異と結びついた正当勢力が描かれている。たとえば,レギュラーの男性の登場人物の1人は,「スターフィート」のキャリアを熱望する神童として描かれている,若い青年期の医者の息子である。シリーズの2年目のはじめからこの登場人物が去るまで,連続したほとんどすべてのエピソードで,彼は灰色のアメリカ陸軍士官学校風の,略装の「制服」を着用している (Nemecek, 1995, p.64)。その制服は,つなぎのジャンプスーツで,そのトップには「スターフリート」の正装の制服と同様のデザインが施されている。その制服は,いつも着用しているという意味で,制服なのである。しかし,正装の制服ではないし,正式な色使いではないので,その着用者は乗組員よりも地位が低いのは明らかである。

多くのエピソードで,年齢も正当勢力と関連していた。外見がどのくらいの年齢に見られるかを意図的に操作するためには,服装を手がかりにしようとは,一般的には考えられていない。しかし,視覚的なメディアのコンテキストでは,年齢も被服によって操作できる。たとえば,化粧,髪の色,姿勢,身体の動きと被服はすべて登場人物の年齢を伝達するのに利用された。「エンタープライズ」では,指揮官が,見たところ,レギュラーの登場人物のなかで最年長であり,明らかに乗船員に命令を下していた。海軍将官,海軍次官,大使,世界的リーダー,ゲストの多くの科学者の大部分は,見たところ,「エンタープライズ」の乗船員よりも年配であるようだった。これらの人たちは,正当勢力や専門勢力をより多く有していた。

このように,いくつかの特定の服装上の手がかりは,勢力の違いと関連していた。概して,予期されるとおり,制服(正装も略装も)の違いは正当勢力の違いに関連していた。特に,色使いが逆転していること,金属製の組みひも,凝ったデザイン,正式な色使いなどが,「新・スタートレック」で力を示す特定の被服上の手がかりであった。しかし,被服の特定のアイテムという意味では,制服だけが勢力と関係していた。つまり,特定の靴,帽子,ベルト,化粧,髪型は,勢力と関係していなかった。独創的なスタッフによって操作しうるような,身長,体重,筋肉の具合や精密度,民族性など,登場人物の身体上の特徴は,勢力を伝達していなかった。しかし,年齢は,正当勢力と関連しており,

指揮官，大使，世界的リーダーは，力のないゲストの登場人物よりも年配であるようだった。

調査項目3)「被服上の手がかりとコンテキストが矛盾するときでも，勢力を伝達するか？」については，前述の私がバーンズと開発した分析（Lennon & Burns, 1993）に基づいて検討を進めた。筆者が被服とコンテキストの矛盾を，読み手に情報を与えるために用いていることに気づいたことを思い出してほしい。われわれは，「新・スタートレック」のコンテキストでは，被服とコンテキストの矛盾する手がかりが，勢力についての情報と関連しているかもしれないという可能性に興味をもった。レギュラーの登場人物の外見が，それと矛盾するようなコンテキストと組み合わせられるとき，巧妙な形で勢力を伝達することを見いだした。時代物の被服が，指揮官や第一将校[*8]などを他の時代に連れ去るような全能の存在の種族であるQ四次元のメンバーが有する，現実離れした力を表わすために利用された。このような全能の存在が出演しているほとんどのエピソードにおいて，登場人物の1人は「スタートレック」の世界には明らかにふさわしくないけれど，違う時代の場面にはふさわしい時代物の被服を身につけていた。これらのエピソードは，ホロデッキの装置ではなくQ四次元によって創り出された歴史的なシミュレーションの場面があるので，視聴者はQ四次元には非常に勢力があると推断してしまう。この勢力のタイプは，レイヴンが強制とよんでいるものである（1992, 1993）。

「タペストリー」のエピソードでは，すっかり時代遅れになったクランベリー色の制服を使って，時間が遡ったことと絶大な勢力が作用したことを視聴者に伝えた。このエピソードの予告編では，指揮官は胸に深い傷を負って死亡し，来世でQコンティニュームに出会う。話が展開していくと，Qは彼を生き返らせるだけでなく，彼に青春時代を再体験させる。場面の多くは，指揮官が若かりしころの友人とともに過ごしている過去を描いていたが，指揮官だけは若返ることはなかった。しかし，視聴者は，時間の逆行や，彼をそこへ送り込んでいるQの力を理解することができる。というのも，(a) 指揮官は青年時代の友達といっしょにおり，(b) 彼もその友達も，過去には正式であったクランベリー色の制服を着用しているからである[*9]。「過去」のシーンで用いられる制服が現代のスタイルであったら，視聴者が時間の逆行を理解するのはむずかし

第5章 「新・スタートレック」に見る，職場での性別，服装，勢力

いか，あるいは不可能であろう。視聴者は，時間が逆行したことを理解するとき，Qの勢力のせいだと認識するのである。時代遅れの制服がなければ，勢力は効果的に伝わらないだろう。

制服の正当勢力を理解するには，将校が制服を着用しない不意の場合，彼に勢力がないことを考えてみるとよい。「悪魔のデュー」において，指揮官は宇宙人によって，彼の居住区から近くの惑星のサイエンスステーションに連行される。そこでは，乗船員と惑星のサイエンスチームのメンバーのなかで，パジャマしか着ていないのは彼だけである。この外見では，彼は自分では統制不可能な状態で連行されたことが明らかである。「エンタープライズ」上の乗船メンバーとの会話では，「私の居住区までビームで移送してくれ」と言っていることからもわかる。この希望が通らないと，「シャトルに制服をとりに行かせてくれ」と頼む。明らかに，パジャマは職場にも，指揮官にも不適切であるので，制服がないままパジャマで移送されるのは，同意なく移送されるよりみじめだ。指揮官が制服を着て移送されていたなら，宇宙人の力は視覚的にもう少し弱く見えたであろう。また，この状況で，指揮官が現われたコンテキストも，勢力を伝えるのに重要である。被服にその被服がふさわしくないコンテキストが組み合わさると，職場でも，他の類似した状況でも，視聴者は勢力をいっそう知覚する。「新・スタートレック」では，服装の手がかりとコンテキストの矛盾があるとき，勢力が作用していることがわかる。

「新・スタートレック」の職場においての勢力を研究するには，登場人物の被服や外見が視聴者に伝えている情報に注目するという方法もある。この分析では，社会的共有認知に注目する。被服と外見は，「新・スタートレック」の製作者が好きに選んでいるので，視聴者は，被服や外見にみられる手がかりがある情報を伝えるように特別の目的をもって選ばれていると考えるであろう。「新・スタートレック」の視聴者は24世紀に住んでいるわけではないので，登場人物の外見から推測する情報を，現在の枠組みにあてはめていくだろう。このような方法で登場人物の外見を分析すると，性格描写のしかたを分析していることになる。以前行なった研究では，バーンズと筆者 (Lennon & Burns, 1993) は，登場人物の人物描写をまず行ない，登場人物とその人物のパーソナリティを伝えるように製作者が選んだであろう服装の特定のシンボルはどの部

位にあるのか，見つけ出していった。より詳しくいえば，登場人物の描写における外見上の情報（たとえば，服装のシンボル）に注目して，取り上げた外見的特徴についての実証的研究を検索し，見つかった実証的な研究結果に基づき，連想される複合的な印象を形成してみた。たとえば，ある登場人物は，背が高く，調和のとれた体格で，筋肉質であるとしよう。このような外見のイメージについて関連研究を見いだし，以下のように適用していった（p.164）。

　　　身長の高さは，社会的地位と関連している（Wilson, 1968）。筋肉質なタイプは，それ以外のタイプよりも，強く，勇ましく，見栄えがし，若々しく，背が高く，成熟し，冒険心に富み，独立独行であると評価されていた（Wells & Siegel, 1961 ; Strongman & Hart, 1968）。

登場人物が，背が高く調和のとれた体格で，筋肉質であると描写されれば，関連調査の知見からもわかるように，視聴者は，登場人物が，強く，勇ましく，見栄えがよく，成熟し，冒険心に富み，独立独歩であり，地位も高いと推論するだろう。このように，先行研究の知見は，ある外見が視聴者に伝えている情報を推測するために使うことができる（Lennon & Burns, 1993）。こうした解釈に加え，この方法を調査項目3）「服装上の手がかりとコンテキストが矛盾するときでも勢力を伝達するか？」についても使用してみる。

　シーズン3が始まってからは，男性と女性の標準的な制服の素材が異なる。女性の制服はスパンデックス製で，男性の制服はウール製であった。全体の見かけは似ているが，女性の制服は男性より身体の線をはっきりさせるものであった。女性の被服が男性のものよりも身体をあらわにしているメディアは，テレビだけではない。広告の研究者も，同様の結果を見いだした。すなわち，雑誌広告の女性は，男性よりも（a）「セクシー」に装い（Soley & Reid, 1988），（b）からだを挑発的に覆うか，あるいはヌードで描写されることがずっと多い（Soley & Kurzbard, 1986）。

　さらに，身体をあらわにするような被服は，ある職業では，女性にふさわしくないと判断されるかもしれない（Damhorst et al., 1986）。ダムホーストらは，被服に身体が際立つシルエットや，色や素材の型破りな組み合わせ，流行の要

素などの過激な構成部分があると，職場にふさわしくないものになるとの結論を下した。専門的な女性の登場人物がセクシーな，あるいはその他のふさわしくない服装を着て描写されると，視聴者は否定的な性格特徴をあてはめるだろう。キムルとダムホースト（1997）は，専門職に就いている女性に面接し，職業上の外見についての意見を求めた。被調査者の意見は，有能に見せるには，女性はセクシーで，派手で，女性らしいスタイルは避けたほうがよいというものであった。特に，職場ドレスで露骨に女っぽくするのは，避けるべきだとした。職場では，セクシーな被服や身体のシルエットがはっきりわかるような被服はふさわしくないと評価される。というのも，身体をあらわにする被服は職場の役割と矛盾しやすいからである。

　こうした認識が社会的に共有されているので（Resnick, 1991），「新・スタートレック」の視聴者は，職場で身体をあらわにする被服を着用する女性の登場人物を，下品でセクシーで，性的に誘惑し，魅惑的なだけではなく，不適切な装いをした未熟な人物であると察することになるであろう。たしかに，女性のぴったりフィットした制服は，客観的に見ても彼女たちをそうした人物であるように見せているようである。ホールとクラム（Hall & Crum, 1994）によれば，メディア映像が女性の身体に注目するとき，女性は人間として見られなくなりやすい。この視点は，女性の制服やそれを着用する女性が，さまざまな勢力（正当勢力，専門勢力，準拠勢力，強制勢力，情報勢力）と関連することを示唆する。この解釈は，女性が男性よりも「エンタープライズ」上での意思決定過程に加わることがずっと少ないという知見と一致している。

　要約すると，服装の手がかりとコンテキストの矛盾は，たとえささいなやり方であっても，勢力を伝える。つまり，服装のみでも，コンテキストのみでも，視聴者へ勢力の幻影を伝えることはできない。むしろ，それらが互いに矛盾するときに，その組み合わせが効力を発揮するのである。さまざまな宇宙人の，乗船員メンバーへの勢力は，このようにして伝えられた。加えて，女性の制服の身体をあらわにする性質は，職場で要求されるものと矛盾するので，そういう制服を身につける女性から効果的に職場での勢力を奪い取るのである。

　調査項目4）「服装上の手がかりと役割は勢力についての情報を伝達するか？」については，バーンズと筆者で開発した方法（1993）を用いて，生物学

的性別と勢力の関係を明らかにした。女性は，男性よりも勢力がないように特徴づけられるだけでなく，男性ほど意思決定にかかわることがなく，身体的な外見でも勢力が欠如していることが強調された。たとえば，レギュラーの女性の登場人物は，正式な連盟政府の制服を着用することはあまりないのに，成人男性のレギュラーの登場人物は，いつも連盟政府の正装の制服を着用していた。男性の正装と女性の略装の対比は，勢力の差異を提示するのに役立つ。正装の制服は，女性のレギュラー登場人物より男性のレギュラー登場人物と結びついていることは明らかであり，それによって勢力が視覚的に表わされる。

　防衛組織（たとえば，警察，軍隊）に関係する制服に関心をいだく研究者は，制服が権威（Volpp & Lennon, 1988），正当性（Bickman, 1974；Geffner & Gross, 1984），専門性（Gundersen, 1987），法的権限（Mauro, 1984）を意味することを見いだした。したがって，「新・スタートレック」の視聴者も，男性の登場人物のほうが，女性の登場人物よりも，より権威，正当性を有し，専門的で能力があると推察するだろう。

　調査項目4）は，女性の登場人物の外見の解釈的アプローチにも適用できる。女性の登場人物の限られた役割，彼女らの活動，外見は，勢力の欠如を示唆しているが，他の視点も考えられる。社会的共有認知は，人との相互作用において生じてくるものなので，(a) 登場人物どうしの相互作用を考慮し，(b) 視聴者とテレビ番組のキャストとの擬似的な社会的相互作用を考慮するのは，重要なことである。テレビの視聴者は，テレビ上の登場人物と，擬似社会的（架空の対面的）な相互作用（Horton & Wohl, 1956）をしている。ルビンとパース（Rubin & Perse, 1987）によれば，擬似社会的相互作用にかかわった視聴者は，登場人物に対して感情的にかかわり，身体的に魅力を感じる。そうだとしたら，特に，「新・スタートレック」の視聴者は主に18歳から49歳の男性（Nemecek, 1995）なので，女性の外見は報酬勢力に結びつくともいえる。言い換えれば，女性の外見の身体をあらわにする性質は，男性視聴者にとって報酬になる。テレビの登場人物の描写は，視聴者のほしがるものについて作者がどうとらえるかに影響されるので，この視点は理にかなっている。このような視点は，男性のまなざしを特権的なものにしてしまう。というのは，皮肉なことに，このような魅力を通じて得られた報酬勢力のせいで，女性の登場人物か

ら，他の直接的な勢力の源が剥ぎ取られてしまうのである（Freedman, 1986）。

調査項目4）について，父―息子の相互作用も考えてみる。「新・スタートレック」での父と息子の被服には，準拠勢力が反映されることがあり，父―息子の関係は数回のエピソードで調べられた。「新たな大地」では，クリンゴンの戦術将校の5歳の息子は，髪型のアレンジメントの特徴から運動服にいたるまで，外見は父にそっくりであった。この2人のクリンゴンは，見ためが似ていたのだが，一方，「宇宙孤児ジョノ」では，人間の息子と人間でない彼の養父は，身体的な特徴は似ていない。しかし，彼らの被服はそっくりである。2人は，ショートブーツ，グローブ，たて襟のついた長袖のシャツという装いである。2人は，類似した素材でできたショートジャケットも着ている。このエピソードの話の筋は，養子である若者が，育ての親の家族に向けての忠誠心と，新たに見つかった生みの親の家族に向けての相容れない忠誠心に苦しむところに注目している。エピソードの最後に，若者は現存の関係を維持するという決断をし，養父のもとにとどまる。父の準拠勢力は，(a) 父―息子の服装の類似性と (b) 養父に寄せる息子の忠誠心に反映されている。

要　約

「新・スタートレック」における社会的勢力は，服装に関連している。制服の色は専門勢力と関係している。すなわち，将校の制服の装飾的な縁取りや手の込んだデザインは，正当勢力と関連している。ほかにも，正当勢力と関係しているものには，候補生の制服の色使いが将校の制服と逆であることや，デザインでは似ているが乗船員の制服の色とは異なる，ある登場人物の略装の制服などがある。準拠勢力は，父―息子のペアの外見の類似性に関連している。コンテキストと服装の特定のアイテム（パジャマや時代物の衣服）に矛盾があるとき，登場人物が時空を強制的に移送させられると，登場人物に特別な性質があるせいだと解釈される。社会的勢力は明らかに生物学的な性に関連している。男性の登場人物に比べて，女性の登場人物は，勢力のある役割や意思決定行動に携わることも，「連盟政府」の正装の制服を着て描写されることも少ない。服装や生物学的性に関連した，このシリーズで明らかにされた社会的勢力のタ

イプには，正当勢力，報酬勢力，専門勢力，準拠勢力，強制勢力がある。

　研究結果から，外見が視聴者に伝えている情報のタイプ分けができる（Lennon & Burns, 1993）。すなわち，「新・スタートレック」の視聴者は，女性の登場人物より，男性の登場人物に対して，権威，正当性，職業的専門性，能力があると見なしがちになる。加えて，女性の登場人物は職場で身体をあらわにする被服を着用している。このことは，女性の登場人物は，不謹慎，セクシー，みだら，誘惑的（おそらく報酬勢力と関係して）であり，職場にふさわしくない装いをしている未熟なものであるということを示唆する。つまり，女性は，擬似社会的な視聴者の相互作用においては報酬勢力をもつようではあるが，「スタートレック」の世界では男性のほうが，職場においての正当勢力，準拠勢力，専門勢力をもつのである。

展　望

　メディア分析（Belk & Pollay, 1985）においての長年の疑問がある。それは，メディアが社会に影響を及ぼしているのか，社会がメディアに影響を及ぼしているのか，という疑問である。本稿では，「スタートレック」シリーズは，消費者に対しての影響が大きかったという根拠をあげた。影響力の大きさは，映画が成功したこと，催しもの，「スタートレック」シリーズにのみ存在する仲間内での用語が流行したこと，宇宙飛行士になることへの励みになったことにみられる。こうしたさまざまな方法で，「スタートレック」は視聴者に重大な影響を与えた。明らかにこのシリーズは，シリーズを生み出した社会に影響を与えた。

　しかし，「スタートレック」シリーズを通じ，物語の内容は，それを生んだ社会を反映しているともいえる。オリジナルの「スタートレック」のエピソードは，産児制限，個人の自由，冷戦，人種差別など，60年代のアメリカの重要な社会問題に注目していた。「新・スタートレック」のエピソードは，テロリズムや薬物依存など，80年代から90年代はじめのアメリカの重要な社会問題に注目している。また，アメリカ社会のありさまは，登場人物の社会的勢力や，彼らがどのように描かれているかをとおして，このシリーズに反映されて

第5章 「新・スタートレック」に見る，職場での性別，服装，勢力

いる。もし，「新・スタートレック」の男性と女性が，理想的なはずの未来の職場において，行使している社会的勢力の大きさが異なるように描かれているのであれば，このことはまちがいなく今の現実の職場において矛盾があることを示唆しているのである。テレビで主に男性が意思決定行動をとるのであれば，少なくとも放送作家は，これが自然の道理で，未来においてさえこの道理がふさわしいと理解している可能性がある。テレビで服装の手がかりがある勢力と関連しているのであれば，現実の状況でも，服装の手がかりは同じような勢力と関連しているということであろう（そうでなければ，製作スタッフがそのような手がかりを選ばないであろう）。同様に，テレビでは服装の手がかりや役割が勢力についての情報を伝えたり，服装の手がかりとコンテキストの矛盾が勢力が作用していることを伝えたりするように，現実の状況でも，勢力が同じようなやり方で伝えられている可能性がある。このように，メディア分析を行なうと，メディアの生みの親である社会のありさまがよくわかる。

注
* 1　若者らしさは，カニングガムによれば，白やパステルカラーで明確に表わせる。
* 2　絶大な影響力があったのは，人間の本質や人権といった視聴者が関心をもつ問題に焦点があたっていたからである。
* 3　マスターカードは，「スタートレック」のクレジットカードを発行した。
* 4　ネメセック（1995, p.99）によれば，ユニフォームはウールのギャバジンでできていた。
* 5　ポケットブックの小説「スタートレック」においては，二足歩行の生物ではない。
* 6　第1シーズンの初代警備チーフが殺された後は，彼が警備チーフになった。
* 7　初代警備チーフを除く。
* 8　指揮官や第一将校がしばしば脅かされたという事実により，この場合，ゲストの登場人物の勢力が強調されている。
* 9　「新・スタートレック」が設定された時より8年前の「スタートレック」の宇宙では，「スターフリート」の将官は，クランベリー色の制服を着ている。

第6章
スタイルのパワー
―― 受け入れられているものの拒絶に関して[*1]

Gwendolyn S. O'Neal ● グウェンドリン S. オニール

　衣服[*2]は，一般に，着装者に関する情報を伝達し，着装者の内的特性の外部への発現を構成すると考えられている（Craik, 1996 ; Davis, 1985 ; Kaiser, 1990）。衣服は，時々，他者との相互作用状況に影響を及ぼし，コントロールし，操作する，あるいは，形作ることを意図して，自己を定義，再定義するために用いられる。フォックス-ジェノビーズ（Fox-Genovese, 1987）の考えによれば，衣服がもっている短命な要素であるファッションは，だれかが強要する価値や社会的関係の表象を構成する政略的道具となる。しかし，今日のファッションのアイテムは，個人が自己の環境を管理するために用いられるほうがいっそう多いようである（O'Neal, 1996）。個人が，相互作用をコントロールするというはっきりとした目的で，衣服をとおして印象管理を行なおうとするとき，その行為は政略的である。多くの実例が語るように，プレゼンテーションにおけるメッセージが誤解されるとか，逸脱したものととらえられた場合，それは相互作用を威嚇，あるいは，支配（つまり影響）する傾向がある。したがって，衣服は，公式的な関係と非公式的な関係に影響を及ぼすための政略的道具として機能するだろう。それゆえに，衣服はパワーなのである。

　一般に，パワーを求めた闘争は，社会のなかの資源や機会や尊敬を左右する支配と服従の公式的な関係や，非公式的な関係を含んでいる（Collins, 1991 ;

Fox-Genovese, 1987)。パワーとしての衣服というこの考え方は，資源や社会的尊敬と関連する支配―服従関係のなかにはない。それゆえに，パワーとしての衣服の概念は説明を要する。

　本章の目的は，アフリカ系アメリカ人のなかに文化的な境界を確立する際の衣服の政略的使用について考察することである。「スタイル^{*3}」，すなわち，アフリカ系アメリカ人の衣服のなかに見いだした美的要素は，認められていないパワーを剥奪するときのツールとして用いられるという観点から説明される。パワーとしてのスタイルについて考察するために，パワーの概念を明確にしなければならない。パワーの再定義についての議論は，パワーとしてのスタイルに関する議論の後で行なう。

　パワーとしてのスタイルの概念を説明する実例は，アフリカの奴隷制度があった以前やその期間の西アフリカの国々における衣服に関する最近の研究，奴隷の物語，および記述から得られる。

◆◇ パワー

　一般に，パワーは行為力，力量，遂行や生産する才能と定義される。しかし，パワーは，他者をコントロールする能力，あるいは権力か影響を及ぼす能力と見なされることのほうが多い。このようなパワーの定義は，何がシステムを作り出し，動かし，あるいはその両方を行なうのかについての考えによって異なる。レイヴンとクルグランスキー（Raven & Kruglanski, 1970）は，社会的影響について，ある人における変化であるが，その起源は，別の人あるいはグループに存在すると定義している。それゆえに，社会的影響は，ひとつの形のパワーであり，そのパワーは潜在的な影響力と定義される。

　ケラー（Keller, 1985）によれば，そのような形のパワーは，お互いの違いから人々，ものごと，および考えを2分法で特徴づける西洋文化において，最も首尾よくはたらくという。これらの2分法は，1つの要素を「他」と対象化し，操作し，コントロールするものと見なすところの階層的配置として位置づけられる。たとえば，コリンズ（Collins, 1992）によると，ある要素に「正当性」パワーが付与されると，他の要素をコントロールしようとするようなパワ

第6章　スタイルのパワー

一関係が形成されるという。支配と抵抗の社会的関係は，このようにして形成される。

　支配の社会的関係は，パワーが上位者に存在するような階層構造によってだけではなく，「それぞれ独自の目的のために，下位者のエネルギーとして彼らにパワーを同時に付加すること」によっても作用する（Collins, 1991, p.228）。この関係は，要素をコントロールするために，次のようないろいろなレベルにおいて従属する集団に対してその影響力を行使する必要がある。そのレベルとは，価値が確立され，自己の定義が形成される個人的レベル，人種，社会階層，およびジェンダーの定義が下され，思考や知識の獲得の方法や行動の基準が形作られる文化的なレベル，そして，覇権主義的な考えが増殖される学校などの社会的組織のレベルである（Collins, 1991）。従属するすべてのレベルの集団に対して影響力を行使することによって，要素をコントロールするために，従属する集団へ無条件にアクセスができる。そして，フライ（Frye, 1983）の言葉を借りれば，従属する集団は無力となる。しかし，従属する集団が，自己のある部分（たとえば，精神や思考のプロセス）から統制的要素を締め出すとき，従属する集団は，ある程度のコントロールと，関係の再定義を引き受けることができる。たとえば，映画「ルーツ」は，クンタ・キンテが奴隷としての自分の主人が与えたトーブという名前の受容，つまり，自己定義のコントロールを拒絶することで，自己のコントロールを放棄することへの拒絶を例証している。20世紀のコンテキストのなかで，私は，かつて有名なアフリカ系アメリカ人の研究者が，名門の白人優位の大学で教育を受けた経験について話すのを聞いた。教授たちが何を言ったかを記録することと，もう1つは，彼が生きた現実の観点からの真実に関して2群のノートを授業中にとる必要性があったことを説明した。彼は，自分が不健全になるのをこのプロセスで防げたと言っている。

　定義を試みることは，パワーの別の側面である。定義は，関係を決定する境界を設定する。定義は，どれが，または，あるものがどの程度，定義されていることに関係しているかについての考えを標準化することを意図的にめざしている。フーコー（Foucault, 1980）は，パワーに関する技術が今日，とらえがたく，容易に見過ごされることを指摘した。それは，正しいかまちがっている

かを示し，その後，健常か病理的であるかに翻訳する標準化のプロセスである。それは，種々の（たとえば，よいか悪いか，善か悪か，黒か白かの）関係であり，社会のなかで，パワーを局在化するのを手助けし，だれも非難する人がいないという点で問題のあるパワーを作り出す役割を果たしている。それゆえに，フーコーは，次のように指摘している。

> 人は，大規模で根本的な支配の状況，すなわち，一方に「支配者」が，もう一方に「被支配者」がいるような二元構造ではなく…多様な支配関係の生成を想定すべきである。…（これらの）パワー関係は，条件づけた，あるいは条件づけられた役割を…それらが演じるために，他の種類の関係（生産，親族関係，家族，セクシャリティ）と織り交ぜられている。(Foucault, 1980, p.142)

「要素を支配すること」あるいは「支配者」を求めることは，人の注意を，真の問題からそらすことである。パワーは，技術的なものであり，パワー関係は，戦略のなかで使用することができる。実際，政治は，パワー関係を方向づけるための戦略でしかない（Foucault, 1980）。

アフリカ系アメリカ人は自分たちとは異なった存在であるという概念が正常なものとされるようになった奴隷制度，隷属，人種差別，そして，差別待遇の歴史の結果，パワーの概念は，彼らの文化と同様に，人々の生存を目的にしていると再概念化されることが必要になった。コリンズ（1991）によれば，パワーは，創造的な抵抗の実行によって育成されるエネルギーを通じて強奪されるかもしれないという。黒人たちが圧制的な社会制度に間断なく立ち向かえることを保障する「形作られ，持続する影響の範囲」は，パワーに関するこの考え方に固有なものである。このタイプのパワーは，コミュニティが定義するコミュニティの利益のために用いられる創造的なものである。その意図は，コミュニティを強化し，したがって，そのメンバーに権能を与えることである。この創造的なパワーにとって必須の成分は，自己の定義と自身のコントロールを妨げるいろいろな形の支配に抵抗する能力である。フォルブ（Folb, 1989）は，最も重要な形のパワーが，人の自己に影響するパワーであると指摘している。このことが特に明瞭なのは，他者に対する操作やコントロールがすぐれた芸術

にまで引き上げられた環境においてである。

　メジャーズ（Majors, 1991）の指摘によると，「別物であること」の圧力に対処するために，多くのアフリカ系アメリカ人は，物腰，身振り，衣類，髪型，歩き方，姿勢，および握手のしかたを用いた，独特の表現やめだったスタイルからなる非言語的行動を構成し利用することに，自分たちの創造的才能とエネルギーを傾けた。これらの行動は，「態度」[*4]と連合されて，積極的に自己を構築するために，支配者や支配者集団に近づかないで自分たちの意図を守るために，パワーや統制をはたらかせるために，プライドを表現するために用いられる[*5]（Majors, 1991）。これらの行動は，状況を定義，もしくはコントロールするパワーの展開を表わしている。それらの行動は，確立されている関係を変化させるために，規範についての考えに疑問を差しはさむために，さらには，明確な抵抗運動に従事するために使用が試みられる。フーコー（1980）は，パワー関係が存在するところには，いつも抵抗が存在すると指摘した。

　さまざまな種類の相互作用はパワーの発展を象徴するが，その多くは抵抗を生み出す。しかしながら，抵抗は，いつも何かに反応するといった性質のものだけでなく，多くの場合，先を見越してはたらきかけるといった性質のものでもある。すなわち，人は影響されるまで待つだけではなく，当該の構造において自然に生起するであろう結果に意図的に影響を与える方法を発見しようとするからである。抵抗のアイデンティティは，衣服とそれ以外のさまざまな言語的，および非言語的行動の使用を通じて形づけられるだろう。

◆◇ パワーとしてのスタイル

　価値は，アフリカ系アメリカ人が自分たちのコミュニティのなかで，自己を表出する際に現われる。コッチマン（Kochman, 1981）は，この表出がエネルギーと感情の行使を必要とすると記述している。抑圧と差別の歴史の帰結として，アフリカ系アメリカ人は，状況をコントロールする努力のなかで，自己を再定義する行動に従事する必要性を頻繁に感じてきた。このことは，しばしば，各自の生活状況に関連づけて自己を表現する行動を形作る際に起こる。これらの表現は，さまざまな身振りや身体運動と，衣類，髪型，および装飾品とを創

造的に精力的に用いることから構成される。この自己の「劇化」(Majors, 1991) は，スタイルと考えられ，そして，しばしば，自身を定義し，また，状況を再定義する能力をもつ。メジャーズ (1991) は，この「感情の演技」が，われわれが生き残るための必要性から用いられる，ひとつの型の劇的な役割演技であると考えた。セメス (Semmes, 1992) は，スタイルを，「巧みに装飾する動作，話し方や外観に関する伝統」(p.131) と定義した。スタイルは，「行為や創造および他者と関連して自己を再定義するしかた」である。それらが言語，衣服，および非言語行動で表現されるとき，そこには，自己や他者についての態度，仮定や感情が含まれる (Majors & Billson, 1992 ; Mancini, 1987)。

スタイルは，個性的で個人的なものである。アフリカ系アメリカ人のコミュニティでは，ある人が別の人のスタイルをまねることはない。なぜならば，そうすることは，偽りだからである (Hannerz, 1969)。

> あなたが何かを行なうときの，あるいは何かを語るときのそのしかたには，あなたの独自性，あなたの個性が現われる。スタイルは，人間行動のなかに見せかけられているそれらとは対極に位置するものである。むしろ，それは，自分がどのような人間であるかを公に表明することである。そして，多くの人々のなかでの自分の表明と，だれかの自己表明とは異なっている。(Pasteur & Toldson, 1982, p.180)

それにもかかわらず，それがコミュニティにおいて適切な表現と考えられていることの逆をいくほど個性的なものではない。しかしながら，この表現型は，情動の隠蔽，感情を交えない表現の様式，感情やダイナミズムの不在，そして禁欲的な洗練に関するヨーロッパ中心の規範とは異なる。ヘブディジ (Hebdige, 1979) は，それが受容可能な表現型について同意が存在することを暗に示すコンセンサス神話と矛盾しているという理由で，スタイルを，「多数派」にとって無礼なもの，そしてまた，(優勢な文化における) 統一性と凝集性に関する原則に対する挑戦であるととらえた。コッチマン (1981) は，次のように指摘した。

> 白人の文化では，自分たちの行動を抑制する個人の能力が評価される。白人

文化のイベントは，個人的，自発的に自己主張することや感情を自動的に表出することを許さない…「引き立たせること」は，個人的，自発的に自己主張を行ない，自己表現を抑制しないことを意味し，白人の文化のなかでは否定的にみられる。他方，黒人の文化においては，引き立たせること，黒人の文化でいうところの「スタイリング‼（カッコイイ，おしゃれ‼）」が肯定的にとらえられる。(Kochman, 1981, p.38)

アフリカ系アメリカ人のコミュニティにおける被服に関する美意識からすると，スタイルは，単に個人のユニークな特性の表示でしかなく，個人の本質の自由な表現である。パスツールとトールドソン (Pasteur & Toldson, 1982) は，「そのような本質を剥ぎ取ることは，人の刺激に鈍感にされること，あるいは，人の内的な信号，すなわち人の内的な特性に関する太鼓の音によって導かれないことである」と主張している (p.181)。

フォルブ (1980) は，日常的な使用法のなかの語のスタイルが，「あなたが得たことを引き立たせること」を意味すると述べた (p.109)。それは，あなたがどのような人間であり，そして，どのように見られたいかについて，世間の人々に対してステートメントを書くことである。それは，しばしば戦略的に，着用者についてのメッセージを記号化する際に用いられる。スタイルが仲間を説得する道具として用いられるとき，どの程度の感情と覇気があるか，その水準は「態度」，リズミカルな闊歩やスピーチの注入をとおして高められるだろう。それゆえに，スタイルは無邪気なものではなく，意図的なものであろう。しかしながら，「白人や中流階層の黒人による嘲笑の攻撃にもかかわらず，大胆で謙虚で尊大なスタイルは，一般的な黒人のコミュニティに普及している」(Pasteur & Toldson, 1982, p.180)。

スタイルは，単に引き立たせること以上のものである。それは，アフリカ系アメリカ人の衣服に関する美意識のなかで慣習となっているもの（たとえば，流行）をひとつの文化に変える要素として機能している。西洋文化における美的対象物とは異なり，美を表現することにおいて，衣服を用いる技術的優秀さは不十分である。セメス (1992) が指摘するように，「人は，製品や行為のなかに美を注入して，情緒あるいは感情や特異な表現を高めねばならない」(p.131)。つまり，購入したときの衣服は不完全で，美的なものになる潜在力

をもっている。衣服のなかへ特異な表現を織り込んでいくことは，ニーズに合わせて衣服を改造する人の仕事を代わりにすることである。それは，衣服がめざしている意味を変更することである。キルシブラット-ギムブレット（Kirsheblatt-Gimblett, 1983）は，ニーズに合わせて衣服を改造することを次のように述べている。

> それは，利用者が，自分たちのニーズ，興味，および価値に適したように，大量生産された商品を加工し，また，大衆文化の産物を新しい意味と活動のシステムのなかに帰化させる方法である。消費者の視点からすると，大量生産された商品は必ずしも完全なものではない。それどころか，広告されたその機能との結びつきも漠然としている。(Kirsheblatt-Gimblett, 1983, p.215)

　ニーズに合わせて衣服を改造すること，すなわち，大量生産されたファッションを変更することをとおして，アフリカ系アメリカ人は，自分たちの文化遺産の様相を表現することができる。それゆえに，自分たちの歴史のすべてが中央航路[*6]で失われたという観念に抵抗し続けることができる。そのとき，スタイルは，人の過去の歴史を保持することと同様に，人の現在の，そして，日々の生活を管理しながら表現豊かに形作り，支配の神話を拒絶する方法となる。
　スタイルは，また，西アフリカにルーツをもつ文化的価値の表現でもある。研究者たちが共通して同意していることは（Asante & Asante, 1990 ; Baldwin, 1986 ; Keto, 1991 ; Mbiti, 1970 ; Nobles, 1980），西アフリカの国々の種族間に集合意識あるいはエートスが存在し，それらが人々が自然のもつありのままのリズムの一部であるという見解を通じ現われるということである。個人は，この共通のパワーあるいはエネルギーのユニークな表現であると信じられていた。パスツールとトールドソン（1982）によれば，アフリカの鼓動が最も確実に生きているのは，その共通する黒人社会のなかにおいてである。そこにおいては，「スタイルと標準が別々の道を歩んでいる」(p.181)。

> 装身具と微妙なニュアンスの行動を用いた自己装飾は，黒人たちに共通する特殊な方法となっている。そのような装飾や特異性は，環境に自己の特性やスタイルを表わす青いインクで印をつけることによって自己を拡張しようとする，あるいは，自然との一体化を保障しようとする個人の試みを反映しているよう

である。(Pasteur & Toldson, 1982, p.180)

　このような視点からすれば，アフリカ系アメリカ人のためのスタイルは，自己を定義し，人間関係を再定義し，社会的状況において影響を及ぼすための道具としてしばしば用いられる文化の表現である。したがって，スタイルは，ひとつの型の抵抗（すなわち，自己の文化的定義の拒絶）であり，パワーを強奪する道具として役立つかもしれない。外見，マナー，あるいは行動のいずれにおいてであろうと，自己の新しい定義が，非同調の観念，変更された期待，または，すでに確立された基準の拒絶を描き出すとき，相互作用状況は再定義され，多くの場合，コントロールは奪われる。そのような実例においては，スタイルはパワーである。
　アフリカ系アメリカ人のコミュニティにおいては，スタイルは文化的な美の本質的要素であり，人の特性を個性的に表現することから成り立っている。この個人の本質は誇張され，めだとうとしていると解釈されるかもしれない。あるいは，文化的価値の表現と自己定義のためにニーズに合わせて衣服を改造する代理人として機能するかもしれない。スタイルに関するこれらの考えは，私が行なった研究（O'Neal, 1998を参照）で認められる。そこでは，大人の男女，老人と若者，教育を受けた大学生とそうでない45人に，アフリカ系アメリカ人の衣服の美について記述することを求めた。彼らは，要素としてスタイルをすばやく識別し，よく似た記述を行なった。たとえば，個人的な表現についての考えは，若い大人の女性が行なった以下の記述のなかに認められる。

　　　アフリカ系アメリカ人は…ヘアスタイルでさえ，派手に見えることを望む。
　　　それは衣服とつり合っている。その被服は，通常…他のだれももっていないも
　　　のであるか，あるいは，たとえもっていても，何か変更を加えている。…私た
　　　ちは，自分たちの目を引きつけ，かつ気づかせる何かを，すぐに選ぶ。

大人の女性が次のように言っている。

　　　私が思うに，それは自然と私たちの行動に現われる。…そして，それは何百

年も遡ると思う。…私たちは，衣服に対して情熱をもっている。そして，そのスタイルは，私たちにとってユニークであり，個性的であるはずだ。

若い女子大学生は次のように述べている。

アフリカ系アメリカ人は，とても色彩豊かで，色鮮やかで，流行にのっていて，表現豊かである。私たちは，危険を冒して声明を発し，着装のしかたで政治的な問題についての自己の関心を表明しようとする。

若い男性の成人は次のように述べている。

男性はスーツを着ることもできる。…ヨーロッパ人のように。しかし，アフリカ人らしいものを何か付け加えねばならない。それは，何を着ているかではなく，どのように着ているかである。私が外出するとき，だれかが必ず言う。「この若者は自分が何をしているのかよく知っている」と。

これらの人々は，前述のいくつかの特徴を表わしている。すなわち，それらは，個性的な表現，服に対する情熱，何かをつけ加えることによる商品の完成，および情緒や感情の高揚を通じて商品に美を注入することである。これらのアフリカ系アメリカ人の文化的表現は，奴隷の服にも認めることができる。たとえば，サウスカロライナの農園のオーナーと結婚したフランシス・ケンブルという名前の英国人の女性は，1838年から1839年にかけての彼女の日記に，次のように記している。

（奴隷にされていたアフリカの）人々は，衣服に対する情熱が不思議なほどに強く，あたかも衣服が彼らをとにかく外見上文明人のように変える道具になっているように思える。…
…あなたは，貧しい人々の日曜日の盛装ほどグロテスクなものを想像できないでしょう。…ビーズ，ガラスの飾り玉，派手な飾り帯，そして，特に，少し奇抜なエプロン。…彼らは，これらの不釣合いな装飾をある種の軽快な優雅さで仕上げている… (Kemble, 1961, pp.93-94)

第6章 スタイルのパワー

　明らかに，ケンブルが指摘する以前から，衣服に対する情熱や着用したものに感情を込めていくことはあった。たとえば，サウスカロライナ立法府は，1740年に，ある法律を可決した。それは，奴隷にされていたアフリカ人の服を厳格に規制するものであった。しかしながら，この試みはうまくいかなかった。そして，1822年に，「チャールストン市民の請願書起草者」（法律には明らかに無知な）は，立法府に対して次のように書き記している。

> あなたたち請願書起草者は，また，黒人の服の着方を規定するように立法府に勧めている。衣服は，彼ら奴隷にとってあまりにも高価になっているため，奴隷を不正直にさせるよう誘惑し，黒人たちの状況とは一致しない考えをもたせ，白人たちに対して黒人を不遜にしている。また，彼らは，パレードやショーがとても好きであるため，彼らを家にとどめておくことを非常にむずかしくなっている。(Genovese, 1972, p.559 から引用)

　「服に対する情熱」「ある種の軽快さをもつ優雅さ」，そして「パレードとショーを好むこと」は，奴隷にされているアフリカ人のスタイルもしくは個性的な表現についての考えを暗示している。「白人に対して黒人を不遜にさせている」というフレーズは，奴隷にされているアフリカ人が，確立された期待に反対するある種の「態度」，あるいはエネルギーをもって服を着用していることを暗に示している。同様の行動が1820年代後半のニューヨークにおいて，自由な身の黒人の間でも観察された。

> 私は，しばしば，特に日曜日に，優雅に装う黒人のグループに会った。そして，時々，次のような光景を観察して混乱したことがある。すなわち，男たちが，同様の状況にある白人の場合よりもずっと勇敢な雰囲気で美人を同伴している光景である。ある時，私たちは，ブロードウェーで極端なファッションをしている若い黒人女性に会った。彼女は，黒人の十分に洗練されたおしゃれな男性を同伴していた。すなわち，サングラス，留め鎖，身体中を着飾っている。彼は，黒テンの毛皮を小脇に抱え，最高のやさしさでもって献身するかのように，彼女と一緒に歩いていた。(Trollope, 1832/1984, p.310)

　これらの記述は，アフリカ系アメリカ人のコミュニティにおけるスタイルについての前述の考えと一致しているように思われる。これと同じ明確な「スタ

イル」は，1517年の，ポルトガル人，バルボサの書き物に示されている西アフリカ人のなかにも認めることができる。

> 「ザ・カーフェス（アフリカの人々が野生の動物の毛皮を身につけた被服スタイルを示す固有名詞。毛皮を身につけることで，個性，威厳や尊厳などを表現する）」は黒人の男性たちであり，彼らは，ウエストから綿の布をぶら下げて自分たちの恥部を隠すこと以外は何もまとわず裸で歩く。ある者は，野生の動物の皮を身につけ，またある者は…威厳と尊厳の印として，地面につくほど長い尻尾のついた動物の皮の帽子をかぶっている。彼らは，体を揺さぶりながら，飛び跳ねるように歩く，そのため，尻尾が片側からもう一方まで大きく揺れる。(Davidson, 1991, pp.180-181 から引用)

1850年ごろのゴールドコーストの先住民について書かれた記述は，衣服や個性的表現の重要性を示している。

> 彼らは，好みがやかましく，織り目の細かい肌触りのよいすばらしい生地の服をもっている。それは，絹の，派手な色の服であることが多く，そして，房飾りの端を脚の側面まで垂らし，それは時折，裾まで垂れる長い緩やかな外衣が乱れているときのようにみえる。…これらの外衣は，多くの種類の絹やビロードのマンチェスター織物，または自国の豊富な布の製品であった。その型と色は，着る人の好みによって選ばれる。ある者は，さっぱりした控えめなプリントを好み，他の者は，シックな色の派手なコントラストを楽しむ。…
> …女性は，…男性と同じくらい自分を引き立たせることに熱心であり，また化粧と同じぐらい時間を費やす。…男性も女性も，首，手首そして足首などへの装飾として，金やビーズ玉を使用する。…彼らのすばらしいなめらかな肌が，じつは，彼らの主要な美である。…　(Cruickshank, 1853, pp.281-283)

アフリカ系アフリカ人や奴隷となっているアフリカ人の衣服とよく似た，本質的には同じスタイルの原則が，16世紀と19世紀の，2つの西アフリカの国，ゴールドコーストとモザンビークにおける被服に関する記述のなかに認められる。「彼らは，体を揺さぶりながら，飛び跳ねるように歩く」，そして「自分を引き立たせる」というフレーズは，衣服へのエネルギーの注入，ユニークで有利なやり方で自己を呈示したいという欲求を再び暗示する。アフリカ系アメリ

第 6 章　スタイルのパワー

カ人の心理学者，パスツールとトールドソン（1982）は，これらの関連性を次のように明らかにしている。

> アフリカの人々のための衣服は，アフリカの衣装かヨーロッパのデザインかにかかわらず，身体に関する恥の感覚や外観の保護からではなく，主として，個性の強調や装飾の意味で使用される。スタイルとしての服装は，その場合，人格の特徴，自己宣言として現われる。（Pasteur & Toldson, 1982, p.185）

アフリカ系アメリカ人の服に見られる美的な表現と，奴隷にされたアフリカ人のそれや西アフリカの国々のそれとの間の一致を示す多くの実例をあげることができる。しかしながら，これらのうちのいくつかの実例だけで，アフリカ系アメリカ人のコミュニティにおけるスタイルの美的要素と，新大陸で奴隷にされたアフリカ人や西アフリカの国の人々のスタイルの美的要素とを関連づけるのに十分である。

結　論

フライ（1983）によると，ひとつの形のパワーは，定義を下すということである。コリンズ（1991）は，パワーが社会を統制する要素としての役割をもっており，個人の水準でいえば，自己を定義するときにはたらくと指摘している。フーコー（1980）によると，パワーは，それらが記されている領域に内在する多様な力の関係である（p.187）。フーコーの観点からすれば，パワーのはたらきとは，あらゆる水準の社会における定義を標準化するときに用いられるひとつの技術である。この標準化の結果は，支配者と被支配者の２元構造の観点からパワーをとらえるコリンズ（1991）が提案したものと同じである。すなわち，それは，異なる存在として「正常化された」ものの上に自己の定義を押しつけることの結果である[*7]。したがって，自己を定義する，新たな意味の体系のなかに大量生産された商品を好みに合わせて改造する，自己の身近な環境を表現豊かに形作ることを通じて状況に影響を及ぼす，あるいは統制するといった行為は，すべて，パワーに抵抗する，もしくはパワーを奪い取る行為である。そ

のような行為は，力の関係を変更するか，または，方向を変える戦略として役に立つ。歴史的にみて，これらの行為は，文化の形が粗野だとして嘲られたその文化の要素を保存するのに役立った。

　規制されたドレスに感情と情緒を注ぎ込んだ奴隷は，自分が奴隷ではないと宣言し，「気高い未開人」という標準化された考え方を拒絶していた。奴隷として自己を定義することの拒絶は，同様に，他のさまざまな形をとって現われる。たとえば，それは，古い奴隷歌「おお自由よ！」の歌詞のなかに認めることができる。

　　　　おお自由よ，おお自由よ，私に自由を。
　　　　そうだ，私が奴隷になる前に，私は自分の墓に埋めてもらおう。
　　　　そして，私の主のみもとに帰して，自由になろう。

　人間存在としての最も本質的な部分，すなわち，心や精神，つまり，自己についてまだ制御できることは，他の奴隷たちには何も言わない，あるいは，公に表現するということであった。また，この何も言わないということは，奴隷としてではなく，ひとりの人間，アフリカ人として自己を定義することであった。それは，衣服のモードを規制するということが象徴する支配を拒絶することであった。

　「スタイリング」は，今日，不従順（つまり，抵抗）の行為と見なされるだろう。ある人の衣服が「適切」と受け取られるためには，欧米の標準に合わせなければならない。したがって，流行を選択し，自己を定義し，葛藤する価値を劇的に表現する意味の新体系をそこに注ぎ込むことは，規制された，つまり欧米の衣服を拒絶することである。スタイルは，そういうわけで，文化的な申し合わせ，あるいは，「正常な」衣服のモード，そして，統制の独断的な仮定，あるいは，パワーをもつことへの拒絶を意味する。

注──────
　＊１　本章が発刊される直前に，『スタイリング：アフリカ系アメリカ人の表現豊かな文化，その発生から最新流行のスーツまで』というタイトルの本が，シェーン・ホワイトと

第6章 スタイルのパワー

グレアム・ホワイトによってコーネル大学出版局から発刊された。全体の引用文献は，次の本にある。White, S., & White, G. (1998). *Stylin' : African American expressive culture from its beginning to the zoot suit.* Ithaca, NY : Cornell University Press.

＊2 衣服は，身体を含むゲシュタルトとして考えられている。そして，三次元の補足がすべてそれに付け加えられる（Eicher & Roach-Higgins, 1992を参照）。

＊3 アフリカ系アメリカ人の衣服の美的要素としてのスタイルについて議論しているオニール（1994, 1997, 1998）を参照のこと。

＊4 本章で使用される場合，態度は，衣服や身体運動を通じて情緒的な特性を表現し，それによって感覚を刺激し，注目を意のままにすることを意味する。

＊5 スタイリング（stylin'）は，注目を集め，相互作用を支配するために，一般に，青年や他のさまざまなグループの人々によって利用されるようであるが，本書における議論では，アフリカ系アメリカ人に独特なものとしている。だが，アフリカ系アメリカ人にとって唯一無二のものだとしているわけではない。しかしながら，ほとんどの他のグループや人々の場合とは異なり，スタイルは，今や文化的な美の必須要素となっており，アフリカ系のアメリカ人であることに起因する境界人の緊張を政治的にうまく切り抜ける役割を果たしている。

＊6 中央航路は，奴隷売買航路の2番めの部分をさしている。これは，ヨーロッパの奴隷商人が始めたものである。彼らは，奴隷と交換するための貨物を積み込んで，アフリカへ航海する。そして，アフリカでは，奴隷にされたアフリカ人を乗せ，お金と交換するためにアメリカへ航海する。その後，彼らはアメリカで，船に砂糖，たばこ，コーヒーなどの製品を積み込み，ヨーロッパに戻る。（Everett, 1991）

＊7 コリンズは，パワーを支配者と被支配者の観点からとらえている。彼女は，そのいずれにおいても抵抗が起こる場となりうる多様な水準の支配のマトリックスで，パワーを解説している。

第7章
イーブンファーザー
── テクノカルチャーにおけるサブカルチャー・スタイルの力

Suzanne Szostak-Pierce ● スザンヌ・ゾスタック-ピース

　上からであろうと下からであろうと，あらゆる水準からみて，禁止的なつまり法体制下にある西洋社会において，すべてのパワーは，多少ともユニフォームファッションとして現われる。このパワーは，魔法や宗教などによって伝達されるのではなく，規則によって伝達されるということが，西洋社会の特徴である。(Foucault, 1980, p.201)

　西洋社会では，若者の活動は，音楽の検閲，門限，ドレス・コードといった規則で制限され，修正されるべきだと考えられている。世間一般の文化，とりわけ，親文化[*1]の考え方では，若者は生物学的にも情緒的にも未熟であるため，人生に影響を及ぼす多くの決定を下すのはむずかしいこととされている。つまり，若者は政治的，経済的，社会的権利の奪われた集団として考えられているのである (Côté & Allahar, 1996)。若者のなかには，自分たちの社会的役割が不完全でいかなる真の意義ももたないと理解する者もいた。彼らは，自分たちの価値あるアイデンティティを見いだそうとする試みのなかで，彼ら自身の文化を発展させてきた。そして，サブカルチャーが出現したのである (Côté & Allahar, 1996, p.20)。若者のサブカルチャーとは，他とまったく別な活動，価値観，独特なものの使い方，社会的空間をとおして，一般の文化から自分たちの文化を区別する同世代の集団である (Clarke et al., 1997)。そのスタイルと

157

いうのは「いかに生きるべきかに関して明確で一貫した方法を提示することにおいて，一定の体系化された集団アイデンティティを生み出す活動や視野をともなった対象の積極的な組織化である」(Clarke et al., 1997, p.108)。サブカルチャー・スタイルは外見，音楽，行動をとおして表わされる。特に，服装は視覚に強く訴えるため，サブカルチャーにおける最も強力な伝達手段となる。若者のサブカルチャーにとって，パワーとは一定の文化的パラメーターの範囲内におけるスタイルのかけひきである。この章では，アメリカ中西部におけるレイブ・サブカルチャー（rave subculture；レイブとは狂乱，怒号，錯乱，熱中などの意）のスタイルとパワーの関係に学際的にアプローチする。被服とテキスタイルの分野，カルチュラル・スタディーズ，社会学，若者研究における若者とスタイルの多様な論文を用い，さまざまな側面からの解釈を示した。また，レイブ・サブカルチャーのイベントのひとつである"イーブンファーザー[*2]（Even Further)"についての議論では，その現場でのフィールドワークで集められたデータから主要な示唆が得られた。

◆◇ パワーとしてのスタイル

若い世代にとって，スタイルは，サブカルチャーが高い社会的地位を獲得するための新たなアプローチとして強力な手段となる。ディック・ヘブディジ（Hebdige, 1997）は，パワーの共通の特性として匿名性があげられる一方で，彼らはサブカルチャーを誇示することによって彼ら自身の存在を示す，と述べている。ヘブディジは，一般の人々は，自分たちの無難な社会的背景とかけ離れた奇妙な外見や行動をじっと見ることによって，それらについてもっと知りたくなると論じている。そして，「パワーはものの外見とわれわれのものの見方に刻まれる」と結論づけている（Hebdige, 1997, p.404)。若者のサブカルチャーは，音楽，ダンス，服装，儀式により定義される。若者のサブカルチャーは，初期にはメディアによって，めずらしいものとして伝えられるが，やがて同じメディアのゆがめられた報道をとおして脅威として伝えられるようになる。服装や外見についてのテレビ番組をとおして伝えられるサブカルチャーの意味は，視聴者のその番組に対する考え方と一致しないので，モラル・パニックを

引き起こす結果となる（Stone, 1962）。サブカルチャーグループが，権利を与えられたという感覚に達することが可能となるのは，主流の文化的慣習が意図的に審美的再構築を行なった場合である。スタイルのもつ象徴的な力は，他者性を象徴化するサブカルチャーの能力である。

たとえば，ベル・フックス（hooks, 1990）は，虐げられた境遇に服するのでなく，抵抗の場として主流文化の辺境を選択することを強く主張した。このようにして区別することで社会的に弱い立場の集団は，創造性と権力とをもつことができる。フックスは，自らが黒人女性として生きた経験をとおして，いかに社会的に弱い立場が審美的革命によって強くなったかを以下のように述べた。

> 急進的かつ創造的な場を創ることにより，われわれは個人的あるいは集合的に変換される。このようにして，われわれの主体性は確認され，維持できる。つまり，われわれの世界観を明確に表現する新しい場を獲得するのである。（hooks, 1990, p.153）

文化的表現のパワーは，サブカルチャーを主流なもの，流行でないもの，本物でないものから区別する。比喩的に，そのパワーは商業やマスメディアの権威的な支配力からサブカルチャーを解放するといえる。サブカルチャーの成員である若者のほとんどは，平凡なものとのいかなるつながりも拒否するし，商品化されたと感じるスタイルを拒絶する。ヘブディジは，商品化はサブカルチャーを統制し，支配することであると主張した（1989）。つまり，スタイルの普及は，サブカルチャーがもつ破壊力を鎮静する。このときサブカルチャーは彼らのスタイルを乗り越え，その外見を再び確証することができる（Thornton, 1996）。その確証は，サブカルチャー・スタイルを関連づけるもとのイデオロギーを保護する手段として考えられている。現実には流動的な関係性であるが，サブカルチャーは，これがユニークな存在として見なすことを確証するために，サブカルチャーそれ自体を固有でエリート主義的な存在として見なそうとする。ダブダブのスケータースタイルは，世界的に有名なブランドジーンズであるリーバイスによって，いまや商品化されている。ミネアポリスのスケーターのひ

とりであるMNは，スケータースタイルが主流文化に普及するようになってから，ダブダブさのひかえめなズボンをはくようにしていると打ち明けてくれた。彼のスタイルが主流文化に合体されたとき，そのスタイルはパワーの喪失を経験したのである。このスケータースタイルが彼のサブカルチャーの真正性を維持するために発展したとき，パワーの変化が起こった。パワーはサブカルチャーにとってかけひきのプロセスである。

　スタイルは，サブカルチャーの最も直接的なコミュニケーションの形式である。しかし，若者のスタイルは，時間と場所を越えてさまざまに解釈されやすいので，その意味の構造は複雑なものとなる。グッチやシャネルのようなデザイナーエンブレム[*3]のコピー商品からなる80年代のヒップホップの服装の一例は，トミーフィルフィガーや他の幅広のズボン（phat gear[*4]）を着る最近の流行とは，スタイルの上で異なる。同様にギャングラップのポリティクスは，郊外の若い白人に対抗する都会の若い黒人によって違う解釈がされている。そのような光景や音楽から作り出される意味は，ジェンダー，民族性，社会・経済的背景から明確に理解することができる。

　トリシア・ローズ（Rose, 1994）は，著書『ブラック・ノイズ』のなかで，アメリカ社会におけるラップ音楽と黒人文化を調査した。特にラップコミュニティの若い男女間に存在するパワーの闘争に興味をもった。彼女は，黒人女性のヒップホップの服装は労働者階級ないし黒人の若者の美学を反映していると主張する。彼女らに特有の服装は，ミュージックビデオで見られるような女性を性の対象としたことへの抵抗であると同時に，支配的な主流文化のなかに文化的認知度を要求する試みでもある（Rose, 1994, p.170）。この例では，ラップコミュニティのメンバーとメンバーでない人の両方とのかかわりにおいて，服装という視覚的存在は，若い女性によって可能となるサブカルチャー空間を生み出すのである。

　私が調査した特徴的なサブカルチャーの要因は，現在のテクノカルチャー空間にしっかり根をおろしている。科学技術の概念形成の発展あるいは最近のテクノカルチャーの技術によって特徴づけられる文化は，フラクタルなものとして描かれる。つまり，コンピュータ，外見，電子音楽，幻覚剤，ドラッグ，快楽主義的儀式を通じて現実を構築する非線形な手段として描かれるのである

(Rushkoff, 1994)。一般に，文化がそのようなポストモダニズム的な考えを示唆する一方で，この文化は彼らの世界の別の見方を含有している。これらの教義を実践するサブカルチャー集団は，レイブ・コミュニティと一般的にいわれることが多い。

◆◇ 解釈学的研究

1995年および1996年に，私は，アメリカの中西部に位置するいくつかのレイブ・コミュニティで参与観察を行なった。現地の生活に入り，行事に参加したり逸話を集めたりすることを緻密な観察（close observation）という（van Manen, 1990）。この調査では，まず，レイブ・サブカルチャーがいかにテクノカルチャーを反映しているか理解を深めるために，レイブ・サブカルチャーについて熱心なインターネットウェブサイト，討論リスト，チャットラインを調べた。人々が主観的判断でスタイルを経験する方法を理解することは私の調査の基礎となるため，調査の形態として解釈学的な科学的観点の採用を選択した。そして，会話からイベントでの生の体験を解釈するという方法で，スタイルが若者の経験をどのようにまとめるかを理解した。参加者としての私自身の生の体験は，その解釈において確かな説明要素となった。レイブ・パーティでは，ほの暗いライトと大音量の音楽といった状況で文書調査は可能ではなかったので，正式なインタビューを行なうことはできなかった。また，イーブンファーザーの天候は，写真を写したり，会話を録音したりするのに不適切であったので，私はこの特徴的なイベントを解釈するために，緻密な観察と情報を記録するためフィールド・ノートを書くという技法を用いた。

◆◇ アメリカにおけるレイブ・シーン

2年にわたるフィールドワークの間，さまざまなサブカルチャーを観察した。私が参加したレイブ・パーティは，それぞれサブカルチャーの形態によって独特の雰囲気をもっていた。それぞれのレイブ・パーティで生み出され，消費されるものは類似していたが，それらの要素の融合は多様であった。インターネ

ットウェブサイトのハイパーリアル・ドット・コム（Hyperreal. com）は，レイバー（レイブ・サブカルチャーのメンバー）によって制作され，維持されたテクノカルチャーの情報源である。彼らはパーティの概要を次のように説明する。

> パーティは，たいていは一晩中，一般大衆に開かれている。大音量のテクノミュージックが流され，多種多様のドラッグをしている人々も大勢いた（ドラッグは必須ではないが）。パーティに参加する人々の数は重要ではない。なぜなら，その数は50人から25000人の範囲にわたるからである。また，参加費も重要ではない。料金とパーティの質は関連がないからである（実感として，値段が高いほどパーティの宣伝が多く，質は下がる）。パーティのDJにはシャーマン，司祭，チャネラーがあげられる。彼らは，曲を選んだり，機器を操作したりする技術によって，踊っている人々を精神世界の旅へと導く。時には，幻覚を起こさせるような曲をいくつか合わせて1枚のタペストリーをつくるように，異なるリズムやさまざまな曲の一部分をつないで1つの曲にしたりした。パーティでは，基本的に感覚神経への過度の負担が強いられる。人々は，オーディオからの連続的な音，チカチカする視覚刺激によって，身体的，精神的に高揚した状態に変化するように仕向けられる。(Behlendorf, 1994)

レイブ・シーンは，精神的革命としてもみなされる。そして，人類の未来で最終的に可能かもしれないことへの希望にあふれた構想として，多くの参加者が継続的にその活動を追求した。これは，精神的なものと物質的なものとの相互作用を示す一方で，活動の4つの理想Peace（平和），Love（愛），Unity（団結），Respect（尊敬）の頭文字をとってP. L. U. R. とされた（Fogel, 1993）。イーブンファーザーのガイドラインは，P. L. U. R. のコンセプトを「われわれは，人々が広い心をもつよう変化する過程で，親切かつ積極的な態度をもって手助けをする」と説明している（プロモーション用チラシ；Even Furthur, 1996）。当時のレイブ・サブカルチャーを簡単に定義することはできない。むしろ，音楽，ダンス，服装，ドラッグおよびパーティの儀式的経験を含むイデオロギーの構成要素によって説明される。

レイブ・サブカルチャーは，1980年代後半にヨーロッパやアメリカで誕生してから世界中で10年以上成長し続けているスタイルであり，哲学であり，

第7章　イーブンファーザー

儀式である。テクノミュージックの起源がどこなのかが議論されるように，レイバーは最初のレイブ・パーティがどこで行なわれたのか，スペインなのか，イギリスなのか，またはどこかのアメリカの都市なのか論争している。私がフィールドワーク中に参加した最も大きいレイブ・パーティは，イーブンファーザーである。イーブンファーザーは，この創造的革命の典型例である。以下に私は中西部のレイバーが最も賞賛するテクノカルチャーの集会を説明することとする。私は，このスタイルをした4000人もの若者がどのような経験をしたかを調査したのである。

> 私たちは恋人たちのように何にも邪魔されないよう目を閉じ，甘い感覚が強烈におしよせてくるのを待っている。私たちは再び，創造性，落ち着き，皮肉のためにそのステージを用意した。若くて情熱的ないちばんいい時期に詩的に戯れるために。急いで！今こそ，人間らしく生きる時だ！花をじっと見つめよう，蝶々が現われる前に。急いで！感情に任せて，集まる準備を始めよう。（イーブンファーザーのプロモーション用チラシ[*5]；Promotional Flyer, Even Furthur, 1996）

中西部のレイブ・シーンでは，イーブンファーザーという4日間にわたるエレクトロニックフェスティバルが行なわれていた。このイベントは，ミルウォーキー，ウィスコンシン・テクノ・レーベル，ドロップ・バス・ネットワークによってプロモーションされた（図7.1）。イーブンファーザーは，1994年以来，記念の週末の習慣として行なわれている。私は1996年5月24日から27日までウィスコンシンのゴサム（Gotham, Wisconsin）のキャンプ場で行なわれた，3回目のイーブンファーザーに参加した。このイーブンファーザーは科学技術と自然が収束する場といえる。何千もの若者が雨の降りしきるなか，泥にまみれ，さまざまなジャンルのエレクトロニカミュージック[*6]，たとえば，テクノ，ハウス，アシッド，ガバー，ジャングル，トランス，ハードコア，アンビエントなどを聞き，踊ることに没頭していた。このキャンプ中，車，トラック，バンなどの乗り物が，テントとキャンプファイアーの周囲に駐車されていた。プロジェクターから発射されたレーザー光線が雨のしたたる空をライトアップするのをながめるために，パーティの遊び時間にトランポリンを用意する者もい

◆図7.1 ドロップ・バス・ネットワークによりプロモーションされた「イーブンファーザー」のチラシ

た。タバコ、エクスタシーやLSDといったドラッグが散在し、窒素ガス入りの風船がとんでいた。新旧問わず友人たちの間では絶え間ない抱擁やキスが交わされていた。参加者の服装はヒップホップからヒッピーまで多様である。イーブンファーザーは、さまざまなタイプの若者とスタイルの交差という文化の教義を表わすと同様に、レイブ・サブカルチャーの説明しがたい性質を反映している。「ニューヨーク・タイムズ」は、イーブンファーザーには12歳から30歳の人々が、レイブ・サブカルチャーの服装やグレイトフル・デッドのファンの服装をして集まっていたと伝えている（Strauss, 1996）。しかし、服装は、一般にレイブやヒッピーを連想する幅広ズボンや絞り染めのシャツだけに限定されていたわけではない。レイブ・サブカルチャーのファッションは、かなり多様でユニークな趣向が凝らされている。この特別なイベントにおける装飾として、男女の若者の両方で、ボディコンシャスなクラブウエアと厚底靴、それに入念に施された化粧が用いられた。きわめて幅広のズボンやジーンズは、ほとんどが手作りか既製服のリフォームである。地面に座り込みドラッグをしたり、高価な運動靴をおおったりするためにズボンは幅広で長くされている。フ

ード付きのスエット，グラフィックイラスト付きのオーバーシャツ，トミーフィルフィガーやポロのシャツ，ちびTシャツ，ナイキやアディダスのようなスポーツロゴが，綿，メタリック，ニット素材で着用されていた。また，レイバーは，ボディピアス，タトゥー，ペインティングをさまざまな部分にしていた。髪の毛は，短いか長いかのどちらかで，アフロスタイルの者もいた。そして，青，ピンク，オレンジなど多様な色に染められていた。ウイッグや，野球帽をかぶったり，頭を隠すためにフードをかぶったりする者もいた。食べ物や飲み物，キャンディ，タバコ，違法のドラッグ，トイレットペーパー，見たり踊ったりするのに使うグロースティック，たくさんの小物などを持ち運ぶためにさまざまなリュックが使われていた。多くの古いスクーラー[*7]（skooler）つまり，長年レイブ・シーンにいる人々は，衣服の重ね着，雨天用カッパ，ハイキングブーツ，ロールアップジーンズといった自然の環境に適した服装をしていた。

　キャンプ場は泥だらけの丘と道のなかにあった（私が話した人々は去年も同じ状況であったと話してくれた）が，たいていの参加者は，身体的快適性を超越したファッションを選び，自分の好みの服装をしていた。レイバーになるということは，日常からの完全な精神的，身体的変容である。パーティで流れている音楽が昼近くにおだやかなアンビエント調に変わると，参加者は夕方まで眠りに戻る。そして，再び起き出し，ズボンの裾や靴の汚れを取り，その晩のパーティのための準備をする。多くの参加者が，踊ることとエクスタシーのようなドラッグを使用することは，服装に影響すると教えてくれた。ルーズで綿の衣服は激しいダンスをする時に着用すると，とても心地よいし，体に心地よく感じる手ざわりの布は，ドラッグによる幸福感を増すといっていた。服装は集団的なスタイルではなく，それぞれ個々に独特のスタイルの混合である。服装スタイルは，スケーター，クラビング[*8]，ヒップホップといった週末以外のライフスタイルに影響されていた。

　『ストリートスタイル』のなかでポレマス（Polhemus, 1994）は，90年代のこの種のサブカルチャーの混成を種族の集まりと説明している（p.128-129）。すべてのサブカルチャーはメディアの侵入の経験を共有し，したがって，サブカルチャーの真正性を維持しようと主流文化と闘うために結合したと論じられ

ている。その闘いにおいて，スタイルとイデオロギーは，レイブ・シーンでみられるような新しいサブカルチャーを生み出すために当然融合すると主張した。さらに，『スタイルサーフィン』のなかでポレマスは，サブカルチャーは近代の風潮の特徴である分類とラベリングを回避するため，紛らわしくまた複雑な外見を計画的に提示することに発展すると主張した（Polhemus, 1996）。こういったタイプの外見管理は，均質性からの逸脱であり，それは視覚および口頭による言説を介して取り決められなければならない意味の隠ぺいと暴露の両方を個人に可能にした（Kaiser et al., 1991）。外観上，イーブンファーザーは，この両義性を反映していた。さまざまなスタイルの人々がレイブ・サブカルチャーと電子音楽のパーティに現われたが，スタイルにともなう経験は多様である。服装の選択から，訪れる音楽テントの選択まで，パーティの参加者は，この4日間，文化による規制に強いられず自由に彼ら自身の本質を築き上げることができたのである。

イーブンファーザーで示された大規模なスタイルの提示は，抵抗の空間を生み出し，また，社会的変革のためのたとえとしての役割を果たすために，公的空間というよりは私的空間で行なわれた。ヘブディジ（1997）は，われわれは一般的に，若者のサブカルチャーの活動のなかに一定の革命を見つづけていると言及する。彼は次のように述べている。

> 新しい集合体の形成，新しい社会的・性的存在の形態，そして権力と抵抗の新しいかたちを目のあたりにすることとなる…こういったパワーの変化は，アイデンティティや行為の共通の形態に基盤を与える古い文化的伝統が，崩壊させられたり，侵食されたりし，新しいスタイルが現われることを意味する。勢力が新しい方向に展開するときに，新しいかたちの無力が生み出され，そして新しいタイプの抵抗が出現することになる。
>
> この抵抗というのは，既存の文化的パラメータの外側あるいは，既存の範囲の外側，ある種の休止の空間を勝ちとろうとする試みとして考えられる。それらは，主流の価値体系に対抗する一部の若者の集団行動としてとらえられたり，ある若者集団が，いずれは無力なものになる主流の定義に反対したり，交渉をいどんだり，また勝負したり，変えたりする形態としてとらえられる。
> (Hebdidge, 1997, p.403)

第7章 イーブンファーザー

　サブカルチャーに権利が与えられるということは，イーブンファーザーで観察されたような新しい審美的表現に現われると議論されている。モルガド（Morgado, 1996）は，ファッションとポストモダニズムとの議論のなかで，若者のサブカルチャーは，「権威に対するポストモダニズム文化の拒絶の表現と，純粋な差異の原則の受容の表現として説明されるだろう」と述べている。そして，「この状態は，社会から締め出されたグループやその反対運動をつつみこむことであり，活気づけることであり，文化に新しい活力を与えることである」と続けた（Morgado, 1996, p.49）。

　レイブスタイルをとおして社会的空間を統制することは，最も視覚的根拠となる服装の審美性におけるモダニズムからポストモダニズム的解釈への変化を表わす。モルガドは，ポストモダンの服装には着用者がどんな人かを判断できるという特徴があると断言する。まず，その外見において，もとのデザインとそのデザインの変化の先は，過去のもののリサイクルであったり年代がまぎらわしいものであったりすると考えられる。次にファッションの変化は，モダニズムの律動的なサイクルと比較して気まぐれであると解釈される。審美的コードや伝統は，どのように服装を着用し，組み合わすかに挑んできた。そこには，単純で統一感のあるものと比較して，スタイルと織物の不調和や装飾が存在している。そして最終的に，以前は重要視されていなかった多くのスタイルが共存するようになると，年代，ジェンダー，人種，地位の文化的カテゴリーはゆがめられるようになる（Morgado, 1996, p.48）。

　イーブンファーザーでは，サブカルチャー的で歴史的ファッションスタイルの要素は，グレイトフルデッド運動（The Grateful Dead movement）の影響を受けた絞り染めシャツ，スケーターやヒップホップ信奉者によって初めて用いられた幅広ズボンや，60年代ファッションを修正したヒップハンガーズボン，厚底靴のようなダンスクラブドレスの着用のなかに示されていた。ふつうは幼児のものとして考えられている，おしゃぶりを首のまわりにつけたり，口にくわえたりしている者がたくさんいた。動物のぬいぐるみやリュックサックを持っている者もいたし，ペロペロキャンディなどのキャンディ類をずっと食べている者もいた。

　レイブ・パーティのファッションの変化は加速され，ファッションサイクル

を確定するのがむずかしくなる。人々は，既製服，リフォーム服，あるいは手作り服による折衷的な服装を選んだり，パーティごとに別々のコスチュームを選んだりというような着装行為をとる。体に合ったサイズを着るという従来の価値観は，小さすぎるシャツ，大きすぎるズボンを着ることによって挑戦を受ける。さまざまなピアスで身体を飾り，過度なメーキャップやキラキラしたもので顔をペインティングすることで，その他の西洋の審美的コードも挑戦を受ける。ここでの服装というものは，ジェンダーの区別を表わすものでもなく，特定の民族性を明示するものでもない。

　服装スタイルは，レイブ・サブカルチャーの他の要素も織り交ぜている。服装と同様に，電子音楽は，繰り返される音楽の一部分やさまざまなリズムとビートをつなぐ原曲のアレンジである。そのパーティは，参加者が集団の波動として定義したものに到達するために個別のダンスや魂の探求の儀式に参加するといった，古代の儀式にルーツがあると考えられる。イーブンファーザーの位置づけは，科学技術と自然環境の相互作用において，人工的世界と自然世界の諸側面を結合することであった。こういった結合の状況を経験することによって，卓越性を模索する社会的集団はパワーを獲得していくのであろう。

要約と結論

　パワーは，すべての文化的産物の固有の役割を担う。若者は，自分たちの社会的立場が低いことを理解しているので，彼らが社会の隅に置き忘れられた存在であるということは，創造的な発展とファッション革新の原動力となる。イーブンファーザーのスタイルによって明示された審美的表現のポストモダンの見通しは，これらのレイバーがモダニズムの教義から逃れ，彼らのリアリティを構築する新しい方法を探し求めつづけるというようなサブカルチャーに力をふきこむ好機にある。ダンス，ドラッグ，儀式といった精神的実践と合体した服装や音楽の非線形な集合は，テクノカルチャーとしての要素を表わす。レイブ・サブカルチャーの哲学は，メンバーが集合的な全体としての役割を担うということを提案するが，私は特にレイブ・サブカルチャー内のジェンダーを含めた力関係を探求するさらなる調査の必要も示唆したい。パーティは週末の参

加に限られているので，パーティと日常生活に戻った時との間に緊張は存在するだろう。若者のサブカルチャーおよびそれらの視覚的なスタイルの研究によって，われわれは新しい文化的展望を学ぶことができ，構成要素のブリコラージュをとおして描かれるだろう未来のためのいっそうの準備を可能にしてくれる。つまり，若者スタイルをとおしてパワーは，新世紀に向かう社会的変革のひとつの文化指標とみることができるだろう。

注

* 1　親文化は，より小さな文化が集まって構成される文化を意味するもので，ここでは若者たちはより幅広い社会的なネットワークとの関係という点からみられている。さらに詳しくはホールとジェファーソン（Hall & Jefferson, 1993, pp.13-17）を参照。
* 2　Furthurはわざとつづりが違えられている。その名前は，1960年代に，ケン・ケシーとメリー・プランクスターズ（1960年代のヒッピーグループの名称）が乗り回していたバスにプリントしていたのと同じ単語だったので広められた（Strauss, 1966）。
* 3　ヒップホップのサブカルチャーアイデンティティは1970年代後半以降の音楽，ダンス，服装のさまざまなスタイルから生まれた。1987年，ラップアーティストのエリックとラキムは，グッチやルイ・ヴィトンのような高級ブランドのスポーツウエアを着ているとみられていた。このファッションは，すぐに，デザイナーエンブレムをプリントしたTシャツを着るというストリートの流行に反映された。
* 4　ファット（phat）という言葉は，レイブとヒップホップの極端なバギーパンツスタイルを描写するのに使われた。
* 5　チラシは革新的なグラフィックデザインを使って，近々催されるレイブパーティの参加をプロモーションする宣伝方法である。
* 6　エレクトロニカ（electoronica）は1分あたりの拍によって定義される多くのジャンルからなる音楽の種類である。
* 7　オールドスクーラー（old skoolers）という用語は，schoolという単語の表音のつづりである。この用語は，何年もレイブ・パーティに参加している参加者と，最近参加しはじめた参加者とを区別するために使われる。
* 8　クラビング（clubbing）は，頻繁にダンスクラブへ行く若者に与えられた表現である。自分たちのことを「クラブキッズ」とよぶ。

第8章
女性たちの外見管理と社会的勢力[*1]

Nancy A. Rudd ● ナンシー A. ルッド
Sharron J. Lennon ● シャロン J. レノン

　社会的に構築された美についての考え方は，個人や集団が自らの外見をどのような方法によって表現するかのなかに明示される。われわれが自分の外見をどのように評価するか，そしてそのような評価にともなって生じる自己の価値感情や社会的勢力感には，個人的要因および文化的要因が影響している。外見と人間行動といった広範囲な領域に興味をもつ研究者は，身体が外見管理行動をとおして修正されるプロセスを研究している。

　人間の身体は自己を反映するもの（Fallon, 1990）として経験され，またそれは全体的な自尊感情に顕著な影響を及ぼす（Cash et al., 1986；Lennon & Rudd, 1994；Striegel-Moore et al., 1986）。特に，自分の身体に関してもつ心像であり，またそれに対する感情的反応としての身体像は，従来より多くの研究者の関心の的であった（Brown et al., 1989；Jackson et al., 1988；Lerner & Javonovich, 1990；Thompson & Heinberg, 1993）。なぜならば，身体像におけるゆがみが，多くの女性を悩ます身体像不安において，重要な役割を果たすものだからである。

　有害ともいえる外見管理行動の出現や広がりのなかで，魅力的な外見を維持し，それを得ようと懸命に努力することには高価な代償を払わなければならないことは明らかである。思春期前から，女の子たちは外見が自らの成功や他者

への影響力の行使に関していかに重要なものであるかを学ぶ。また彼女たちは，文化的理想（Orenstein, 1994）に近づこうとし，そしてそのような外見が生み出すいくらかの報酬を手に入れることを目的として，自己の外見をチェックする方法を学ぶ。たとえば，思春期にいるすべての女の子のおおよそ66％は，自分の体重に不満感を抱いており（Moore, 1993），そのことが食行動の異常（Nasser et al., 1992）や自尊感情の低下（Orenstein, 1994；Pipher, 1994）を生み出している。女子大学生の間では，28％（Rudd & Lennon, 1993）から60％（Mintz & Betz, 1988）の人たちが身体像にかこつけた危険な行動をとっていると研究者はみている。さらに，拒食症，過食症，その他の身体像関連障害の発生が，米国において増加している（Halmi et al., 1997）。たとえば，女性における拒食症の顕著な増加は15歳から24歳の間でみられ（Hill, 1997），また断食は，10歳代の女の子たちの20％から40％あたりに認められることが報告されてきた（Moore, 1988；Whitaker et al., 1989）。身体像への関心は一生涯続くが，それは子ども時代や思春期におけるボディ・モニタリング（他者に対する身体提示の統制）や外見管理にかかわる初期の経験によって形成されるようである。

　自分自身についての勢力感と快適感は，密接に関連している（Freedman, 1986, p.75）。したがって研究が示すように，もし大部分の女性が自分の身体に不満を感じるならば，彼女たちはおそらく社会的状況において勢力のなさを感じることであろう。この章では，ダイエット，運動，化粧品の使用，髪の毛の手入れ，被服の使用，美容外科の利用といった女性たちの外見管理行動とのかかわりにおいて，彼女たちが自分に対していかに有能感をもつかについて検討する。一般的には，外見を管理するためにとられる行動は，おだやかなもの（たとえば，日々の手入れ）から極端なもの（たとえば，食異常行動）まで，広い範囲に及んでいる。自分が有能であるという感情は，このような外見管理の行動をとおして，理想的な外見と現実の自分の外見とが一致することによって獲得されることを論証しよう。生活の多くの局面において勢力のなさを感じている人々にとって，自らの食事や活動レベルをコントロールし，それによって自分の身体サイズをコントロールできることは，勢力感や自己統制感を得る1つの方法である。しかしながら，勢力を得たいというそのような願望は，結

果として，精神的・身体的健康への大きな障害となり，また全体的な自己破壊にさえ通じるかもしれない。身体像と仲間からの圧力，性役割観，文化的影響力，異常行動といった諸変数の間の複雑な関係を検討するために，従来より研究者が用いた方法は量的手法であって，質的アプローチを報告する文献はほとんどみあたらない。しかし質的アプローチを用いることによって，女性たちが自己の身体についていだく複雑な感情を知ることができ，また勢力と結びついたなんらかの動機を明らかにすることができるはずである。女性たちを対象にした本研究の目的は，次のようなものである。(a) 身体像への満足度と外見管理行動を探究すること，(b) 勢力感との関連も含めて，外見管理行動に対する動機を調査すること，(c) 外見と自尊感情との間の関係を吟味すること。

◆◇◆ 理論的フレームワーク

■魅力の重要性

　20世紀後半のアメリカにおいて，人々は魅力的な外見をもつことに対して称賛を受け，またそのための努力をしている。特に，女性にとっての魅力的な外見は，通常はやせていること，あるいは少なくとも太っていないことを意味し，また顔立ちの魅力のような一定の限られた身体的特徴をもっていることを意味していると考えられている。魅力的でない人に比べて，魅力的な人はすすんで雇用され（Cash & Kilcullen, 1985），デートの相手として積極的に好まれ（Walster et al., 1966），また仕事のできもよいと評価される（Landy & Sigall, 1974）。さらに，魅力度の高さは対人的相互作用に影響する。魅力的な人々は，販売をいっそううまくこなし（Reingen & Kernan, 1993），他者に対していっそう強い影響力をもち（たとえば，Chaiken, 1979；Pallak, 1983），他者からの援助をいっそううまく引き出せるようである（たとえば，Benson et al., 1976）。さらに，大規模な全米調査によれば，客観的に魅力的であると評価された人々が受け取る年間給与は，客観的に魅力的でないと評価された人々の年間給与よりも有意に高い（Hamermesh & Biddle, 1994；Roszell et al., 1989）。このように，さまざまな方法で，人々は魅力的な人をいっそう好んでいる。

　ハットフィールドとスプレッチャー（Hatfield & Sprecher, 1986）によれば，

魅力的な人が好まれることに関して,少なくとも3つの理由が存在する。第1の理由として,魅力的な人々が美的訴求力をもつこと,すなわち,美的な世界に浸ることに人々が快感を経験するのと同じように,美しい人々に接することに人々が快感を見いだすことである。第2の理由として,外見は,人の内的特性についてのわれわれの推論内容に影響することである。魅力的な人々は,単に魅力的だという理由だけから,多くの肯定的な内的特性をもっていると見なされる (Miller, 1970)。第3の理由として,われわれは魅力的な人々といっしょにいたいと願うことである。なぜならば,魅力的な人々といっしょにいるときには,われわれの自尊感情や地位が増大するからである。このことは,美しい女性をともなっている男性の場合に特にあてはまるが (Sigall & Landy, 1973),魅力的な男性をともなった女性の場合には必ずしも該当しない (Bar-Tal & Saxe, 1976)。以上のように,美しい女性は男性に対して貴重な交換価値をもち,そのような交換価値をもった女性は社会的勢力を行使できるであろう。

■社会的勢力

対人的勢力を研究するための最もよく知られた枠組みは,おそらくフレンチとレイヴン (French & Raven, 1959) によって提示され,後にレイヴン (1965, 1992, 1993) によって更新されたタイポロジー(類型論)であろう。それによれば,社会的勢力は,特定の影響力ある人物の行為の結果として,ある人物の信念,行動,あるいは態度を変える可能性として定義される。またこのタイポロジーは,影響力をもった人物が他の人物に変化を引き起こすために使うことのできる手段を示している。タイポロジーのなかで,報酬勢力の源泉は賞与のようなはっきりしたものか,個人的な承認のようなはっきりしないものかのいずれかのかたちでの,他者に報酬を与えることのできる能力である。強制勢力の源泉は,罰を与えることのできる能力であり,たとえば,高速道路警察がドライバーを停止させたり,交通召喚状を出すことができるようなものである。正当勢力の源泉は,影響力ある人物が行動を規定する正統な権利をもっているという信念に基づくものであり,たとえば,小さな子どもが親の影響を受けざるをえないと感じるような場合である。そして専門勢力や情報勢力の源

泉は，影響力ある人物が保有する知識である。すなわち専門勢力の場合には，影響力を受ける人物は，たしかに当人がその専門的知識を理解していないかもしれないけれども，影響力を行使する人物が専門的知識をもっているだろうという信念に基づいて従っている。たとえば，以前においては特にそうなのだが，医者は患者にある種の行動は不健康的なのでそれをやめるように忠告し，患者も通常は，医者が専門家であるがゆえにその忠告に従う。他方，情報勢力の場合には，影響を受ける人物は，特定の情報提示が説得力をもつがゆえに，そのような情報を提示する人間に従っている。今日，なぜ特定の行動が不健康なのか，そして自身が変わることを選択するのかどうかを説明する医者に患者が従うのは，そのような情報の提示が納得できるがゆえに，患者は確信をもってそうしている。最後に，準拠勢力の源泉は，影響力ある人物がなんらかの意味において立派で望ましいという事実にある。たとえば，スポーツの人気選手はスポーツをしたいという欲求をもった若者に対して準拠勢力をもっている。

　これらの勢力のひとつである報酬勢力は，魅力の話と密接に関係している。異性間のデートやつきあいの関係において，男性は女性に身体的魅力があることを非常に好ましいことと考える（Buss, 1989；Buss & Barnes, 1986）。したがって美しい女性が男性に寄り添っているとき，女性の魅力は，寄り添われている男性にとって報酬となる。このように，男性にとって女性の魅力には価値があるので，魅力は女性にとって間接的な勢力となるであろう。

■勢力の源泉

　フリードマン（1986）は，社会的勢力を得るために美しさを利用することに女性たちが葛藤を抱いていると指摘する。たしかに魅力は，女性がその社会的環境に対してもつ間接的な勢力を高めるであろうが，他方では他者から重要な存在として扱われなくなり，結果として，女性にとって直接的な勢力を削いでしまうことになる。フリードマンは，2つのタイプの勢力を区別している。ひとつは，他者への直接的な影響力である実効勢力であり，それには攻撃も含まれるであろう。もうひとつは，他者への間接的な影響力である快楽勢力であり，それは人の外見，色香，表情，知識などによって獲得される。フリードマンによれば，快楽勢力は，それが身体装飾をとおして高められることから，しばし

ば操作可能で信頼のおけないものと考えられている。「真実の」勢力（たとえば，直接的な実効勢力）は，単に魅力的で人を引きつけるから生まれるのではなく，評価が高く，有能で，力強く，健康的な人物であることから生まれる。

　動物のなわばりにおいても，実効勢力は威嚇によって示され，他方，快楽勢力はめだち，したがって注意を引きつけることによって達成されるであろう。人間の場合でも，攻撃的で威嚇的な行為は男性的なもので，それは女性にとって値打ちのないものと考えられ，逆に従順な行為は女性的なもので，それは男性にとって値打ちのないものと考えられる（Freedman, 1986）。実効勢力は，男性にとっては身体的能力，お金，あるいは権威をとおして容易に獲得できるものであり，快楽勢力は，女性にとっては魅力や色香をとおして容易に獲得できるものである。このようにして，魅力は，女性にとって他者への社会的勢力ないし社会的影響力の第1の源泉となりうる。そして女性がたとえ実効勢力をもっていたとしても，この勢力が歴史的に女らしくないものと見なされてきたがために，この勢力をもつことによって自分の美しさに注意を集めること（快楽勢力）を犠牲にしなければならないと感じるであろう。たとえば，企業や大学の最高経営責任者（CEO）である女性は，たとえ彼女がそのような責任ある地位を任されるだけの知力，仕事への動機，専門的知識（つまり実効勢力）を明白にもっていたとしても，魅力的に外見を演出するために（つまり快楽勢力を示すために），ファッショナブルな服装をし，ヘアスタイルに気をつけ，また完璧なメーキャップをすることにも特に注意を払わなければならない。彼女は，もし仲間からすてきな外見の人物ではないと見られるならば，実際に社会的勢力が劣っていると感じるであろう。美しさに関してのこのような入り交じった期待によって，自分自身の美しさについての複雑な女性感情が生まれる。特に，男性が高い地位を占めるようなジェンダー・フリーでない世界で勢力を得ようとする場合には，自分自身の美しさをいかに高めるかについての複雑な女性感情が発生する。

　勢力に関するフリードマンの解釈の問題点は，女性の行動を判断する基準として，一般的な「分別のある男性」（たとえば，普遍的で標準的な男性）を引き合いに出すことである。米国の文化のもとでは男性が規範を示し，女性は男性の行動を判断の基準にする（Tavris, 1992）。換言すれば，われわれは，女性

の行動を男性の行動との関連において説明されるべきものであると考えている。たとえば，男性は女性に比べて自分の行為にうぬぼれ，自分の行為を過大に評価しがちであることを指摘することで説明できなくもないが，女性は男性よりいっそう自尊心が低く，自信に欠けている（Tavris, 1992）。たしかに勢力というものを定義すると，影響を及ぼす能力ということになるが，一定の社会において，われわれは直接的な実効勢力を，いくぶん消極的で間接的な快楽勢力よりもいっそう肯定的で，好ましく，真実のものであると判断しがちであろう（Raven, 1992）。事実，女性たちは，伝統的に男性的と考えられる自己主張的行動をとることをためらう。たとえば，最高裁判所に提訴された性差別事件（*Price Waterhouse v. Hopkins*, 1989）において，アン・ホプキンスの提訴は，彼女が働く会計事務所でのパートナーシップを理由に却下された。そして彼女の行動は男っぽく，がさつで，攻撃的であると述べられた。彼女を助けようとしてホプキンスに対する裁判所の決定の理由を説明した仲間は，彼女に「もっと女らしく歩くように，もっと女らしく話すように，もっと女らしく着飾るように，化粧をするように，ヘア・スタイルに気を配り，装飾品を身につけるように」と忠告した（*Price Waterhouse v. Hopkins*）。結局は勝訴することになったのだが，ホプキンスは，男性仲間が他の仲間にしたと同様な行動をとったことから提訴を棄却されたのである。いかなる勢力も力がないことよりはましであるし，また男にとって報われる行動が女にとっては報われないということから，女性たちは他者への勢力あるいは影響力を獲得するために，自分たちに許された主要な手段である美しさや色香による魅力を探求することになるであろう。

　ところが，このことは，社会的勢力を獲得する必ずしも容易な道ではない。米国の文化では，女性の美しさは価値であり，それに関して厳密で非現実的な美の基準が設けられている。結果として，女性たちは自分の顔かたちや体形の魅力について大きな不満を抱くであろうし（Sanford & Donovan, 1984），必然的に害になるような外見管理行動にも専念するであろう。デービス（Davis, 1995）は，女性たちが，一方で社会的に性差のある世界に生きながら，他方でどのようにして勢力を行使できるのかを説明する興味深い理論を展開している。美容整形手術を行なうことを決心した多くの女性に聞き取り調査をしたあとで，デービスは，次のように結論づけた。つまり女性たちは，美の理想的な基準を

得るためよりは，自分の外見を他の女性と同一のものにするために手術をするのだと。たとえこれらの女性が自分たちをしばる，文化によって定められた美の基準を正しく意識していたとしても，彼女たちはいくぶんドラマチックなやり方で自己の外見を処理することによって，社会的環境の影響力や統制力を示した。彼女たちは，手術の決定によって社会的勢力をもてるようになると信じていた。ルッド（Rudd, 印刷中）が報告するところによれば，女性による化粧品の購入や使用は，外見管理行動から社会的勢力を得たいとの願望によって説明され，また現実の化粧品の使用が女性に対して個人的・社会的アイデンティティの獲得・強化をもたらし，それによっていっそう強い社会的勢力感情が生まれる。

　外見にかかわる社会的勢力についてのフリードマンの議論（1986）とレイヴンの議論（1992）を結びつけて，フリードマンは次のようにいっている。すなわち，快楽勢力は美しさを表示することからくるもので，女性にとって第1に利用できる勢力の源泉である。レイヴンによれば，快楽勢力は報酬勢力のひとつのタイプと考えられ，したがってそのような報酬勢力のおかげで，人は魅力的であることから恩恵をこうむるだろう。それに対して，フリードマンがいう，魅力以外の人的特性に由来する実効勢力は，レイヴンが分類した他のタイプの勢力（たとえば，強制勢力，正当勢力，専門勢力など）を含むであろう。

◆◇ 方　法

　私たちは，身体像に関して，女性の外見管理や外見認知にかかわる経験に興味をいだいた。そこでフォーカス・グループ・インタビュー（マーケティングリサーチで行なわれる事例研究法の一種）を行なうが，その目的は重要問題についての関係者の理解や展望を調べることである（Millward, 1995）。身体像概念がもつ意味をいっそう明らかにすることを目的として，7回のフォーカス・グループ・インタビューが，合計42人の女性に対して実施された。比較的自由に語らせるかたちの面接調査が行なわれたが，そこでの質問はかなり構造化されていた。この研究の目的は，当初は勢力を研究することではなかったので，特に勢力に関してなんの質問も行なわれなかった。しかし，インタビュ

ーをしていく過程で，参加した女性たちは，自らが知覚した身体的魅力度のレベルと社会的勢力とを関連づけるようなコメントを行なった。したがって，結果として私たちは，外見管理行動，魅力度，勢力の間の関係を調べることができた。参加した女性たちには，自分の外見管理行動の性質，美の定義，美の知覚や適切と考える外見関連行動に，だれが，また何が影響するのか，そして身体像が自分の価値感情や勢力感情にどのように影響すると考えるか，などについての質問が行なわれた。

インタビューは9か月以上にわたって，図書館や市民センターといったさまざまな公共施設において，最少4人のグループから最大で9人のグループに対して実施された。参加者は，身体像に関心を抱く，24歳から69歳に及ぶ女性であり，飛び込みの参加，社会組織への依頼，個人的な紹介などによって集められた。人種は，コーカサス系アメリカ人，アフリカ系アメリカ人，アジア系アメリカ人，ヒスパニック系アメリカ人であった。彼女たちは，VF（ヴァニティ・フェア）社からの基金によって供与された少額の礼金を受けた。フォーカス・グループ・インタビューの記録はおよそ1時間ほど行なわれ，当該の話題についての議論以外は許されなかった。2人のアシスタントがテープに録音し，後に，私たちが反応を分析した。質的データを分析するための解釈学的アプローチを用いることによって，われわれは反応のなかにある類似性を探索し，結果としていくつかの明確なカテゴリーを得ることができた。またわれわれは，これらのカテゴリーの意味に関してだけでなく，カテゴリー内に登場する一語一語に関して，意見の一致をみることができた。以下では，われわれの研究結果を例証するために，この一語一語も紹介してみよう。

◆◇ 全般的な結果

外見についての否定的な感情は，参加した多くの女性の場合，小学生時代のかなり初期から感じられ，思春期ではすべての女性によって感じられていた。参加した女性たちは，自分自身および他者が行なっている，きょうだい，クラスメイト，同学年の人，親友との比較のことをよく承知していた。小学生のころのこれらの感情に覚えがある人たちのコメントは，身長や魅力のような項目

に関しての世間一般の比較に焦点があてられたが，思春期のころの感情を語ったコメントは，月経の始まりや思春期にともなう緒変化（たとえば，バスト，ヒップ，ふとももサイズや体重増加など）のような特定の事象に焦点があてられた。家族，仲間，権威ある地位の人々といった重要他者が，彼女たちに社会的影響力を及ぼした。これらの他者がもたらす影響力は，しばしば外見管理行動に没頭させることをうながす要因として機能したが，この影響力はまた，自己価値を下げるようにもはたらいた。家族は，しばしば体重や全体的な外見について女性たちを冷やかした。友人，仲間，男性は，第8・9学年（中学2・3年）ごろ，強い影響力をもった。また学校の教員や保健婦も，しばしば公に，体重についてコメントした。医者は，ヒップのサイズ，減量の必要性，子どもの出産能力を身体サイズに関連づけてコメントしたが，女性に対するこれらのコメントは，医学的なものというより医者の個人的趣向を反映しているようにも思われた。女性からの1つの反応に，身体サイズに基づく職務差別があった。重要他者はまた，特定の外見管理行動がどの程度「ふさわしい」かに影響した。ダイエットは，手に負えない自分の身体をコントロールするための身近で一般的な行動であり，多くの女性はダイエットを行なっている母親のことや，ダイエット法についての友人や家族からのコメントを語った。このように，食事や運動のレベルをコントロールすることは重要なことであると考えられ，そのようなコントロールによって，自己制御感や実効勢力の幻想をいだくことができた。コントロール下にあるということは，たしかにそれから得られる勢力のタイプは快楽的ではあるが，少なくとも他者の影響に対してのアクティブな反応といえる。

　女性たちは，何よりもまず受け入れられたいと願うことから，身体像が自己の価値感情や勢力感情に影響すると考えた。自己の価値は，他者による現実の（すなわち言葉による）評価と推測された評価の両者を反映する。もし，自分の外見に対する他者の反応を思い通りに操作できない場合には，自分自身の行動を少しも制御できないといった感情を経験するであろう。たとえば，自己制御感は，次のようなコメントのなかに示された。体重を一定に保っていること，またそれによって得られる快感，危険があるかもしれないがあれこれとダイエットに励んでいること，（たとえこのサイズが4年前のものであっても）再び

12号を着られるようになるまでは新しい衣服を買わないこと，などである。このような自己制御感が肯定的な結果を招くのか，否定的な結果を招くのかについては，疑問も多いであろう。たとえば，これらのコメントをした女性たちは，食事や運動のレベルを強くコントロールし，そのようにして身体のサイズや形状を変えることによって，結果としていっそう大きな快楽勢力を手にすることができるが，同時にそのような考えは健康をそこなうリスクをともなうと思っていることであろう。

快楽勢力の例は，参加した女性が次のような報告をするときに確認された。すなわち，自分の外見が他者に快適な感情を与えたり，他者の注目を集めたりするという報告，あるいは外見管理についての個人的な決意をとおして他者に支配力を行使できるという報告，である。たとえば，ほほ笑みが他者を気持ちよくしたり，他者に安心感を与えるという認識が，勢力を生み出す。自分の外見が他者に否定的な影響を与えたり，不快を与えると考えている女性は，快楽勢力を欠いていると感じていた。年齢を重ねることや子どもの出産による身体サイズ，肉づき，身体プロポーションの変化は，典型的に語られた事例であった。否定的な結果をともなうであろうと述べられたその他の特徴としては，次のようなものがあった。小さな胸・臀部（1サイズ小さくなりたいという反応を含めて），体毛や髪の毛，メガネ着用，加齢とともに抜けるまつ毛。

質問から，次のようなテーマが検証された。すなわち，美の定義，身体像の芽生え，身体像とその影響力，身体像とその受容，身体像と自己の価値，外見管理行動，勢力と外見管理，勢力の葛藤。

■美の定義

参加した女性たちは，美が，内面的特徴と表面的外見との両者からなるものであると定義した。しかし，彼女たちの美の定義では，外見に関する特定の身体的側面よりは，むしろ健康，人格，活力，自己受容，成熟度，出産のような自己の全体的な特徴が強調された。内面的特徴は，たとえば，次のような言葉に示される。

　　私は，あなたの魅力の多くがあなたの人格に現われていると思うわ。(R52)

私は，自分のユーモアがある種の活力であると思うわ。(R54)

　　　私にとって，魅力的に見えるというのは…そう，最終的に私は，魅力的に見えることが自分自身について好感をもつことを意味するという結論をもつようになったの。だからあなたは，自分が美しいんだという自尊心を，人生においてものごとを成し遂げてきたという自尊心を，また1つの目標をもち，どこに向かって進んでいるかを把握しているという自尊心をもたなければならないわ。(R55)

　しかしこれとは逆に，身体のサイズ，顔かたちの特徴，あるいは筋肉のつき具合といった美の外面的な身体的特徴を，美の定義において重要であると述べた女性もいた。

　　　もし私が美を語るとするなら，それはスリムな身体であり，官能的な顔立ちや頬だわ。(R44)

　　　大人になる過程で，私たちは皆，ツィッギーのように見られたいと思うわ。(R42)

■身体像に関する初期の感情
　外見管理に対する社会的影響力は，若い時に始まった。参加した女性たちに対して，自分の外見が他者に影響すること（快楽勢力の可能性）を経験しはじめたのはいつごろかとの質問をしたところ，身体像の感情はかなり早い時期にいだかれていた。特に，小学校低学年のころの経験が詳しく語られ，そのなかには，年上のきょうだいとの比較や，クラスメイトとの比較，そして行事として行なわれた学校の身体計測における経験さえもが含まれた。早い女性では小学校2～3年から始まる思春期がまた，女性たちのバストが発達しはじめるころであり，自分たちと友達とを比較したり，比較されたりする重要な時期であった。友達によってからかわれることはよくあることであり，それには強制勢力の影響が示唆された（Raven, 1992）。いじめに関する文献によれば，少女たちは体重や体形についてからかわれることを少なくするために，拒食や過食といった食異常に陥ることが示されている（Fabian & Thompson, 1989；

Thompson & Heinberg, 1993)。外見と食事について家族からいわれることも，強制勢力として機能した。さらに月経が始まり，また体重が増えていくことは，身体についての感情にとって重要な他の側面であった。女性たちが語る次のような言葉のなかに，強い身体感情が読み取れた。

> 私は，小学校のころの，食欲旺盛な時期を，そして私がきらいだったあるスカートのことを覚えているわ。それはタイトスカートで，お母さんが作り，私にむりやりはかせたスカートのこと。まわりの子どもたちは私をひどくからかい，一日中私をいじめたわ。私は学校から泣きながら家に帰ったのよ。(R11)

> 小学校2年生の時，私はブラジャーをつけはじめたわ。そして3年生のころには，胸が十分に大きくなっていたわ。私は，そのことでいろいろいじめられたの，背もまわりの子よりは高かったから。私は，小さな巨人のように感じたわ。(R33)

> 私はいつも，太った中年の子どもだと言われたわ。(R36)

■身体像と社会的影響力

友人，メディア登場人物，親，配偶者はすべて，影響力をもつ存在であり，事実，それらの人物は女性たちに社会的勢力を行使した。また広告の影響は広く認識されていたが，スーパーモデルやファッション関係の出版物は一般的にはきらわれていた。社会的影響力のなかのあるものは意図的であったが，偶然の影響力もあった。意図的な影響力は，特定の個人を標的にし，その人を特定の行動に駆り立てようとしたものであった。女性たちが語った内容から，そこではたらいている社会的勢力のタイプを確定することは必ずしも容易でなかったが，次のコメントにもあるように，一般的に同僚や仲間の場合には強制勢力や情報勢力が，家族の場合には報酬勢力が確認された。

> 私が看護師の訓練を受けていた時，体重についてたいそう厳格な基準があって，その基準以上でも以下でも許されなかったわ。特に私はたいへん完璧な考え方をするほうなので，およそ9kgも減量したの。私が高校生の時は，63kgぐらいあったのよ。(R42)

私のおばは結婚して29年になり，髪の毛を切りたかったのに，夫がそれをきらったらしいわ。結婚前にも，彼女は髪をロングヘアーにしているように望まれ，それに同意せざるを得なかったらしいわ。また髪をヘアカーラーで巻いた状態でベッドに行かないことや，結婚記念日にはいつもウエディングドレスを着られる身体でいることを望まれたの。(R72)

　他方，特定の個人に向けられたものではなかったが，偶然の影響力があり，それが時として個人に大きな力を行使した。この偶然の影響力は，他者による無意識的な言葉やコマーシャルによる影響などであった。以下のコメントにみられるように，メディア登場人物は，女性たちに準拠勢力や専門勢力を行使した。

　　［社会的な影響を受けるのは］雑誌，テレビ，映画スター，コマーシャルからだわ。(R32)

　　子どもとして，私はふっくらして何の問題もなかったわ。今から考えても，実際にそんなに太っていたとは思っていないの。でも，実際にゆったりした服を着ていたことは覚えているわ。また，記憶にあるんだけれど，母親の友人が私に近づいて，こう言ったの。「どうして，キャロルはそんなにゆったりした服を着ているの」。彼女は，そのような服装がプライベートなもので，まわりの人に見せるような格好じゃないって言ったわけ。(R52)

　　身体像について私が以前に感じたどのような不安も，それはすべて雑誌からくるものだわ。雑誌のモデルのようになるためには，3号か，4号を着なければならないわ。(R53)

■身体像と受容

　女性たちが自分の外見の特定の側面について語るとき，あるいは大人としての自分の感情が10代の若者のころの感情よりはいっそう自分を受け入れていると語るとき，そこには明らかに自己受容の感情が確認できた。身体サイズの変化や出産といった身体にかかわる逃れることのできない経験をすることによって，自己を受け入れるような見方が生まれるようであった。したがってこのような経験をした女性の間では，自分の身体のありのままを受け入れるという

身体受容は，ある種の安心感とともに，フリードマン（1986, p.96）が指摘する，ある種の力強さの感情を生み出すようであった。

　　私は，最終的には，体重が人より重いということに慣れたのだと思う。3年から4年もの間，ずっとこのような体重だったから。(R52)

　　今を受けとめれば，それで十分だと思うわ。私はヒップが大きいの。私は高校時代，クロスカントリーのシーズンでは1日に24kmも走ったわ。だから体のどの部分よりもヒップが大きかったの。でも，しかたないことだったけどね。(R57)

　　私は，背の低くずんぐりしたスコットランド人であることをひどくきらってきたわ。でも私は，自分のそのようなプロポーションを正しく理解し，評価するようになってきたと思う。おそらく私は，自分の身体像についてある程度の安心感をもったんだと思うわ。(R56)

　　いま40歳なんだけど，ここ3年間に7kgぐらい肥えたの。それは少し悩みの種なんだけど，少し運動してみるといった努力はまったくしていないわ。また，もし自分が何を食べているか気をつけようとすると落ち込んでしまうの。だからキャンディーやケーキが欲しければ，なに気がねなく食べているわ。(R51)

　　歳を重ねるほど，私は子どもを出産した自分のこのヒップに満足していくわ。(R56)

ただし，このようなコメントがみられる反面，何人かの女性は，自分の身体を十分に受け入れることができず，次のコメントに示唆されるように，自分の外見のせいで快楽勢力をほとんど感じることができないと語った。

　　スリムな体に近づくまでは，女らしくなろうとはしないわ。(R44)

　　女性たちが望んでいないものすべてが私なの…力も強いし，腕ききで，筋肉質だし。(R42)

■身体像と自己価値

　身体像と自己価値との間には，密接な関係がある。大部分の女性は，自分の体重や外見に満足しているときには自己価値が増大することを認めた。しかし，それでも体重が増加したりあるいは身体の緒部分が年齢や出産によって変化するときには，自己価値も急激に低下した。自己価値は，現実の反映であると同様に，他者が下すであろうと考える評価の反映でもある。それはちょうど，太っているという理由から，試験を受けたどの企業にも採用が決まらないだろうと考える女性の場合のように。魅力的な外見をとおして得られる快楽勢力は，多くの女性にとって重要なものであった。外見がもたらす自己価値がどの程度の割合であるかを数値で言うように求められたとき，その答えは0％から90％までバラついた。特定の出来事が，しばしば悲しみや怒りといった激しい感情をともなって報告されたが，次のように，これらの報告をした女性たちは自分のことを社会的勢力が小さな存在であると感じているようであった。

　　　私に対して関心をもたれたことは，完璧に仕事ができるということだったの。そして，仕事が見つからない時，いつも私の心にあったのは，自分は太っているということなの。(R23)

■外見管理行動

　参加した女性たちは，体重を標準に合わせて落とすことがダイエットであると考えた。そして，多くの女性は，なんらかのダイエットをしていると報告した。フリードマン（1986）によれば，ダイエットを含むすべてのかたちの外見管理行動は，快楽勢力を得るための試みと見なすことができる。2人の女性が過食と下剤使用を報告した。また女性たちは，お金を払ってさまざまな減量プログラムに挑戦していた。これらの行動が示唆していることは，ダイエット産業による広告が，なんらかの勢力，この場合にはおそらく専門勢力あるいは情報勢力を女性に及ぼしたということである。

　　　私はウエイトウォッチャーを利用したことを覚えているわ。スリムファーストと同様に利用したわ。それ以外には，大学生のころに，スティルマンダイエットも利用したわ。コテージチーズとハイプロテインだけでね。数か月も続け

たの。(R52)

> 私はジェニークレイグ・ニュートラシステムを利用したことがあるわ。それにスリムファーストやウエイトウォッチャーも。また，ダイエットセンターだったかな，何かそのようなものも。とりあえずそれらのすべてを利用したことがあるわ。(R53)

身体的な運動を増やすことは，減量に対する一般的な戦略であった。おきまりの運動や運動増強の計画もまた，一般的に実施されていた。ある女性は，食料雑貨店のすべての通路を上がったり下がったり歩くことによって，減量のための運動をしていた。

> 私はジャズ体操のような運動はきらいだわ。汗をかくことが好きではないの。でも勝利を競うのなら，汗をかいてもいいわ。だから今，私はテニスをやっているのよ。(R53)

参加した女性たちは，外見をきれいにするさまざまな活動を行なっていた。彼女たちはまた，危険な外科手術を，もし身体的な安全が確約されるのなら受けてもよいと話した。そのようなコメントが示唆するのは，これらの女性が，外見を変えることで自分を魅力的だと感じることができたこと，それによって報酬勢力あるいは快楽勢力を得ることができると考えたことである。

> 私は，マスカラ，アイラッシュカーラー，アイライン，頬紅，口紅，…その他，顔の汚れを落とすものなどすべてを利用しているわ。(R54)

> 私は，たぶんそれがまったく安全なものなら，乳房を大きくする手術を受けたいと思うわ。(R47)

> リップカラーは，そう，色落ちしにくいものがいいわ。(R51)

> 私は髪の毛をすてきに見せたいわ。…それは最低限のことよ。(R53)

■勢力と外見管理

　他の人に影響力を行使できる能力である社会的勢力は，外見管理に関係していると考えられていた。以下のようなコメントの一語一句が示すように，他者は，女性たちの外見管理行動や外見管理に対する態度に影響力を行使した。

　　　私の装い方を心地よく思わない友達がいるの。まったくのらくら過ごしているかのように見られて不愉快だわ。でも，時間の半分は運動教室で過ごすので，スエット・シャツを着ているだけなの。…友達は，そのような私の外見が気に入らないのよ。(R53)

　　　年々，歳をとり，子どもたちも大きくなりはじめた時，子どもたちは私にこう言ってくれたわ。ママ！　ママは年々素敵になっていくね。この言葉は，歳を重ねることについて，ほんとうに私を元気にしてくれたわ。(R51)

　　　おばはしょっちゅう私に，太っているねと言うのが口癖だったわ。そのように言うことが，彼女の私への接し方だったの。(R34)

　　　私は結婚しているわ。そして，いつも夫に魅力的な女性だと思われたいの。(R51)

　　　私は，まわりの人たちから若く見えるねって言われたいわ。(R33)

　何人かの女性はまた，自分の外見をとおして，他者の信念，態度，あるいは行動に影響を及ぼせる能力について語った。そのような影響力は，他者を気持ちよくさせること（報酬勢力および快楽勢力）からもたらされるであろうし，他者の注目を引くこと（快楽勢力）からもたらされるであろうし，あるいは自分の決定をとおして他者に支配力を行使すること（強制勢力）からもたらされるであろう。

　　　私のほほ笑みは，人々を気持ちよくさせるわ。(R53)

　　　私は大きなカーフスキン（子牛の皮）のくつをもっているの。…そして気づいていたことなんだけれど，高校時代，まわりの人はそのようなすてきなくつをもっていることをうらやましがったわ。(R31)

時々，私の夫がこう言うの。「いやぁ，きみはそれをいっこうに身につけないね。どうしてしないの。ぼくはそれが好きなのに」。(R51)

　女性たちは，また，外見についての個人的な勢力感情を報告した。この勢力感情はしばしば，外見に関して他者にアドバイスしたり（情報勢力），外見を変えようとする外圧に逆らうことに表わされた。このような圧力への抵抗が意味することは，人は通常自己統制下にあって，影響力の行使に関してしばしば他者は無力であるということである。

　　私は，ダイエットしていると公言することによってダイエットしているの。でも，けっしてダイエットなどしていないのよ。(R52)

　　私は，口の中に入れるものを疑うことなんてしないわ。このケーキが食べられないとか，友達と夕食を食べに出かけようとする時，ワインを飲むつもりがないなんて言わないもの。(R53)

　　当時，おばが私の子どもたちに太ることについてうるさく言いはじめたの。そこで，私はおばに言ったの。あなたが私に言ったようなことを子どもたちには言わないでねって。私は，自分の体についてはたいへん満足していたし，自信ももっていたの。彼女は口に出さないようになったわ。私はおばに，体のサイズなんて重要なことじゃないわ，あるがままがいいのよって言ったわ。(R34)

　離婚によって，経済的にも精神的にも強くならざるを得なくなった（すなわち実効勢力をもたざるを得なくなった）ある女性は，実効的なタイプの勢力と快楽的なタイプの勢力との間に生じる不安を口にした。

　　私はしばしば，女らしいことと女らしくないこととの間で悩んでいるわ。現実の生活では，私は女らしいことが何一つないと思いながら，それでも一生懸命に女らしくあろうと努力していて，ばかみたいに思うの。もがいているって感じね。(R42)

■**勢力間コンフリクト**
　何人かの女性は，多くの女性が感じるある種の無力感を口にした。その無力

感とは，文化的な外見規範に従って自分を変えたいという願望と，今のままで十分にすばらしいという感情との間のコンフリクト（葛藤ないし対立）からくるものである。これに関するコメントは，次のことを示唆していた。つまり多くの女性は，身体的な美しさ（快楽勢力）に関した厳格な規範に従うことから自分が評価されるのではなく，自分がもっている多くの個人的特性（実効勢力）からきちっと評価されたいという願望をもっていたことである。

> たしかに，私はやせたいわ。でも自分が見えているありのままの現実にも誇りをもちたいわ。あなたはやせようと努力する？　それとも自分自身について気分よくなろうと努力する？…もしあなたがやせなければいけないって感じているのなら，自分の身体について明らかに気分よく思っていないということね。思うんだけど，自分の体重について悩みをもつことは，自分自身について悩みをかかえることなのじゃないの。(R32)

> 女性に対してメーキャップ（化粧）することが期待されているということは，なにか腹立たしいわ。また，メーキャップする時はいつも，自分自身に対しても腹立たしく感じるの。なぜなら，自分のしわをそれで隠そうと思うから。…毎日メーキャップし，その結果として，まわりの人が私のことをまともな女性と見てくれることも，なにか腹立たしいわ。こうすればすてきに見えるとまわりが言うから，そうしているだけなのにね。(R55)

◆◇ 要約と総合

　フォーカス・グループ・インタビューに参加した女性たちは，外見，身体像，そして外見管理行動に関した自らの感情や経験を話題にする機会が与えられたことを楽しんでいるようであった。彼女たちは，美しいと見なされることからもたらされる社会的勢力を明らかに理解していた。外見の特定の側面によって他者に影響を及ぼせること（報酬勢力）は，適切で好ましい外見管理行動によって他者から影響を受けること（強制，専門，準拠，情報勢力）と同様に，広く認識されていた。多くのそれほど害のない外見管理行動や，害を及ぼす可能性のある特定の外見管理行動（たとえばダイエット）は，しなければならないという社会的な縛りを意識して受け入れられていた。これらの女性たちが行な

った外見管理行動は，ゆるやかなものから極端なものまで広い範囲に及んだ。ゆるやかな行動は，エアロビクス教室などでの規則的な身体運動や，仕事での歩きや走り，テニスやジョギングといった運動，健康食品の利用，そして化粧行為（わずかに口紅をつけることから濃厚なメーキャップ化粧まで）や整髪行為といった日々の身繕いの行為のなかにも確認された。ダイエットや食事制限も典型的にみられる行為であったが，そのなかの極端なものとしては，過食と嘔吐を繰り返すブリミアや，痩身効果の疑わしい行為を推奨する多くのダイエット・プログラムの利用などの事例があった。何人かの女性は，美容整形外科手術（乳房を大きくする手術，美容目的のカラー刺青）に興味があると報告し，別のある女性は，美容目的のために，自分の小ジワを消したと報告した。

特定の外見を維持してもらいたいとする社会的な期待は，しばしば女性たちに心の葛藤を生み出した。そして女性たちのなかには，そのような外見を維持するより，むしろ自分の好きなようにしようと決心するものもいた。しかし反対に，社会的受容と自己価値は，しばしば外見管理がもたらす当然の重要な結果であるとも述べられた。

これらの42人の女性に対するインタビューから，彼女たちが自分の身体について非常に強い認知と態度をもっていることは明らかであった。そのなかでも，身体像は特に重要なものであり，活発に行なわれた討議にも示されたように，何人かの女性は同じような感情を体験し，しかも身体像が自己の価値感情や勢力感情と多様に関連していた。参加したすべての女性たちは，多くの女性がリアルに体験するという意味で身体像の重要性を分かち合い，また強調したいと考えていた。しかし彼女たちは，外見管理を，社会的勢力を高める手段として考えることはしていないようであった。われわれも，社会的勢力を外見とのかかわりにおいて議論しようとして，特に彼女たちに質問することはしなかった。なぜならば，われわれは外見管理行動一般の動機を調べたかったし，彼女たちも社会的に好ましいと考える動機だけを念頭においていたと考えられるからである。勢力は，伝統的に，女性にとって社会的に好ましいものとは考えられていない。もしこれらの女性たちに，自分の身体についてしている行為の動機として社会的勢力を得たいという願望があるかと単刀直入に質問していたならば，また違った研究結果が得られたかもしれない。

全般的にこれらの女性は，自然な外見管理行動であっても，ある意図をもった外見管理行動であっても，他者に対して美しくあることから得られる快楽勢力を明確に認識していた。魅力度を高めてくれると考えられる外見管理行動に従事することによって，女性たちに次のような感情がもたらされたかもしれない。つまり，自分の外見が他者に対して自分を好意的に比較することを可能にしてくれるだろうという，自分の外見が自分を気づかせまた考えさせてくれるだろうという，そして自分の外見が自分を真剣に見つめることを可能にしてくれるだろうという感情である。たしかに，文化的な女性美の理想をめざして努力する女性もいるにはいたが，大部分の女性は，自分の外見を標準に合わせるために，あるいは他の多くの女性と同じフィールドで競争するために，化粧をし，減量し，運動計画を練っていた。このことは，デービス（1995）が戦略として述べたところであった。

　以上とは反対に，ダイエットを否定し，外見よりはむしろ自分が何をなし得るかという達成を重視することは，実効勢力に視点をおくことを意味するが，このような事例は，参加した女性のなかではまれであった。女性に実効勢力が相対的に欠如していること，また快楽勢力は真のあるいは直接の社会的勢力ではないと見なされる傾向がある（Freedman, 1986）ことを考えると，女性が総体的に力のなさを感じているかどうか，尋ねてみてもよかったかもしれない。われわれは直接にこれに関しての質問をしなかったが，彼女たちの反応から，フォーカス・グループに参加した大部分の人が自分自身を快適に思っていなかったことは明らかであった。彼女たちは，自分の外見についてあまり自信を表明しなかった。女性たちは明らかに美の力を知っていたが，自分自身の外見についてそのような力の存在を感じると語る人はいなかった。それゆえにこそ，彼女たちは快楽勢力を求めて，さまざまな外見管理行動に没頭した。自尊感情を高めるためにほとんど何もなしえない女性にとって，快楽勢力は最も容易に得られる勢力源であるというフリードマンの仮説に立てば，彼女たちは自分のことをそれほど力強い存在だとは感じていなかったであろうと推察できる。フリードマンは，自分自身についての勢力感情と快適感情とは密接に関連していると論じているが，もし女性たちが自分の外見的魅力度が不十分であると感じるなら，たとえ親との関係や仕事のキャリアといった地位がどのようなもので

あろうとも，自分自身について快適だとは感じないだろうし，社会的な勢力感ももたないであろう。

　女性たちは，自分の通常の外見にプライドを感じたいと願いながらも，文化的な魅力の標準にも適合しようと悩み，心の中に葛藤を経験していた。もし女性たちが，自分がどのように見られるべきかについて，理想的標準に強い支持の念をもっており，さらにこれらの理想的標準が重要他者やメディアのイメージによって支えられている場合には，「本当の」自分の体形や身体的特徴が好ましいものか，魅力的であるかどうかを，あえて主張することは事実上むずかしくなる。このような矛盾した感情は，自分の外見についての満足が生み出す強力な効果を減少させることであろう。この効果とは，女性たちの何人かが減量や新しいヘアスタイルを試みた時に経験したり，あるいは重要他者からほめ言葉を受けた時に発生する効果と同じもので，それは瞬時に経験されるものである。

結　論

　このフォーカス・グループ研究より，3つの主要な結論が導き出せた。まず第1の結論は，本研究の多くの女性にとって，彼女たちが語ったことにも示されるように，外見は社会的勢力の強力な源泉ではないが，魅力的な外見が勢力を与えてくれるという認識が存在していたことである。社会的に受け入れられることはほとんどだれにとっても重要なことであった。すなわち，子ども時代ではきょうだいや家族などによって受け入れられること，思春期では友人や異性などによって受け入れられること，大人では重要他者や仕事仲間などによって受け入れられること，である。参加した女性たちは，魅力度が社会的報酬を生み出すことを認識しており，さまざまな外見管理行動をとおして，できる限り自分自身の魅力度を高めようと努力していた。

　第2の結論は，たしかに現実の社会的勢力を測定することはできなかったが，快楽勢力あるいは報酬勢力を得ようとして，彼女たちが際限のない外見管理行動に没頭していたということである。食事や運動によって身体サイズをコントロールした女性たち，また髪の毛や美容の手入れに努力した女性たちは，その

ことによって他者に好意的な印象を与える力をもつことができる，あるいは少なくともそうしなければ他者の目を自分に引きつける力をもてないと感じているようであった。このように，外見に関して自分が人より劣っていると感じられる場合に比べて，全体としての身体的特徴から自分が人よりもすぐれているという優越感をもてるとき，あるいは少なくとも人と同じ程度であるという公平感をもてるときに，自己価値は強められ，また自分自身にいっそう自信をもって向き合うことができた。もちろんそのための努力には，人に好印象を与えたいとの期待をかなえてくれる外見を得ようしてほとんど害のない身体的手入れに時間や労力を費やすといった場合と，逆に，過食を報告した2人の女性のように，人に好印象を与えたいとの期待を満たそうとして，自分の身体的健康を危険にさらすような場合とがあった。多くの女性にとって，これらの両者を行き来することは非常に微妙ではあるが容易なことであり，それは，たとえ有害な行為（たとえば，慢性のダイエット，過食と下剤の乱用，など）でも，ある種の外見管理行動が社会的に受け入れられているという事実によっていっそう増長されていた。参加した女性たちが，自分たちの外見管理にかかわる行動をほとんど有害でないと認識していたという事実は，驚くべきことであったが，理解できないことでもなかった。一部の女性たちを除いて，大部分の女性たちは身体や全体的な外見に関して，それらを自分自身いかに受容しているかの感情を表わすことはしなかった。しかし，身体的特徴にかかわるそのような自己受容や自信は，人がどのように社会的勢力を感じるかの明らかな指標なのである。

　フリードマン（1986）は，美の神話の背後に隠された真の目的に関して問題を提起し，その目的を，差異化と克服の戦略を用いる女性たちの間の区画の1つであると結論する。第3の結論は，何人かの女性が語ったように，もし女性が自分の自然な美を表現することにおいて相互に了解しあうことができ，また外見にかけられた偏狭な期待に異議を唱えることができるならば，美の境界を広げ，フリードマンもいうように規範を作り変えることができるという点である。「われわれが人を評価するのと同じように，人から評価され，また自分自身を評価するであろう」（p.238）。ジェンダーにとらわれない美の期待は，明らかに多くの女性たちが自分の身体に対して感じる心の葛藤を減少させ，そし

て，外見よりは他の個人的特性に基づいた，社会的勢力のための複合的な手段を提供してくれるであろう。

注
*1 この研究は，ITAA（International Textile and Apparel Association），VF社共同研究基金によって実施された。

第9章
肥満と無力感

Betsy Covell Breseman●ベツィ・コベル・ブレズマン
Sharron J. Lennon●シャロン J. レノン
Theresa L. Schulz●テレサ L. シュルツ

　体重308kgの13歳のクリスティーナ・コリガンは，心臓機能が停止して，1996年11月19日に亡くなった（"Weight Issue", 1997）。そのため，彼女の母親は，児童虐待の重罪で告発された[*1]。肥満者のための活動団体，全国肥満受容推進協会（NAAFA）のスポークスマンによれば，もしクリスティーナ・コリガンが肥満体でなかったならば，告発はされていなかったという。検察官は，クリスティーナ・コリガンが4年以上医者にかかっていないことを指摘した。しかし，被告側の弁護士は，少女は激しい空腹が新陳代謝を悪くしたことと結びついたまれな病気（プラダ・ウィリー症候群）であったかもしれないことを主張した。内分泌学者は，ダイエットがクリスティーナの新陳代謝をよりいっそう悪くした原因で，おそらくそのことが体重増加につながったのだと証言した（"Weight Issue", 1997）。この事例は，現在アメリカ社会において，個人ではなく親が子どもの体重をコントロールすることへの期待度を例証しているといえよう。さらに，この場合は，肥満の人たち，あるいは肥満に結びつけて考えられる人たちに対しての偏見や，太っている個人に関してのステレオタイプ，そして影響力と肥満についての考え方も映し出している。
　この章では，肥満[*2]の人たちの間で影響力にかかわるステレオタイプと，偏見，差別の関係を立証する。そして，ステレオタイプや偏見，差別の結果とし

197

て，太っている女性の社会的影響力や立場の弱さを論証する。肥満と人間行動に関する調査の多くは，ステレオタイプと偏見については論証しているが，差別についての調査研究はわずかである。差別に関する証拠として，われわれは労働者や，公共施設[*3]や交通機関，そして教育のなかで報告された具体的な例を論じていく。そこではヘルスケアの問題，商品やサービスの支給，そして社会的差別（すなわち威厳と人権）について述べる。その際に，われわれは大衆雑誌にみられるいくつかの記事をもとに報告する。最後に，われわれは差別的な慣習に対する法的な解決策を含む肥満女性の社会的地位・権限獲得の過程を検討する。

バロンとバイン（Baron & Byrne, 1991）によると，ステレオタイプは特定の社会的集団に関する知識と信念からなる認知的枠組みと定義される。偏見は，しばしば特定の社会的集団のメンバーに対していだく否定的な態度である。特定の社会的集団に関して否定的な行動がとられた場合に，差別が起こるのである。社会的勢力には，他者の活動や存在によって，人の信念や態度，行動を変える可能性がある（Raven, 1992）。これらの定義によれば，社会的影響力をもつ人は，ステレオタイプや偏見，差別を変える可能性をもっているのである。

アメリカ社会における肥満[*4]女性は，依然として最も"容認されている"偏見の一対象である（Crandall & Biernat, 1990）。肥満女性は職探しの際に（Fraser, 1994 ; Kennedy, 1988），あるいは適切なヘルスケアを受けようとする際に，社会的な差別を受ける（"Overweight", 1994）。肥満女性は，医師によってしばしば侮辱され，恥をかかされている（Burgard & Lyons, 1994）。レストランで座席を決める際に身体的な差別を経験したり（Lampert, 1994 ; Polaneczky, 1994），あるいは，飛行機では1人分以上の座席料金を支払わなければならなかった肥満女性もいる（Polaneczky, 1994）。太っている人は，周囲から毎日のように笑いものにされている（Grilo et al., 1994 ; Polaneczky, 1994）。肥満女性は，相対的なボディサイズだけをもとに，一般的に怠惰で，愚かで，無愛想といった否定的な性格特性をいだかれているようである。この慣習は，しばしば太っている人に対するステレオタイプ的な態度につながっている（Crandall, 1994 ; DeJong, 1980 ; Jasper & Klassen, 1990b ; Lundberg & Sheehan, 1994）。太っている人は「動きが遅い」と思われており，それはし

ばしば「頭の回転が遅い」ことに関連づけられる (Kennedy, 1988, p.152)。

　太った人々は，規律を欠き，彼らの体形に責任があるというのは，共通の誤解である (Goodman, 1995)。彼らは，自分たち自身の行動（たとえば，食べることや運動すること）をコントロールすることが不可能であると思われている。アメリカにおいては，やせて肉体的に健康であることは「成功と力の象徴」であり (Rodin, 1992, p.224)，肥満体であることは失敗と影響力の欠如に等しいのである。われわれの主張は，肥満女性が状況や態度をコントロールする力に欠けているという認知を，彼女たちの体形をもとに他者が行なっているということである。その次に，人は自分の主張や能力が無視されたとき，自分の運命を左右する力を失うということである。

◆◈◇ 肥満女性における差別と影響力の欠如

　歴史的に，アメリカ社会の多くの集団は，人種，宗教，ライフスタイル，そしてジェンダーに基づく差別を経験している[*5]。人々が法的な権利や市民権を求めはじめるまで，これらの集団に属する人々は，差別を解決するための影響力とコントロールの欠如に悩んでいた。これらの集団に対する偏見は完全に消えたわけではないが，現在では，差別の標的からある集団を保護する手助けをするための規則と法律ができたのである[*6]。そして，こうした集団のメンバーに関しての知識を与える社会教育も試みられている。しかしながら，「サイズ主義」と時折よばれている肥満差別は，アメリカ社会において根強く残っている (Crandall & Biernat, 1990)。「犠牲者」の多くも含めて多数の人々が，「政治的に判断して正しい」として体形に基づく偏見と差別を受け入れている (Crandall & Biernat, 1990)。おそらく，これは，肥満の原因についての一般的な情報が欠如していることと，体形に基づいて人々の権利を保護し主張するための法律が欠如していることに，いくぶん原因があるにちがいない。

■仕事場における社会的差別と偏見

　大衆雑誌の情報は，肥満女性についての雇用時の偏見が広く行きわたり，露骨であることを明らかにしている。これから雇おうとする人がしばしば恐れて

いることは，肥満の人たちが健康にリスクを背負っていること，活力が低く，一般消費者を不快にさせるだろうということ，そして仕事でうまく能力を発揮できないということである。つまり，「これは真の問題というよりも，むしろ知覚の問題であるが，知覚はしばしば真実として受け入れられる」（Jonas, 1997, p.39）。たとえば，1988年に発生した事例では，ボンニー・クック（身長157cm，体重145kg）は，ロードアイランド州にある州政府の保健福祉部（MHRH）によって運営されているラッド・センターで，以前していた知的障害者の正規介護人という職に，再度応募した。職務遂行にあたっての能力に問題はないことを明記されていたにもかかわらず，彼女は仕事の再申請を拒否された（Murphy et al., 1994）。なぜなら，通常の雇用前の身体検査で彼女は「病的な肥満」と見なされたからである。MHRHは，クックが非常時に患者を避難させることができないことを主張し，再雇用を拒否したのである。

体形を含む外見は，雇用時の決定に主要な役割を果たしている。ネルソン出身のブラド，W. ハーパー（Brad W. Harper）とハーパー（Harper）および共同研究者たちは，「外観は第一印象の80％を構成する。過剰体重のような異なった特性をもつ応募者はだれでも，熱心に努力し，一生懸命に働かなければならないだろう（Kennedy, 1988, p.152から引用）」とはっきり述べている。ハーパーは，マネージャーたちが建物に入っていく応募者を窓から見るという保険会社の人事課オフィスの話をした。マネージャーたちは，応募者が面接のためにオフィスに入る前に，OKかダメかを彼らの直属の上司に知らせた。もし彼女の外見が否定的に判断されたならば，最初の外見査定を払拭する次の機会が与えられることはまずなかった。また，ケネディ（1988）は，多くの技術職や教育職では雇用の基準として外見を用いないかもしれないが，応募者が一般の人々と接触する多くの職業では，肥満や魅力的でないと思われた外見が基準として使用されがちであることを示唆していた。

肥満の男女は，販売の現場で働きたいということを強く望んだとしても，失望するかもしれない。マーチン・エバレット（Everett, 1990）は販売に携わる数人の太った人の事例について詳述した。彼は，肥満の販売員が不健康であると思われ，会社のイメージがみすぼらしく映ると考えられると述べている。肥満の販売員は，しばしば販売能力を立証する機会を断たれ，彼らが消費者に出

第9章 肥満と無力感

会う仕事を不当に拒否される。言い換えれば，太っている人たちは，「人前に出る」という職場では雇用されない傾向がある。しかしながら，彼らは顧客から姿が見えない電話による販売のような職を見つけられるだろう。

仕事の機会を拒否されることは，明らかに肥満の人たちの自尊心に影響を与えうる。「ビッグ・ビューティフル・ウーマン」という雑誌で最近の問題として取り上げられている記事は，就職の面接以来，体重が増え続けている太った報道機関のマネージャーの話に言及していた（Jonas, 1997）。彼女が面接の時よりも体重が増えていたことを報告した際に，彼女を雇った局は，後に彼女を解雇した。この女性は，彼女の体形のために平和部隊への入隊も断られた。自分の望ましいイメージが伝えられないと感じて，カメラ撮りするインタビューを拒否してから，彼女は自分に対して向けられる偏見と差別を内面化させたらしい。彼女は自分の体形のせいで，積極的に仕事を探すことをやめたのである（Jonas, 1997）。

多くの就職希望者や従業員は，仕事を続けるために体重を減らすように命令される。フレイザー（Fraser, 1994）は，仕事初日に，就職面接時から体重が増え続けていることに驚嘆した新しい上司によって迎えられた，米国東海岸のある主要なメディカル・センター広報の，体重が104kgのあるディレクターの話を詳しく述べている。以前の地位であるマネージャーの時には，彼女の体形が仕事に影響することはなかった。彼女は新しい地位を保持するために，たとえば新しい上司からは仕事の時にネイビーか黒の服だけを着ることを勧められるなどの同僚からの屈辱的なコメントとアドバイスに耐え，毎日体重を減らすために圧力をかけられたのである。彼女はダイエットを続け，カウンセリングを受けることを約束しなければならなかった。1年以上新しい職場で働き，受賞に値するような企画を成功させ，資金調達もうまくやり遂げたにもかかわらず，彼女は「変化するべきだったものが変化しなかった」という理由で解雇された（p.54）。その意味は，彼女が減らすことを命令されていた体重を減らさなかったということであった。彼女は，他の仕事につくチャンスをそこなうと感じたので，訴訟を起こさなかった。明らかに，彼女はそのような明白な偏見と差別から身を守ることに，無力であると感じた。もう1つの同様の事件では，ある公使が体重を月に4.5kgずつ減らすことと弁護士の事務所の体重計で体重

を量ることに同意するのであれば，弁護士から職を提供されたというものであった（Fraser, 1994）。

アカデミックな環境で働いている研究者は，仕事上の差別（すなわち，社会的差別）の大衆雑誌の記事を支持する結果を見いだしている。すべての対象のなかで最も太りすぎだった16歳の女性たちの10％は，身長を比較すると，23歳までに同級生よりも平均7％伸びていないことを，コレッツ（Koretz, 1994）は若年者に関する研究において見いだした。個人的な特質と非倫理的な販売行動の知覚を研究している他の研究者たちは，非常に太った販売員が仮説である非倫理的な販売行動に従事しやすいと判断されることを見いだした（Bellizzi & Norvell, 1991）。その回答は，太っている人の雇用終了を暗示していた。太っている販売員は，標準的な体重の販売員よりも，自己規律がなく，野心がなく，身だしなみに気を使わず，不健康で，不まじめで，より怠惰で，あまり頼りにならず，だらしないとも判断された。ジャスパーとクラッセン（Jasper & Klassen, 1990a）は，学部生が太った販売員に対して否定的態度をもつことを発見した。学生たちは「従業員の概要シート」に書かれている，（身長と体重の情報を含む）架空の従業員の記述を読んだ。学生は，その人といっしょにどの程度働きたいのか，そして彼らがほしかったものを販売するのに，その人がどの程度有能であるかを示すように問われた。研究者たちが期待したように，太っていない人の記述を読んだ学生は，太った人の記述を読んだ学生よりも，その人といっしょに働きたいと強く望んでいた。さらに，太った人の販売能力に関して読んだ学生と比べて，太っていない人のものを読んだ学生のほうが，彼らの製品販売能力にいっそう高い信頼を表わした。関連する研究で，ジャスパーとクラッセン（1990b）は，被験者が，肥満予備軍の仕事仲間を，だらしなく，いい加減で，怠惰で，意欲がなく，不健康で，頼りにならないと述べていることを報告している。

太っている人たちの職務遂行能力の評価に関する他の研究では，被験者は「太りすぎの男女」「標準体重の男女」「やせすぎの男女」と言葉で聞いただけで想像されるそれぞれの特性を比較した（Larkin & Pines, 1979）。太りすぎの人たちは，標準体重あるいはやせている人たちよりも，有能ではなく，生産的でもなく，勤勉でもなく，成功せず，混乱しており，優柔不断であり，活発で

はないと判断された。

一般的な雇用の慣例に関する他の研究では、心理学部教授の職へ応募した人たちの資料（体重を含む）に対して学部生がどのように評価したかを調べたブリンク（Brink, 1988）による調査がある。被験者は、より体重の重い応募者を拒絶しており、体重を根拠に差別していた。ピンジトーレら（Pingitore et al., 1994）は、肥満に属する女性と標準体重の女性の違いを調べるための模擬雇用面接の研究において、標準体重の女性に比して肥満女性に、より有意な頻度で偏見が存在したことを見いだした。

近年いくらかやわらいではいるが、航空産業界での雇用の慣例では、客室乗務員は厳しい体重と身長のガイドラインを固く守らなければならないという厳格で限定された制約が伝統的に実施されていた。ある研究では、太った客室乗務員は1人も雇われていなかった。そして、体重の増えた客室乗務員は、もし体重を減らせなかったら解雇されるであろう（Lynch, 1996）。要約すると、肥満の人たちが、実際の、そして仮説的な雇用状況において異なった扱いを受けていること、そしてやせている人と比較して太った人が同等に見なされる機会がほとんどないことは、明確である。

■教育における社会的差別

対人関係の状況（Goodman, 1995）と雇用にかかわる状況では、多くの否定的な社会的ステレオタイプに左右されるので、太った人たちは教育の場においても差別を受ける可能性があるだろう。大衆雑誌の記者は、教育の場における肥満に対する社会的差別のいくつかを記録している。1985年に、看護学校の学生であったシャロン・ラッセル（身長168cm、体重139〜143kg）は、よい成績で赤十字の証明があったにもかかわらず、彼女がやせることができなかったということで、ロードアイランド州のサルバ・レッジーナ大学をやめさせられた（Creighton, 1988）。以前に大学の本部からの圧力で、彼女は少なくとも1週間に約1kg体重を減らすことと、週に1度は体重検査結果を報告する約束で契約書にサインしていたのである。ラッセルのことを、勤勉で遂行能力もある専門家として、また雇いたいと思う人物として彼女を評した大学付属病院のスーパーバイザーがおおいに賞賛したにもかかわらず、彼女はやめさせられた。

研究者たちは，教育の場における社会的差別と偏見のさらなる例を示している。小学校の校長を対象とした研究では，回答者の半分以上が，子どもの肥満をセルフコントロールの欠如と心理的問題のせいにしていた（Price, Desmond, & Stelzer, 1987）。つまり，そのような否定的な帰属は，偏見を立証し，生徒たちにとって有害であることを証明したのである。カンニングとマイヤー（Canning & Mayer, 1967）は，教育者たちが子どもの推薦状において差別を行なったことを明かした。そして，ヘンドリーとギリス（Hendry & Gillies, 1978）は，体育教師による差別を明らかにした。肥満の人たちは，学校で成功するために必要であると思われる少なくとも2つの特性が欠けていると思われている。たとえば，太っている人は体重の軽い人よりも，知的でなく（Lennon & Miller, 1984-1985），頭がよくない（Harris et al., 1982）と判断される。特に，太っている人はやせている人よりも，大学院でよい成績をあげられないと考えられている（Benson et al., 1980）。肥満女性に関しての（Gortmaker et al., 1993），そして肥満男女に関しての（Sargent & Blanchflower, 1994）大規模な全国調査では，彼らは，実際にはやせている人々よりも肥満の学生のほうが，中途退学していることが多いということであった。要約すると，太った人たちが学校でうまくやっていくための可能性に関していえば，偏見と闘わねばならないだけではなく，もし既存の研究がガイドラインとして使われるのであれば，同級生よりも中途退学する傾向があるということである。社会的差別（たとえば，人種や少数民族）に苦しんでいる他の集団の事例と同様に，偏見と社会的差別を克服するために常に闘い続けなければならないゆえに，肥満の人たちは，将来の成功も含めて，自らの人生のあらゆる局面においてその勢力が危機にさらされている。

■ヘルスケアにおける社会的差別

　肥満女性は，医者へ行くことが，しばしば失望をまねくような，屈辱的な経験だと知っている。ヘルスケアにみられる肥満への偏見と差別の多くの事例は，大衆雑誌の記事で提供されている。たとえば，肥満とほとんど，もしくはまったく関係のないことで病院を訪れたときでも，肥満女性はしばしば太っていることを注意される。メガネを受け取りに行ったのに，体重のことを非難された

女性の例もある（Burgard & Lyons, 1994）。ある女性が婦人科医に産児制限の助言を求めたとき，彼女はセックスパートナーの選択について，辛辣で無作法な質問を受けたのである（"Overweight", 1994）。

多くのヘルスケアの専門家は，患者のことを第一に考えているのだからという理由で，自分たちの肥満に対する偏見と差別を擁護している（Grodner, 1995）。パッカー（Packer）は，30％以上太りすぎている女性にインタビューした（"Overweight", 1994）。ある取材相手は，悪性の卵巣嚢胞の手術前に，その手術とあわせて胃をホッチキスでとめたいかどうかを，医者に尋ねられたと報告した。もう1つの事例では，レイプされた女性が，精液サンプルを検査しに行った病院で，医者に体重を減らすように告げられた（"Overweight", 1994）。侮辱と虐待の恐ろしさは，多くの肥満女性が適切な治療を必要とする時に，治療を求められないという結果をもたらす。バーガードとリオンス（Burgard & Lyons, 1994）は，最近，乳房切除を行なった女性について報告した。その女性は，「精密検査をするには，彼女は太りすぎていると言った医者による」過去の侮辱のために，「明らかな癌の危険にもかかわらず…子宮癌の定期検診を受診しようとしなかった」のである（p.214-215）。バーガードとリオンスは，検査する医者にとって非常に太ったお腹を触診することが嫌悪すべきものであったという理由で，27kgのお腹の腫瘍が見落とされたことを知っていた医者の事件についても述べている（p.215）。ヘルスケア産業の専門家が太った人たちに対して偏見をいだくとき，その偏見は専門家の仕事に影響を及ぼす傾向がある（Goldborough, 1970）。したがって，肥満患者が受ける治療に悪影響が及ぼされたということは，偏見が差別につながっているのかもしれない。不幸にもそのような治療は，専門的な忠告が行なわれる範囲にも影響する可能性がある（Prewitt & Rogers, 1987）。234人の登録された栄養士と64人の栄養学を学んでいる学生の研究で，両方のグループともに肥満に対する否定的な態度をもっていることが発見された（Oberrieder et al., 1995）。他の研究者は，肥満についての勉強を続けているヘルスケアの専門家は，太った人が勝手気ままであり，家族に問題があることに意見が一致する傾向のあることを発見した（Maiman et al., 1979）。

太った人々に対する否定的態度と彼らの処遇に関する研究では，養護教諭の

およそ3分の2が，太った子どもたちに怠惰で嘆かわしいというレッテルを貼っていた（Price, Desmond, Ruppert, & Stelzer, 1987）。看護師についての他の調査では，セルフコントロールは肥満を予防しうることと，肥満成人は入院してダイエットすべきであること，そして，肥満患者の世話をすることはひどく疲れることが，共通した態度としてあげられていた（Maroney & Golub, 1992）。335人の小児科医を対象にした研究では，多くが，幼児期の肥満を悪くとらえるような態度を形成していた（Price, Desmond, Ruppert, & Stelzer, 1989）。

　カロリーを減らすこと（84％）とウエイトウォッチャーを利用（66％）して体重を減らすことが推進されているが，それらは一見したところ理にかなっているけれども，そのやり方は十分な栄養分を摂取できず，実際，効果的でないダイエットに注意を呼びかける医療専門家たちの研究結果と相いれないかもしれない（Allen & Beck, 1986；Coates & Thoresen, 1978；Ernsberger & Haskew, 1987；Kassirer & Angell, 1998；Roberts et al., 1988）。メンタルヘルスの専門家もまた，太っている人たちに対して偏見をもっているかもしれない。ヤングとパウエル（Young & Powell, 1985）による研究では，カウンセラーとセラピストは，写真付きで病歴が載っている事例において，太りぎみやふつうの体重のモデルよりも肥満のモデルに否定的な心理的症状を帰属するだろうということを明らかにした。要約すると，医療の専門家やメンタルヘルスの専門家は，できる限り最新の診断と治療技術を与えることを任されているのである。そのため，偏見や露骨な差別をもとにした医者や看護師，セラピストによる忠告や意見によって，健康全般をコントロールすることができなくなった多くの肥満女性は，落胆して，いらだつこととなる。したがって，医療や精神衛生サービスの状況において，多くの肥満女性は，自己主張力の欠如を感じることになるだろう。

■商品やサービスを提供する場における社会的差別

　体形に基づく差別は，特にアパレル関係の小売商とデザイナーを含む市場で起こっている。肥満女性は，「普通」サイズの女性よりも衣服を選択する幅が狭いことに直面する。レイン・ブライアントやフォアゴトン・ウーマン，サイ

ズ・アンリミッテッド，そしてティー・ディーンというような店は，主に14号かそれよりも大きいサイズを着用している女性の服やアクセサリーを適正価格で提供しているが，小さいサイズを着用している女性が利用できる洋服の選択の幅や店の数に比べると大変めずらしく，全体に占める割合も低い。現在では，これまでの10年間よりは選択の幅は広がったが，それでも肥満女性のために服を扱っている店は，全国にまばらな状態である。

　業界誌やファッション雑誌のようなファッションとアパレル情報の一般的な資料では，全国的に，すべてのアメリカ女性のおよそ31％が，16号かそれより大きいサイズを着用しており，毎年，洋服のために10億ドル以上も消費していると報告しているというのに，肥満女性のための店があまり多くないということは不可解である（Daria, 1993）。そのうえ，そのような女性の少なくとも45％は24～35歳であり，「アメリカ市民のなかでも最も強力な衣服購入者層」となっている（Daria, 1993, p.149）。ヴォーグ誌のような，最新流行を扱う主流の雑誌でさえも，750万人と見積もられた読者の20％は，16号かそれ以上のサイズを着用していると報告していた（Dunn, 1986）。加えて，ヴォーグ誌の読者の少なくとも半分は，12号かそれ以上のサイズを着用していたのである（Dunn, 1986）。

　肥満女性のための最新流行の衣服の不足についてのある明確な説明は，デザイナーと会社社長の態度によるものである。ダリア（Daria, 1993）によると，カルバン・クラインやラルフ・ローレン，アン・クライン，ダナ・キャランのようなトップのアパレル企業は，大きなサイズを「ファッションの害毒」とみなしている（p.149）。一般的に表明される態度は，がんばって体形を維持している女性が，同じ服を着た肥満女性に出会うのは，割に合わないということである。デザイナーは大きいサイズを着用する女性をターゲットにすると，ビジネスに厳しいダメージを与えると主張する（Daria, 1993）。幸い，すべての最新流行デザイナーや店舗は大きいサイズを避けているわけではない。ヴィダディーニ，サックス・フィフス・アベニュー，アーノルド・スカッシ，そしてメアリー・マクファーデンは，数少ない高価な大きいサイズを提供しているデザイナーや店舗である。しかし，それらの精選品はニューヨーク市街の外に位置するため，小規模で見つけにくいのである。

肥満女性は服の美的感覚にあまり興味がないと思われている。しかしながら，コードハリーとビール（Chowdhary & Beale, 1988）は，大きな女性が衣服の色や生地，ファッション性，フィット感，品揃え，サイズ，スタイルに興味のあることを明らかにした。シムとコツィオプロス（Shim & Kotsiopulos, 1990）も，背が高く大きな女性が，小柄で平均的な体格の女性とちょうど同じくらい，服装やショッピング，ファッションに興味があることを示唆した。肥満女性は，消費習慣をとおしておしゃれな服の必要性を表現する力はあるけれども，現在彼女たちを対象にしている小規模な市場の点からみて，この力は制限されている。大きなサイズのアパレル市場が拡大を続けるときに，この市場が選択を必要としているという単なる認識よりも，会社の利益，あるいは大きいサイズの服の不足が，大きい体型の女性をターゲットとするためのより強い動機づけとなるように思われる。太った人たちは，服を探すのに苦労するようにみえるだけではなく，実際の買い物の際に小売店で受ける対応により，フラストレーションを感じているかもしれない。たとえば，太った客と太っていない客に対する販売員の対応時間の研究では，店員たちが，彼らがどれくらい早くねらった客に対応したかということを観察した（Pauley, 1988）。太った客は，太っていない客よりも，接客されるまでに有意にまた一貫して時間がかかっていたのである。

■対人的状況で起こる社会的差別
　太っている人たちの尊厳は，多くの環境と状況において傷つけられている。たとえば，ある肥満の女性は，同僚の男性に会社のパーティで肥満の人でも踊れることに驚いたと言われたのである（Fraser, 1994）。また，ボニー・クックと彼女の子どもたちは，彼女の食習慣を批判する見知らぬ人からの繰り返されるあざけりに耐え抜いた（"Tipping the scales", 1993, p.99）。レストランで食事をすることに関して，ある肥満女性は「人前ではとても慎重に注文するものを選び，食べ始めてから終わるまで，しばしば人目を気にしているわ」と言った（Gregory, 1994, p.110）。さらに別の例では，ある肥満女性が，スーパーマーケットで出会った4歳の子どもは，彼女につきまとい，「太っているぞ，太っちょ，太っちょだ」と叫んだのである（Millman, 1980, p.9）。

成長する間に受ける敬意は，大人になるにつれて自己イメージに影響を与えるかもしれない。「成長する間に，体重とサイズのことでしょっちゅうからかわれることは，成人期を通じてボディ・イメージへの関心度に結びつけられる (Grilo et al., 1994, p.447)」とあるように，実際にからかわれることが増えるにつれて，身体に対する不満が起こるのである。グリロとその共同研究者たちも肥満の早期兆候が，たしかに重大な身体への不満に結びつけられることを発見した。言い換えると，子どもの時に肥満で体形についてからかわれた人は，人生の初期に否定的な自己イメージをもつようになるかもしれないし，それは成人期まで持ち越される可能性もある。たとえば，12歳のサミュエル・グラハム（身長163cm，体重79kg）は，登校日の初日に体重のことでクラスメートにからかわれ侮辱を受けることよりも，裏庭の木で首吊り自殺を選んだのである (Sharp, 1996 ; Wann, 1998)。これは，肥満に関連したからかいによって引き起こされた自殺の唯一のケースではない。ある高校2年生の生徒は，他の子どもが太っていることで彼をからかっていたある日，もうこれ以上耐えられないと言い，彼は銃で自分の頭を撃ったのである (Wann, 1998)。ケリー・イオマンスは，夜に食べ物を家の窓に投げつけられ，彼女の体重のことで侮辱的な言葉をかけられるといういじめを3年間も受け，睡眠薬を飲んで死んだ (Wann, 1998)。

　肥満女性で全国肥満受容推進協会のシカゴ支部のメンバーであったパトリシア・ミューレンの場合は，侮辱と敬意の欠如が死んだ後でさえ続いている ("Chicago PD", 1996)。ミューレン夫人の子どもたちから緊急電話に応じて到着したシカゴの警察官は，浴室で何も着ないで死んでいる彼女を発見した。警察官は，ミューレン夫人の姪に，死体は太りすぎているので検死官のところまで運べないと言った。地元の報道によると，警察官がテレビゲームをして，冷蔵庫のものを食べている数時間の間，死体は家の中に何も覆いをかけない状態で放置されていた。申し立てによると，警察官は好奇心の強い近所の子どもたちが死体をじろじろ見ている間，彼らにお菓子を勧めていたのである ("Chicago PD", 1996, p.10)。そして，警察官は死体をけって，脂肪がどのように揺れたのかという冗談を言ったと述べた。ミューレン夫人のなきがらは，とうとう裸のまま，屋外に引きずり出されたのである。

嘲笑と侮蔑の犠牲者となった人にとって，敬意を集める能力は否定されている。そしてこのことは，自己概念と自信にとって有害な存在となっている。勢力と敬意はお互いに関係しており，共存している。勢力なしでは，人々は欲求や目的を達成するための能力に欠ける。相手に対する敬意が得られなければ，他人の意見や要求は真剣に受けとめてもらえない。自信が崩れるとき，人々は自分に疑いをもち，自らの独立した考えや意思を主張できなくなるのである。

■公共施設や交通機関で起こる身体的差別

　太った人たちに対する差別は，常に社会的なものとは限らず，身体的な差別も存在する。大衆雑誌は，飛行機や列車，レストランの座席のような公共施設と交通機関へのアクセスの困難さに関して，共通した記事を載せている。肥満女性の身体的差別では，たとえば，歯医者の椅子や劇場や飛行機の座席など，とても狭い座席に座ろうとしたり，うまく締められないシートベルトと格闘したりという，非常に多くの例があげられている（Polaneczky, 1994）。人々が，毎日，公共施設の限られた座席を確保するような状況には差別が存在している。しかし，差別されている集団には，それに対抗する社会的勢力が欠けていることは明白である。

　「標準」体形であるレスリー・ランパート（Lampert, 1993）は，自分が経験した驚くべき社会的差別と身体的差別の事実を，肥満研究に関する課題で報告した。彼女は，体重が約70kg増えて見えるような「肥満者用スーツ」を身につけた。そして，タクシーの乗降に際して声を出して笑った運転手や，通勤電車で彼女が一つ半の座席を締めていると，ひそひそ話し，怒ったようににらみつけた2人の女性のことを含めて，さまざまなかたちでの侮辱を経験したのである。ランパート（1993）は，ブルーミンデールという店の回転ドアを通り抜けることや，食料雑貨店の通路をうまく移動すること，彼女の車の運転席に座ること（彼女の体形にあわせて，ちょうど座れるように椅子を調整したが，彼女の足はペダルにとどかなかった）がむずかしいということを発見した。高級レストランで，ランパートは正面に近い席を要求した。しかし，実際は正面の座席どころか，後方の座席に座らされた。このような店では，太った女性がレストランの正面座席に座ることは，大変みっともないと考えられたからだと

彼女は思った。同様にレストランでの出来事であるが,肥満女性と,平均体形の彼女の友人は,レストランのバーで喫煙席の4人がけ席にかけざるを得なかった。なぜなら彼女たちが座るには,ブースはあまりに狭すぎて,2人がけの座席はあまりに小さすぎたからである(Polaneczky, 1994)。

　教室にあるわずか約36cmの幅しかない椅子や机は,肥満女性にとってはしばしば問題の原因となっている(Fisher, 1997)。ある女性(体重227kg)は,大学の座席に関しての体験と肥満に対する偏見を詳しく語った(McAfee, 1997)。彼女の高校時代の指導カウンセラーが「あなたは太りすぎているので,大学に応募しないように」(p.7)と彼女に言ったことで,彼女は中年になるまで大学進学を延期し,各学期の前には教室に自分用の特別な座席を準備していた。ある夜,試験のために学校に到着した彼女は,自分用の特別な椅子が別の部屋へ移動されているのを発見した。彼女は椅子を見つけ,そこに座っていた若い男性に,椅子をもとあった場所へ返してほしいと頼んだ。しかし,彼は,座席を譲ることを拒否した。女性は座席を取り戻すために,学内警察に助けを求めざるを得なくなった。残念ながら,椅子をもとの部屋に戻す間に,彼女の試験はすでに始まっており,試験にかかわるいくつかの重要な知らせを聞き逃した。この女性は,学期ごとに自分の座席を手配する責任があるだけでなく,若い男性の露骨な軽蔑や,椅子を見つけなければならない不自由さ,試験の一部を失敗したことと,闘わなければならなかった。彼女が若い男性とその出来事に言及して話したことは,「あなたの偏見によって私のチャンスは制限され,あなたのごう慢さによって私の品位は傷つけられたわ。すべての太った人たちが恥ずかしいと感じるような行為や態度を繰り返すことによって,私の存在価値を低下させたのよ」(McAfee, 1997, p.9)ということである。

　公共施設と交通機関に関して体重をもとにした差別事件は,調査研究や法的な報告にも引用される。たとえば,太った人たちは,飛行機の座席を購入する際にも無力であり,飛行のためにしばしば2つの座席分を購入させられている(Polaneczky, 1994)。身長178cm,体重181kgの男性が,デニーズレストランを訴えたのは,小さなブースに入ることができず,肘掛けのついたとても小さな椅子に座れなかった時に,1人の従業員が他の客の前で彼をあざ笑ったからである(O'Hara, 1996)。多くの座席がほんの45〜50cmの幅しかない劇場の

座席のある事例では（O'Hara, 1996 ; Polaneczky, 1994)，身長163cm，体重163kgのテネシー州の女性が，身体障害者用の場所に彼女自身の椅子を並べる機会を拒まれたために，映画館のオーナーを訴えた。このケースは示談が成立した（O'Hara, 1996)。

◆◇ 肥満差別への社会的解決策

　多くの肥満の人たちは，自分たちへの対応のされ方を変えるために，活動的な役割を果たしている（Goodman, 1995)。彼らは，自分たちの意見を主張し，敬意を要求しはじめているのである。全国肥満受容推進協会のような組織が，差別から肥満の人々を保護できるような法律制定を支援している。そして，彼らは会員のために，法的な動きや肥満の人々が興味があるようなニュース事項など，最新情報を掲載したニュース誌を発行している。NAAFAはまた，肥満の問題について政府や大衆に知らせるための試みとして，抗議デモや全国的な会議を後援しているのである（Smith, 1995)。

　多少の影響力とコントロールを主張しようとする試みにおいて，多くの肥満女性が，自分たちが受けた社会的な虐待に対して，はっきりと公言することにより，敬意を要求することに関しての第一歩を踏み出したのである。たとえば，おきまりの理由で不必要な体重測定をしたり，ダイエットの忠告をされることに対する不満をはっきり公言するために，医者や医療従事者へ手紙を書くことによって無神経な医者たちに対応している（Burgard & Lyons, 1994)。これらの手紙で，女性たちは，やせている女性と同じ割合で支払いをすることと，同レベルの敬意とケアを受ける権利が与えられるべきことを指摘している。結局，「どの程度の同意がみられるのかは，個々人が受けるケアしだいである」（Burgard & Lyons, p.216)。さらに，医療従事者は，適切で理にかなった対応を保障するための指導力ももたなければならない。医療従事者の教育は，肥満女性のために適切で公平な医療を保障することが最初のステップである。たとえば，「ニューイングランド医学雑誌」の論説（Kassirer & Angell, 1998）は，やせている人のもつ先入観を非難することや，多くの太った人たちが健康であると実感すること，そして「肥満を治療することは，病気を治療することより

もいっそう厄介かもしれない」から，太り続けている患者に忠告する際や患者にダイエットするように圧力をかける際には慎重に対処することによって，医者に太った人々に対する差別の廃止を支援するように説得している（p.53）。

学者たちも，NAAFAと同じような組織といっしょに肥満承認を支持しはじめた。[*7] フェミニストのセラピストであり，心理学教授であるラウラ・ブラウン博士は，次のように述べている。

> 太っている人たち，特に太った女性に対する恐れや憎悪として，そして太った人たちに向けられたきびしい差別的な慣習に付随する存在として定義づけられる肥満虐待は，他の点では進歩的で理解のある人たちによって，まだもたれている数少ない「容認できる」偏見のひとつとなっている。(Ouellette, 1991, p.22から引用)

肥満に関する他の権利組織としては，メリーランド州の体形・体重差別に関する審議会，そしてヴァージニア州における大きい人のための健康増進協会がある（Fraser, 1994）。肥満差別に対する闘いの後援者たち，そして態度と慣習を変えるための活動家たちは，太った人々に向けられた偏見と尊厳の欠如について発言している。彼らは，肥満に関するイメージやダイエット，間違った情報などについて遠慮なく意見を述べた。太っている人を理由もなく正常でないと思い込むことによって，肥満になることに対する恐怖を生み出し，その結果，摂食障害や自尊心の低下，うつ病を引き起こすのかもしれない。サイズ容認運動は，太っている人々に対して共通してもっている態度が変化することを期待し，引き続き，肥満の人たちが直面した差別をなくす助けとなるかもしれない。太っている人々に向けられていた否定的なステレオタイプは，ほとんどの場合において真実ではないということをはっきりさせることによって，また，太っている人たちの社会への肯定的な貢献を例証することによって，そしてもはや肥満の人たちが，単に彼らが異なった体形であるために課せられた社会的な偏見や差別を許容しないことを認めることによって，太っている人は社会の一員として認められ，受け入れられるのである。

◆◇ 肥満差別に対する法的解決策

　太っている人々は，職業や公共施設（劇場やレストラン），交通機関（飛行機や列車），そして教育の場で差別されている。現在，雇用について太っている人たちの差別を明確に禁じるための法令は，連邦の法令（連邦議会によって可決された法）にはなく，ほんのわずかの州の法令（州議会によって可決された法）があるだけである。しかしながら，いくつかの州と都市では身体的外見から個人を守るための法律を制定している。そして，連邦の法律もまた，差別から太っている人を保護するというような方法で，法廷で解釈されはじめている。

　1990年に連邦議会は，州，そして，地方自治体および少なくとも25人の障害をもつ従業員を雇用する民間の事業主（1994年は，その数がわずか15人に減らされていた）で，職業における差別を禁止したアメリカの身体障害者条例（ADA）を可決した。ADAは，連邦の契約者と連邦の財政的な援助の受取人による差別を禁じる1973年に可決されたリハビリテーション条例に基づいてつくられた。ADAは連邦政府の従業員を保護していないが，リハビリテーション条例は，彼らを保護している。ADAとリハビリテーション条例はとてもよく似ているので，法廷は，だいたい同じ方法でその2つの条例の条項を解釈して適用している（Rothstein, 1994）。労働省はリハビリテーション条例を施行する責任があり，雇用機会均等委員会（EEOC）はADAを施行する責任がある。

　ADAによると，「障害をもっているが適格である人たち」に対する雇用差別は禁じられている。障害をもっているが適格である人たちは，「今，就いている，あるいは望んでいる役職の技術，経験，教育，その他仕事関係で要求されることを満たしている人，また，適切な施設があるか，あるいはないかにかかわらず，仕事に不可欠な職務を遂行できる人」と定義されている。構成要素に分類されると，この定義は理解しにくいのだが，最善の検討がなされている。第1に個人が，障害者であること。ADA（リハビリテーション条例のように）は，障害を決定するために3部門のテストを使う。すなわち障害者は，次のような人である。(a) 1つあるいはそれ以上の主要な生活行為に実質的な制限が

ある身体的あるいは精神的損傷，（b）そのような損傷の記録がある，（c）そのような損傷があると思われる。「身体的損傷」は，たとえば，「生理的な障害，あるいは病気，表面的な傷跡か，次のうち1つ以上の身体組織に影響を及ぼすように切除を行なったもの，つまり神経腫，筋骨，特別な感覚器官，呼吸器系（発声器官も含む），心臓血管，生殖器，消化器官，泌尿生殖器，血液やリンパ系，皮膚，内分泌系が冒されて解剖によって失ったもの」というように，ADAによっていっそう明確に定義される（ADA, 1990, p.Ⅰ-26）。

　人の身体的損傷は，（てんかんのように）薬を服用して損傷をコントロールしているか，あるいは人工的な補助装具を利用しているかどうかを考慮に入れず，決定される。したがって，てんかんの患者は，薬物治療で損傷の影響を減らしていても，ADAではまだ障害者として考えられている。EEOCでは，損傷が単に身体的特徴ではなく，障害に違いないというなんらかの解釈的なガイダンスと説明を行なう規則を公表した。したがって，個人の身長や体重は，もし一般的な範囲内であれば，ADAのもとではそれ自体障害とみなされない（"Technical Assistance Manual", 1992）。障害者検査の第1部門にある「主要な生活活動」と「実質的な制限」もまた，区別がつかない。ADAは，「主要な生活活動」を定義づけていない。しかし，歩くこと，話すこと，呼吸をすること，手作業をすること，見ること，聞くこと，学ぶこと，自分自身をケアすること，座ること，立つこと，持ち上げることなど，いくつかの例があげられている（"Technical Assistance Manual", 1992, p.Ⅱ-3）。

　主要な生活活動で「実質的な制限のある」損傷かどうか決定するために，その損傷が天性のものでどれくらいつらいか，またどれくらいの間続くのか，あるいは続くことが予想されるのか，さらに永久にあるいは長期間に及ぶ影響か予想された影響かを考えることは必要である。したがって，骨折した足は歩くという主要な生活活動でかなり制限されるものであるが，一時的なものなので，障害ではない。しかしながら，もし折れた足がきちんと治らず，歩行能力にかなりの障害が永遠に残るのならば，それは障害といえよう（"Technical Assistance Manual", 1992, p.Ⅱ-5）。

　ADAの第2部門の障害者定義は，現在主要な生活活動にかなりの制限があってもなくても，障害の病歴があるということによって生じる差別から彼らを

保護する。たとえば，ガンが回復した人，更生することに成功したコカイン中毒だった人，あるいは以前に知的障害と誤診された人は，第2部門によって保護される障害の病歴をもつ人たちである。

ADA第3部門の障害者定義は，主要な生活活動が実質的に制限されないが，そのような制限をもっていると思われる差別から彼らを保護する。「障害と疾病についての社会の作り話と恐怖は，現実の損傷から生じる身体的な制限があるのと同じくらいハンディキャップとなる」ので，そのような保護が必要であると，アメリカ連邦最高裁判所では言明されており，連邦議会では繰り返し述べられている（"Technical Assistance Manual", 1992, p.Ⅱ-10）。この第3部門は，社会のステレオタイプや恐怖，まちがった考えに対する保護であり，言い換えると，社会的偏見に対する保護である（"Technical Assistance Manual", 1992, p.Ⅱ-11）。この部門は，雇用差別に苦しんでいる多くの太っている人々によって頼りにされている。EEOCは，この障害者定義の第3部門が関与する3つの状況について述べている。(a) 個人は，実質的に問題のない損傷かもしれないが，実質的に問題のある損傷として事業主によって取り扱われる。(b) 個人は，その状態に対する他者の態度のために，実質的な制限のある損傷をもつ。(c) 個人は，まったく損傷をもっていないかもしれないが，実質的な制限のある損傷があるとして事業主によってみなされている（"Technical Assistance Manual", 1992, pp.Ⅱ-10-Ⅱ-11）。もし事業主が，その人に認められた障害が，出勤回数や，安全性，生産性，アクセシビリティ，同僚や顧客による承認における問題の原因となるだろうという恐怖やステレオタイプをもとにした不利な雇用の決定を下すならば，また事業主が，その行為に対して合法的に差別をしない理由を示すことができなかったならば，事業主はADAに違反しているのである。

ADAの3部門の定義に基づいて，その人に障害があると決定された後，その人はADAのもとで保護されるための資格を与えられたことも示されなければならない。「障害者として保護されている人」は，仕事に必要な前提条件（教育，訓練，仕事経験，免許）を満たしている，また事業主による適切な施設があるか，あるいはないかにかかわらず，仕事に不可欠な職務を遂行できる人である。「仕事に不可欠な職務」や「適切な適応措置」を決定することは，

第9章 肥満と無力感

ADAのもとでは複雑な問題でもあるが，ここでは検討しない。しかしながら，太っている人が，肥満のために果たすことができない特別な身体能力や敏捷さを要求される独特な仕事（消防士，警察官，救助隊員）に対しては，合法的に差別されるということを書きとめておくことは重要である。

リハビリテーション条例とADAを含む連邦法令は，単に従業員を保護する最低限のレベルで設けられている。州や地方はさらに高いレベルの保護法令を制定することができる。たとえば，ADAは，50人あるいはそれ以上の従業員をもつ事業主による差別を禁止するだけであるが，いくつかの州の人権法は，1人の従業員であっても事業主による同様の差別を禁止している。「肥満差別については，依然として変動してまとまりのない法律の領域が残っている」（Dunworth, 1994, p.537）というのは，連邦と州の法律が，肥満差別に対して異なる保護の程度を提供しており，また法廷が異なると同様の法令を異なった方法で解釈するからである。

州の法令に関して，ミシガン州は身長と体重に基づいた差別を特別に禁止している唯一の州である（Mich. Comp. Laws Ann., 1991）。コロンビア特別区は，「人の外見」をもとにした差別を禁止する法令（D. C. Human Rights Act, 1981）を制定している。コロンビア特別区の法令によると，「人の外見」は身体上の状態や特性，衣服，髪型やひげなども含んでいる。カリフォルニアのサンタクルズ市は，「身体的特徴」をもとにした差別を禁止する法律（Santa Cruz Ordinance 92-11, 1992）を可決している。マサチューセッツ州（マサチューセッツ下院議案；Massachusetts House Bill No. 3972, 1997）とニューヨーク州（ニューヨーク議会議案；New York Assembly Bill No. 588, 1997；ニューヨーク上院議案；New York Senate Bill No. 1600, 1997）でも，それぞれの州議会で，身長と体重をもとに差別することを違法とする未決定の議案がある。

さらに，多くの州には，肥満の人を保護する障害者法がある。たとえば，ギメロ対レンタカーシステム代理店株式会社訴訟事件（*Gimello v. Agency Rent-A-Car Systems, Inc.*, 1991）の場合では，ある肥満の人は，興味をもって仕事を遂行できたけれども，ニュージャージー州の差別に対する法律のためにハンディキャップがあると見なされ，事業主が彼の体形と体重のために会社の主任としての地位から彼を解雇した事例において，彼は勝訴した。同様に，州人権

217

課対ゼロックス社訴訟事件（*State Div. of Human Rights v. Xerox Corp.*, 1985）の場合，肥満はニューヨークの人権法のもとで障害と考えられていた。そして，肥満のためにもっぱら仕事を否定されたコンピュータプログラマー（身長167cm，体重113kg）は，不法に差別されたことがわかった。事業主は，その場合に，原告の太っている状態が，事業主によって申し出された障害や生命保険の内容に不利な影響をもたらしていて，将来，損傷を生じさせるという統計上の証拠を示すことによって，その行為を正当化しようとした。しかしながら，カシスタ対コミュニティ・フード社訴訟事件（*Cassista v. Community Foods, Inc.*, 1993）[*8] の場合には，法廷は，医学的な証拠が主要な生活活動を制限するような身体的状態から生じることを示した場合のみ，肥満はハンディキャップあるいは障害であると当該のカリフォルニア州の法律のもとで判決を下した。その場合の原告（身長162cm，体重138kg）は，主要な生活活動に参加するために，基本的な身体的組織に影響を及ぼし，彼女の能力を限定する生理学上の障害をもっていた，あるいはもっていると知覚されていたことを示すことができなかった。したがって，法廷は，事業主が彼女に対して不当に差別をしたのではないと結論づけた。言い換えると，原告の体重は，彼女のコントロールを超えた状態に起因するとは考えられなかった。同様に，グリーン対ユニオンパシフィック社訴訟事件（*Greene v. Union Pacific R. R. Co.*, 1981）の場合，法廷は，ワシントン州の法律のもとで，肥満は盲目などのような不変の状態ではないため障害ではないとした。

州の反差別法のもとで，肥満は障害であると見なしている州の法廷のように，連邦の法廷は，最近，ADAやリハビリテーション条例のもとで肥満を障害として保護できるかどうかを考慮しはじめた。たとえば，クック対ロードアイランドの訴訟事件（*Cook v. Rhode Island*, 1993）の場合，女性（身長157cm，体重145kg）は，知的障害者のための施設職員としての仕事に申し込み，要求されたテストと面接をすべて完了し，雇用前の健康診断にも合格していた。しかしながら，彼女は次のような雇い主の考えのために雇われなかった。その理由は，彼女の体形のために，彼女は，(a) 緊急時に患者を避難させることができないだろう，そして (b) 欠勤と労働者の補償請求を導くような重い病気が発生することのより大きなリスクになるかもしれないということである。原告

は，リハビリテーション条例の部門として「考えられた」もとで訴訟を起こし，陪審員の評決は彼女に有利になるように支持された。クックとカシスタの2つの事例は，異なる判定を下されたが，それはめずらしいことではない。クックは連邦の法令を解釈して連邦裁判所によって決定された事例で，そしてカシスタは州法令を解釈して州の裁判所で決定された事例である。1つの地方裁判所の決定が別の地方裁判所を拘束しないので，異なる区域にある連邦裁判所で異なる決定が出される場合もめずらしくないのである。連邦裁判所のシステムのなかに11の州自治区があり，おそらくそれぞれが他とは異なった連邦法令の解釈ができたのである。このように，クックとカシスタ，2人の女性の状況は似ていたが，なぜ異なった結果が生じたのかというと，2つの事例が異なった法廷システムと異なった法律のもとで審理されたからである。

州の法令同様，ADAのもとに持ち込まれたニダー対リバー大学訴訟事件（*Nedder v. Rivier College*, 1995）の場合，大学助教授（身長162cm，体重172kg）は仕事を解雇され，それが不法な障害者差別であると主張した。この事例は，障害に関するADAの定義の第3部門よりむしろ，第1部門のもとに持ち込まれたので興味深い。原告は，彼女の肥満は，歩くことや働くという主要な生活活動（卒業式や式典集会へ参加することなど）で，かなり制限のある障害であることを主張した。法廷は，この事例での証拠をもとに，原告が助教授として歩くことや働くことにおいて，彼女の肥満による実質的な制限がなかったことを発見した。

より最近のEEOC対テキサスバスライン訴訟事件（*EEOC v. Texas Bus Lines*, 1996）の事例は，女性は乗り合いライトバンの運転手としての職に申し込み，すべての必要な面接と就職試験に合格した。しかし，彼女は肥満（身長170cm，体重156kg）だったので健康診断で落ち，職を与えられなかった。健康診断を実施した医者は，待合室の椅子から立ちあがる時のトラブルや部屋の中を「よたよた歩く」という事実の観察をもとに，女性の肥満は動きやすさに影響を及ぼすだろうということを述べた。その女性は，実際には肥満のために障害者にされていないが，事業主は彼女に障害があると見なすと強く主張して，ADAのもとで訴訟を起こした。連邦裁判所は，原告に彼女の申し立てを審理することを認めることに同意した。現時点では，この事例が決着したかどうか，

あるいは審理されたのかどうかは，はっきりとはわからない[*9]。しかしながら，この事例では，事業主がADAが禁じているステレオタイプ的な思考をもとに，不利な雇用決定をしたように思われる。

　ADAでは，その対象を障害をもつ航空旅行者にまで広げない。なぜなら連邦議会は，以前にそうしたグループの人たちを差別から保護するために，航空運搬アクセス条例（ACAA, 1986）を制定したからである。商業ベースの航空会社は連邦援助の影響外であり，それゆえ，障害をもった乗客に立ち入る義務はないと述べる連邦最高裁判所の決定をくつがえす試みとして，1958年の連邦航空条例からACAAが考案された。そのACAAとは，「連邦の財政的援助の受取人としての状態に関係なく，その条項によってすべての航空会社にあてはまるものである」（Lynch, 1996, p.234）。障害のある人たちの飛行機での輸送を許可することが，飛行の全般的な安全性を危うくするという例外がなければ，本質的に，ACAAは，ハンディキャップに関係なく，すべての人への輸送手段の提供を航空会社に対して要求する（Lynch, 1996）。法律学者は，肥満のために航空会社によって差別されている飛行機の乗客は，ACAAのもとで法的な救済が見つかることを示唆している（Lynch, 1996）。しかしながら，これが実行可能な救済策となるために，法廷はACAAのもとで，肥満を正当な障害とみなすことを決定しなければならない。法廷と州議会は，ADAとリハビリテーション条例のもとで，肥満を障害として定義しはじめているので，おそらく肥満はACAAのもとでも障害として定義されるだろう。

結　論

　州と連邦の法令と事例のレビューは，肥満に対する社会的で身体的な差別は，法によっては一律に禁止されていないが，論点の特別な法令，その法令を解釈している法廷は，たとえあるとしてもごく少ないのだが，それに依存していることを示している。リハビリテーション条例とADAは，禁止している差別が最も多く網羅されている法令だが，それらの事例が示すように，これらの法令が肥満に対する差別を常に禁止するとは限らない。加えて，いくつかの州の法令は，体重や身体的な外見をもとにした差別を明確に禁止しているが，それら

は少数の州である。残りの州では，一般的な人権，あるいは市民権の条例はあるかもしれないが，それらがいつも肥満者を差別から保護しているかについては明確ではない。

その結果，法の制定は必要ではあるが，太っている人々の差別を扱う方法が十分ではない。肥満に対する偏見と差別と闘うための戦略の開発は，真剣に取り組む必要がある研究である。本章のなかで関係づけられた多くの話と事件は，新聞や公報紙，雑誌のような一般的な出版刊行物に載っている。肥満差別と偏見の分野の学術的な調査は存在するが，肥満差別の理解や肥満の人に対する人々の反応，肥満に向けられる態度や行動を改めるための方法は，大衆雑誌のほかにはまれである。入念に組み立てられ，遂行された調査は，(a) 肥満への偏見を論じるための先を見通す戦略を発展させるため，(b) 太っている人たちの経験をより理解するための基礎として役立つに違いない必要な評価を与えることができた。

「やせていることが，成功の指針である」(Fraser, 1994, p.93) という社会で，肥満差別を逆方向に変えることはむずかしいであろう。社会的勢力は，任意の社会的基準によって身体的に魅力があると見なされない人たちにより，たびたび否認される。人生に影響やコントロールを及ぼす能力がなければ，人々は，重要なことを決定する際に個人や集団的な発言権を失うのである。太った人々は彼らの相対的な体形によって判断される。人々にとってすべての形や大きさの人が役立つことを受け入れることと，そして，もはや今では「太っている」や「肥満」は，「悪い」あるいは「頭の悪い」ということに等しいというよりも，「美しい」や「やせている」は，「よい」あるいは「頭のよい」ということと必ずしも等しくはないということを，社会が理解するようになるまでには，肯定的な特徴や適性，能力は，体のサイズに関係づけられないということを論証するための困難な闘いがあるだろう。この努力への成功は，太った人々が太っていない人々と同じ機会と尊敬を受けることを選び，楽しむための影響力とコントロールを意味するだろう。

注――――――
*1 クリスティーナの母親であるマーレン・コリガンは，1998年1月9日に児童虐待の軽

い罪で有罪を宣告された。彼女は，1998年2月24日に3年間の執行猶予，240時間の地域奉仕，100ドルの罰金という判決を下された。("Marlene Corrigan", 1998)

*2　肥満は，医学の文献では，標準体重の30％以上と定義されている。残念ながら，「標準」体重の設定は，文献に明白に定義されていない。たとえば，メトロポリタン生命保険会社の理想体重の表は，1959年以来，数回，上向きに量られている（Metropolitan Life Insurance Company, 1983）。

*3　公共施設は，アメリカ人差別条例のタイトル3によって定義されているように，「特定の私的機関によって運営され，その運営が商業に影響を及ぼす施設」である（The Americans with Disabilities Act, 1990）。

*4　「肥満（obese）」と「太っている（fat）」という用語はしばしば互換性をもって使われる。「太っている」という用語は，一般的により描写的で正確であると感じる（National Association to Advance Fat Acceptance参照）。しかしながら，「太っている」という用語は，彼らの外見をどんな身体のサイズや形か自己認知している人たちによって使われるかもしれない。そして，「肥満」は，肥満の程度に関して臨床的に定義されるだろう（morbid obesity参照）。

*5　たとえば，女性，アフリカ系アメリカ人，ヒスパニック系アメリカ人（スペイン語を話すアメリカ人，ラテン系アメリカ人），モルモン教徒，ユダヤ教徒，ゲイ，レズビアンは，みんな，なんらかの程度の差別を経験している。

*6　1964年の市民権条例は，人種，性，肌の色，宗教，あるいは出身国をもとにした差別を禁止する。

*7　たとえば，NAAFAの諮問委員会の学識メンバーは，委員会の議長であるケースウエスタン大学医療センターのポール・エルンスバーガー医師（Dr Paul Ernsberger），バーモント大学の心理学教授であるエスター・ロスブラム博士（Dr Ester Rothblum），そしてシンシナティ大学薬学研究所の心理学教授であるワイネ・ウーリー博士とスーザン・ウーリー博士（Dr O. Wayne Wooley and Dr Susan Wooley）である。

*8　トニ・リンダ・カシスタは健康食品店であるコミュニティ・フード社の仕事に応募した。彼女は，深層面接を実施され，ちょっとの間，後方から質問された。しかし，彼女は雇われなかった。彼らは彼女の体重のために，狭い通路や階段を進むための彼女の能力を心配したとカシスタは主張したが，しかしコミュニティ・フード側は，カシスタよりも経験のある人々を雇ったと強く主張した。(Dunworth, 1994)

*9　この法廷の決定は，その原告の場合，審理を続けるに値する十分な価値のないことが議論されたことを要約した判決の申し立てに基づいていたのだが，法廷は価値があると決定した。上記に述べたように，原告がその事件を告発することを認められたことは知られている。そのケースが審理されたかどうか，あるいは可決されたかどうかは，コンピュータで管理されている法的なデータベースからは明らかにできない。その事件は，上訴裁判所レベルへ再審を請求しない限り，法的研究データベースに記録されないだろう。

文 献

■序章■

Allen, D. O., & Beck, R. R. (1986). The role of calcium ion in hormone-stimulated lipolysis. *Biochemical Pharmacology, 35*, 767–72.

Bickman, L. (1974). The social power of a uniform. *Journal of Applied Social Psychology, 4*(1), 47–61.

Bloch, P. H., & Richins, M. L. (1992). You look "Mahvelous": The pursuit of beauty and the marketing concept. *Psychology and Marketing, 9*, 3–15.

Brandt, B., Brown, D. M., Burns, L. D., Cameron, B. A., Chandler, J., Dallas, M. J., Kaiser, S. B., Lennon, S. J., Pan, N., Salusso, C., & Smitley, R. (1998). Development of a method to measure the individual and joint effects of visual and tactile perceptions of fabrics. *Journal of the Textile Institute, 89*(2), 65–77.

Buckley, H. M. (1983). Perceptions of physical attractiveness as manipulated by dress: Subjects versus independent judges. *Journal of Psychology, 114*, 243–48.

Buckley, H. M. (1984–5). Toward an operational definition of dress. *Clothing and Textiles Research Journal, 3*(2), 1–10.

Buckley, H. M., & Haefner, J. E. (1984). The physical attractiveness stereotype using dress as a facilitator. *Journal of Consumer Studies and Home Economics, 8*, 351–8.

Bushman, B. (1984). Perceived symbols of authority and their influence on compliance. *Journal of Applied Social Psychology, 14*(6), 501–8.

Bushman, B. (1988). The effects of apparel on compliance: A field experiment with a female authority figure. *Personality and Social Psychology Bulletin, 14*(3), 459–67.

Cahill, S. (1989). Fashioning males and females: Appearance management and the social reproduction of gender. *Symbolic Interaction, 12*, 281–98.

Damhorst, M. L. (1990). In search of a common thread: Classification of information communicated through dress. *Clothing and Textiles Research Journal, 8*(2), 1–12.

DeLong, M. R., Minshall, B., & Larntz, K. (1986). Use of schema for evaluating consumer response to an apparel product. *Clothing and Textiles Research Journal, 5*(1), 17–26.

Forsythe, S., Drake, M. F., & Cox, C. (1984). Dress as an influence on the perceptions of management characteristics in women. *Home Economics Research Journal, 13*, 112–21.

French, J. R. P., & Raven, B. (1959). The bases of social power. In D. Cartwright (Ed.), *Studies in social power* (pp. 150–67). Ann Arbor: University of Michigan.

Grady, D. (1988, March 7). Is losing weight a losing battle? *Time*, 59.

Hamilton, D. L. (1979). A cognitive-attributional analysis of stereotyping. In L. Berkowitz (Ed.), *Advances in experimental social psychology* (Vol. **12**, pp. 53–84). New York: Academic Press.

Johnson, K. K. P., & Roach-Higgins, M. E. (1987a). Dress and physical attractiveness of women in job interviews. *Clothing and Textiles Research Journal, 5*(3), 1–8.

Johnson, K. K. P., & Roach-Higgins, M. E. (1987b). The influence of physical attractiveness and dress on campus recruiters' impressions of female job applicants. *Home Economics Research Journal, 16,* 87–95.

Kaiser, S. B., Nagasawa, R. H., & Hutton, S. S. (1991). Fashion, postmodernity and personal appearance: A symbolic interactionist formulation. *Symbolic Interaction, 14*(2), 165–85.

Kaiser, S. B., Nagasawa, R. H., & Hutton, S. S. (1995). Construction of an SI theory of fashion, part 1: Ambivalence and change. *Clothing and Textiles Research Journal, 13,* 172–83.

Kim, H., & Winakor, G. (1996). Fabric hand as perceived by U.S. and Korean males and females. *Clothing and Textiles Research Journal, 14*(2), 133–44.

Kimle, P. A., & Damhorst, M. L. (1997). A grounded theory model of the ideal business image for women. *Symbolic Interaction, 20*(1), 45–68.

Lapitsky, M., & Smith, C. M. (1981). Impact of clothing on impressions of personal characteristics and writing ability. *Home Economics Research Journal, 9,* 327–35.

Lennon, S. J. (1990). Effects of clothing attractiveness on perceptions. *Home Economics Research Journal, 18,* 303–10.

Lennon, S. J. (1992). Categorization as a function of body type. *Clothing and Textiles Research Journal, 10*(2), 18–23.

Lennon, S. J., & Clayton, R. (1992). Age, body type, and style features as cues in nonverbal communication. *Semiotica, 91*(½), 43–55.

Leone, C., & Robertson, K. (1989). Some effects of sex-linked clothing and gender schema on the stereotyping of infants. *Journal of Social Psychology, 129*(5), 609–19.

Major, B., Testa, M., & Bylsma, W. H. (1991). Responses to upward and downward social comparisons: The impact of esteem-relevance and perceived control. In J. Suls and T. A. Wills (Eds), *Social comparison: Contemporary theory and research* (pp. 237–60). Hillsdale, NJ: Lawrence Erlbaum Associates, Publishers.

McArthur, L. Z., & Post, D. L. (1977). Figural emphasis and person perception. *Journal of Experimental Social Psychology, 13,* 520–35.

Miller, F. G. (1982). Clothing and physical impairment: Joint effects on person perception. *Home Economics Research Journal, 10,* 265–70.

O'Neal, G. S. (1998). African-American aesthetic of dress: Current Manifestations. *Clothing and Textile Research Journal, 16*(4), 167–75.

Roach-Higgins, M. E., & Eicher, J. B. (1992). Dress and identity. *Clothing and Textiles Research Journal, 10*(4), 1–8.

Roberts, S. B., Savage, J., Coward, W. A., Chew, B., & Lucas, A. (1988). Energy expenditure and intake in infants born to lean and overweight mothers. *New England of Medicine, 318,* 461–6.

Rolland-Cachera, M., & Bellisle, F. (1986). No correlation between adiposity and food intake: Why are working-class children fatter? *American Journal of Clinical Nutrition, 44,* 779–87.

Rosch, E. (1973). On the internal structure of perceptual and semantic categories. In T. M. Moore (Ed.), *Cognitive development and the acquisition of language* (pp. 111–44). New York: Academic Press.

Schlick, P. J., & Rowold, K. L. (1991). Senior cords: A rite of passage. In P. A. Cunningham & S. V. Labs (Eds), *Dress and popular culture* (pp. 106–24). Bowling Green, OH: Bowling Green State University Popular Press.

Shakin, M., Shakin, D., & Sternglanz, S. (1985). Infant clothing: Sex labeling for strangers. *Sex Roles, 12*(9/10), 955–63.

Thurston, J. L., Lennon, S. J., & Clayton, R. V. (1990). Influence of age, body type, currency of fashion detail, and type of garment on the professional image of women. *Home Economics Research Journal, 19*(2), 139–50.

■ 第 1 章 ■

Ala. Code Sec. 12-21-203 (a) (3) (1991).

Alexander, C. (1980). The responsible victim: Nurses' perceptions of victims of rape. *Journal of Health and Social Behavior, 21*, 22–33.

Black's law dictionary. (6th ed.). (1990). St. Paul, MN: West Publishing Co.

Brownmiller, S. (1975). *Against our will: Men, women and rape*. New York: Simon and Schuster.

Cahoon, D., & Edmonds, E. (1989). Male-female estimates of opposite-sex first impressions concerning females' clothing styles. *Bulletin of the Psychonomic Society, 27*(3), 280–1.

Edmonds, E., & Cahoon, D. (1986). Attitudes concerning crimes related to clothing worn by female victims. *Bulletin of the Psychonomic Society, 24*(6), 444–6.

Feild, H. S. (1978). Attitudes toward rape: A comparative analysis of police, rapists, crisis counselors, and citizens. *Journal of Personality and Social Psychology, 36*(2), 156–79.

Feldman-Summers, S., & Palmer, G. (1980). Rape as viewed by judges, prosecutors, and police officers. *Criminal Justice and Behavior, 7*, 19–40.

Fla. Stat. Ann. Sec. 794.022 (3) (1992).

French, J. R. P., & Raven, B. (1959). The bases of social power. In D. Cartwright (Ed.), *Studies in social power* (pp. 150–67). Ann Arbor: University of Michigan.

Ga. Code Ann. Sec. 24-2-3 (a) (b) (Michie Supp. 1992)

Gibbs, N. (1991, June 3). When is it rape? *Time*, 48–55.

Gmelch, G. (1978). Baseball magic. *Human Nature, 1*(8), 32–9.

Harlow, C. W. (1991). *Female victims of violent crime*. Washington, DC: US Department of Justice. Office of Justice Programs. Bureau of Justice Statistics.

Jury: Woman in rape case 'asked for it'. (1989, Oct. 5). *Atlanta Constitution*, p. A20.

Kanekar, S., & Kolsawalla, M. (1981). Factors affecting personality attributed to a rape victim. *The Journal of Social Psychology, 113*, 285–6.

Kennedy, D. (1992). Sexual abuse, sexy dressing, and the eroticization of domination. *New England Law Review, 26*, 1309–93.

La Code Evid. Art. 412.1 (1996).

Lennon, T. L., Lennon, S. J., & Johnson, K. K. P. (1993). Is clothing probative of attitude or intent? Implications for rape and sexual harassment cases. *Law & Inequality: A Journal of Theory and Practice, 11*(2), 391–415.

Lewis, L., & Johnson, K. K. P. (1989). The effect of dress, cosmetics, sex of subject, and causal inference on attribution of victim responsibility. *Clothing and Textiles Research Journal, 8,* 22–29.

Mazelan, P. M. (1980). Stereotypes and perceptions of the victims of rape. *Victimology: An International Journal, 5*(2–4), 121–32.

Muehlenhard, C., & MacNaughton, J. (1988). Women's beliefs about who "lead men on." *Journal of Social and Clinical Psychology, 7,* 65–79.

New York Crim. Pro. Sec. 60.48 (1994)

Oregon House Bill No. 2349 (1997).

Pesce, C. (1991, Oct. 31). Delicate bra is permitted as evidence. *USA Today,* p. 3A.

Q. S. R. NUD.IST (1995). Software for qualitative data analysis (Rev 3) [Computer software]. Melbourne, Australia: Qualitative Solutions & Research Pty Ltd.

Rape and culture: Two judges raise the question of victim's responsibility. (1977, Sept. 12). *Time,* 41.

Rape victim partly at fault, many students say in survey. (1988, July 23). *Dallas Times Herald,* p. 1A.

Raven, B. (1992). A power/interaction model of interpersonal influence: French and Raven thirty years later. *Journal of Social Behavior and Personality, 7*(2), 217–44.

Richards, L. (1991). A theoretical analysis of nonverbal communication and victim selection for sexual assault. *Clothing and Textiles Research Journal, 9,* 55–64.

Roach-Higgins, M. E., & Eicher, J. B. (1992). Dress and identity. *Clothing and Textiles Research Journal, 10*(4), 1–8.

Schafran, L. H. (1995, August 26). Rape is still underreported. *The New York Times,* p. 15.

Schram, D. D. (1978). Rape. In J. R. Champman & M. Gates (Eds), *The victimization of women* (pp. 53–79). Beverly Hills, CA: Sage.

Scully, D., & Marolla, J. (1984). Convicted rapists' vocabulary of motive: Excuses and justification. *Social Problems, 31*(5), 530–44.

Snead, E. (1990, April 19). Do women's clothes invite rape? *USA Today,* p. 6D.

Terry, R. (1981). Contextual similarities in subjective probabilities of rape and other events. *Journal of Social Psychology, 113,* 293–4.

Terry, R., & Doerge, S. (1979). Dress, posture and setting as additive factors in subjective probability of rape. *Perceptual and Motor Skills, 48,* 903–6.

Vali, D., & Rizzo, N. (1991). Apparel as one factor in sex crimes against young females: Professional opinions of U.S. psychiatrists. *International Journal of Offender Therapy and Comparative Criminology, 35*(2), 167–81.

van Manen, M (1990). *Researching lived experience.* New York, NY: State University of New York Press.

■第2章■

Barnes, R., & Eicher, J. B. (Eds). (1991). *Dress and gender: Making and meaning.* Oxford: Berg Publishers.
Benthall, J. (1976). *The body electric: Patterns of western industrial culture.* London: Thames and Hudson Academic Press.
Benthall, J., & Polhemus T. (1975). *The body as a medium of expression.* London: Allen Lane.
Blacking, J. (Ed.). (1977). *The anthropology of the body.* London: Academic Press Ltd.
Bourdieu, P. (1977). *Outline of a theory of practice.* Cambridge: Cambridge University Press.
Bourdieu, P. (1990). *The logic of practice.* Cambridge: Polity Press.
Bourdieu, P. (1991). *Language and symbolic power.* Cambridge: Polity Press.
Brake, M., & Hale, C. (1992). *Public order and private lives: The politics of law and order.* London: Routledge.
Brogden, M. (1991). *On the mersey beat: Policing Liverpool between the wars.* Oxford: Oxford University Press.
Burke, M. (1997, March 7). Marine blues. *Police Review, 105,* 1, 20–1.
Cowell, D., Jones, T., & Young, G. (Eds). (1982). *Policing the riots.* London: Junction.
Davies, N. (1985. June 9). Inquest on a rural riot. The *Observer*, p. 3.
Davies, S. (1996). *Big brother: Britain's web of surveillance and the new technological order.* London: Pan Books.
Dick, C. (1985, Oct. 18). Implications of the miners' strike. *Police Review, 93,* 2111–13
Douglas, M. (1973). *Natural symbols: Explorations in cosmology.* Harmondsworth: Pelican.
Douglas, M. (1987). *How institutions think.* London: Routledge and Kegan Paul.
Dunnigham, C., & Norris, C. (1996). A risky business: The recruitment and running of informers by English police officers. *Police Studies, 19*(2), 1–27.
Fielding, N. (1995). *Community policing.* Oxford: Oxford University Press.
Fine, B., & Millar, R. (1985). *Policing the miners' strike.* London: Lawrence Wishart and the Cobden Trust.
Foucault, M. (1977). *Discipline and punish: The birth of the prison.* London: Allen Lane Penguin Books.
Geertz, C. (1988). *Works and lives: The anthropologist as author.* Cambridge: Polity Press.
Germann, A. C. (1977, October). Law enforcement: A look into the future. *Police Journal, 50*(4), 340–7.
Gillie, O. (1991, Sept. 15). From Roman legionary to robocop. The *Independent on Sunday.*
Goffman, E. (1971). *Relations in public: Microstudies of the public order.* London: The Penguin Press.
Green, P. (1990). *The enemy without: Policing and class consciousness in the miners'*

strike. Milton Keynes: Open University Press.
Hebdige, D. (1979). *Subculture: The meaning of style.* London: Methuen.
Hebdige, D. (1988). *Hiding the light: On images and things.* London: Routledge.
Hobbs, D., & May, T. (Eds). (1993). *Interpreting the field: Accounts of ethnography.* Oxford: Oxford University Press.
Hunter, K. E. (1997, May 28). (Untitled letter to the editor). The *Guardian*, p. 17.
Judge, A. J. (1994). *An analysis of the implications for policing, in England and Wales, of the contemporary profile of new age travellers.* Unpublished master's thesis, Leicester University, U.K.
Kohn, M. (1994, February 27). Trouble with funny hats. *Independent on Sunday.*
Littlewood, R. (1997). Military rape. *Anthropology Today, 13*(2), 7–16.
Loader, I. (1997). Policing and the social: Questions of symbolic power. *British Journal of Sociology, 48*(1), 1–18.
Maguire, M., & John, T. (1995). Intelligence, surveillance and integrated approaches. *Crime detection and prevention series No. 64, Police Research Group.* London: Home Office Policy Directorate.
Mauss, M. (1935). Les techniques du corps. Journal de psychologie normal et pathologique, 32. (1973. trans. B. Brewster. *Economy and society.* 2/1. February pp. 70–88.)
Newcastle City Police (1969). *Commemorative Booklet*, 1836–1969.
Norris, C., & Armstrong G. (in press). CCTV and the rise of mass surveillance. In P. Carlen and R. Morgan (Eds), *Crime unlimited.* Basingstoke: MacMillan.
Okely, J. (1996). *The self and scientism. Own or other culture.* London: Routledge. (originally publ. 1975. in *The Journal of the Anthropological Society of Oxford*, 6(3), 171–88.)
Okely, J., & Calloway, H. (Eds). (1992). *Anthropology and autobiography.* London: Routledge.
Pallister, D. (1997, March 8). Crack river force fails first publicity test. The *Guardian*, p. 9.
Partridge, E. (1972). *The Penguin dictionary of historical slang.* Harmondsworth: Penguin Books.
Police on the old beat: Divided society is still the issue. (1996, May 6). The *Guardian*, p. 10.
Polhemus, T. (Ed.). (1978). *Social aspects of the human body.* Harmondsworth: Penguin Books.
Reiner, R. (1991). *Chief constables.* Oxford: Oxford University Press.
Reiner, R. (1992a). *The politics of the police.* (Rev. ed.). Brighton: Harvester.
Reiner, R. (1992b). Policing a postmodern society. *Modern Law Review, 55*(6), 761–81.
Rose, D. (1996, October 20). New look fits the bill. The *Observer*, pp. 1, 6.
Rose, D. (1998, January 18). PC Plod, The *Observer*, p. 7.
Scarman, L.(1981). *The Brixton disorders.* Comand # 8427. London: Her Majesty's Stationery Office.
Scraton, P. (1985). *The state of the police.* London: Pluto Press.
South Yorkshire Police (1996). *Annual report for 1995/96.*

Sparks, R. (1992). *Television and the drama of crime*. Buckingham: Open University Press.
Stephens, M., & Becker, S. (1994). *Police force, police service*. Basingstoke: MacMillan.
Varley, C. (1997, April 24). Armed cops on Allerton Road. *South Liverpool Mersey Mart*, p. 1.
Vidal, J. (1997, March 6). Flying the freedom flag: The rise of people power against creeping state repression. The *Guardian*, sec. 2, p. 3.
Weatheritt, M. (1986). *Innovations in policing*. London: Croom Helm.
White, R. (1994). Service at the highest level. *Policing Today, 1*(3), 28–9.
Williams, R. (1976). *The long revolution*. Harmondsworth: Penguin Books.
Young, M. (1979). Pigs 'n prigs: A mode of thought, experience, and practice. In *Working Papers in Social Anthropology, No. 3*, 67–167. Dept. of Anthropology, University of Durham.
Young, M. (1984). Police wives: A reflection of police concepts of order and control. In H. Callan & S. Ardener (Eds), *The incorporated wife* (pp. 67–88). London: Croom Helm.
Young, M. (1986). An anthropology of the police: Semantic constructs of social order. Unpublished doctoral dissertation, University of Durham, U. K.
Young, M. (1991). *An inside job: Policing and police culture in Britain*. Oxford: Oxford University Press.
Young, M. (1992). Dress and modes of address: Structural forms for policewomen. In R. Barnes and J. B. Eicher (Eds), *Dress and gender: Making and meaning* (pp. 266–85). Oxford: Berg Publishers.
Young, M.(1993). *In the sticks: Cultural identity in a rural police force*. Oxford: Oxford University Press.
Young, M.(1994). Pseudonymously as "Pencarrow": Never mind the tape cassette, bring back the whistle. *Policing Today, 1*(2), 23–4.
Young, M.(1995). Getting legless, falling down, pissy-arsed drunk: Policing men's leisure. *The Journal of Gender Studies, 4*(1), 47–61.
Young, M.(1995a). Risk avoidance in police research. Unpublished manuscript.

■第3章■

Aaker, J. L., & Dean, J. (1993). *The non-target market effect: Associated feelings of acceptance, alienation or apathy*. Paper presented at the annual meeting of the Association for Consumer Research, Nashville, TN.
Babbie, E. (1998). *The practice of social research* (8th ed.). Belmont, CA: Wadsworth.
Book, E. W. (1996). The style of power. *Fortune, 134*(a), 96–105.
Bureau of the Census. (1980). *1980 Census of Population and Housing*. Washington, DC: Bureau of the Census.
Bureau of the Census. (1990). *1990 Census of Population and Housing*. Washington, DC: Bureau of the Census.
Cash, T. F. (1985). The impact of grooming style on evaluation of women in management. In M. R. Solomon (Ed.) *The psychology of fashion* (pp. 343–55). Lexington,

MA: D. C. Heath.

Damhorst, M. L. (1990). In search of a common thread: Classification of information communicated through dress. *Clothing and Textiles Research Journal*, 8(2), 1–12.

Damhorst, M. L., & Fiore, A. M. (1993). Evaluations of women's suits by male and female personnel interviewers. In J. A. Costa (Ed.) *Gender and consumer behavior: Second conference proceedings* (pp. 58–60). Salt Lake City, UT: University of Utah Printing Service.

Damhorst, M. L., & Reed, J. A. P. (1986). Clothing color value and facial expression: Effects on evaluations of female job applicants. *Social Behavior and Personality*, 14(1), 84–98.

Dillon, L. S. (1980). Business dress for women corporate professionals. *Home Economics Research Journal*, 9(2), 124–9.

Douglas, S. P., & Solomon, M. R. (1983). Clothing the female executive: Fashion or fortune? In P. E. Murphy et al. (Eds) *AMA Educators Proceedings*, No. 49, 127–32.

Form, W. H., & Stone, G. P. (1955). *The social significance of clothing in occupational life* (Technical Bulletin 247). East Lansing, MI: State College Agricultural Experiment Station.

Forsythe, S. M. (1988). Effects of clothing masculinity on perceptions of managerial traits: Does gender of the perceiver make a difference? *Clothing and Textiles Research Journal*, 6(2), 10–16.

Forsythe, S. M. (1990). Effect of applicant's clothing on interviewer's decision to hire. *Journal of Applied Social Psychology*, 20, 1579–95.

Forsythe, S. M., Drake, M. F., & Cox, C. E. (1984). Dress as an influence on the perceptions of management characteristics in women. *Home Economics Research Journal*, 13(2), 112–21.

Forsythe, S. M., Drake, M. F., & Cox, C. E. (1985). Influence of applicant's dress on interviewer's selection decisions. *Journal of Applied Psychology*, 70(2), 374–8.

Forsythe, S. M., Drake, M. F., & Hogan, J. H. (1985). Influence of clothing attributes on the perception of personal characteristics. In M. R. Solomon (Ed.) *The psychology of fashion* (pp. 267–77). Lexington, MA: D. C. Heath.

Geertz, C. (1983). *Local knowledge: Further essays in interpretive anthropology*. New York: Basic Books.

Gorden, W. I., Tengler, C. D., & Infante, D. A. (1982). Women's clothing predispositions as predictors of dress at work, job satisfaction, and career advancement. *The Southern Speech Communication Journal*, 47, 422–34.

Gottdiener, M. (1977). Unisex fashions and gender role-change. *Semiotic Scene*, 1(3), 13–37.

Hayes, C. (1996). How to dress when moving up the ladder. *Black Enterprise*, 27(3), 131–4.

Hirschman, E. C., & Holbrook, M. B. (1992). *Postmodern consumer research: The study of consumption as text*. Newbury Park, CA: Sage.

Hofstede, G. (1983). The cultural relativity of organizational practices and theories. *Journal of International Business Studies*, 14(2), 75–89.

Hofstede, G. (1984). The cultural relativity of the quality of life concept. *Academy of Management Review, 9*(3), 389-98.

Johnson, K. K. P., Crutsinger, C., & Workman, J. E. (1994). Can professional women appear too masculine? The case of the necktie. *Clothing and Textiles Research Journal, 12*(2), 27-31.

Johnson, K. K. P., & Roach-Higgins, M. E. (1987). Dress and physical attractiveness of women in job interviews. *Clothing and Textiles Research Journal, 5*(3), 1-8.

Joseph, N., & Alex, N. (1972). The uniform: A sociological perspective. *American Journal of Sociology, 77*(4), 719-30.

Kaiser, S. B., Schutz, H. G., & Chandler, J. L. (1987). Cultural codes and sex-role ideology: A study of shoes. *American Journal of Semiotics, 5,* 13-34.

Kimle, P. A., & Damhorst, M. L. (1997). A grounded theory model of the ideal business image for women. *Symbolic Interaction, 20*(1), 45-68.

Korda, M. (1975). *Power! How to get it, how to use it.* New York: Random House.

Kwon, Y.-H. (1994a). Feeling toward one's clothing and self-perception of emotion, sociability, and work competency. *Journal of Social Behavior and Personality, 9*(1), 129-39.

Kwon, Y.-H. (1994b). The influence of appropriateness of dress and gender on the self-perception of occupational attributes. *Clothing and Textiles Research Journal, 12*(3), 33-9.

Kwon, Y.-H., & Farber, A. (1992). Attitudes toward appropriate clothing in perception of occupational attributes. *Perceptual and Motor Skills, 74,* 163-8.

Maycumber, S. G. (1998, January 9). Young men's pants preference shifting. *Daily News Record, 28*(4), pp. 8-9.

McCracken, G. D. (1985). The trickle-down theory rehabilitated. In M. R. Solomon (Ed.) *The psychology of fashion* (pp. 39-54). Lexington, MA: D. C. Heath.

McLeod, H., & Damhorst, M. L. (1996). African-American male executive dress: Issues of aesthetics, conformity and ethnic identity. In J. A. Costa (Ed.) *Gender, marketing and consumer behavior: Proceedings of the third conference* (pp. 165-7). Salt Lake City, UT: University of Utah Printing Service.

Molloy, J. T. (1975). *Dress for success.* New York: David McKay Co.

Molloy, J. T. (1977). *The woman's dress for success book.* Chicago: Follett.

Roberts, H. E. (1977). The exquisite slave: The role of clothes in the making of the Victorian woman. *Signs, 2*(3), 554-69.

Rubinstein, R. P. (1995). *Dress codes.* Boulder, CO: Westview Press.

Rucker, M., Taber, D., & Harrison, A. (1981). The effect of clothing variation on first impressions of female job applicants: What to wear when. *Social Behavior and Personality, 9*(2), 124-9.

Scherbaum, C. J., & Shepherd, D. H. (1987). Dressing for success: Effects of color and layering on perceptions of women in business. *Sex Roles, 16*(7/8), 391-9.

Sherry, J. F., Jr., McGrath, M. A., & Levy, S. J. (1995). Monadic giving: Anatomy of gifts given to the self. In J. F. Sherry, Jr. (Ed.) *Contemporary marketing and consumer behavior: An anthropological sourcebook* (pp. 399-432). Thousand Oaks, CA: Sage.

Solomon, M. R. (1996). *Consumer behavior: Buying, having, and being*. Englewood Cliffs, NJ: Prentice Hall.

Solomon, M. R., & Douglas, S. P. (1985). The female clotheshorse: From aesthetics to tactics. In M. R. Solomon (Ed.) *The psychology of fashion* (pp. 387–401). Lexington, MA: D. C. Heath.

Thurston, J. L., Lennon, S. J., & Clayton, R. V. (1990). Influence of age, body type, fashion, and garment type on women's professional image. *Home Economics Research Journal, 19*(2), 139–150.

Workman, J. E., & Johnson, K. K. P. (1993). Cultural aesthetics and the social construction of gender. In S. J. Lennon & L. D. Burns (Eds) *Social science aspects of dress: New directions* (pp. 93–109). Monument, CO: International Textile and Apparel Association.

■第4章■

Aburdene, P., & Naisbitt, J. (1992). *Megatrends for women*. New York: Villard Books.

Altheide, D. L., & Johnson, J. M. (1994). Criteria for assessing interpretive validity in qualitative research. In N. K. Denzin & Y. S. Lincoln (Eds), *Handbook of qualitative research* (pp. 485–99). London: Sage.

Arthur, L. B. (1997). Role salience, role embracement, and the symbolic self-completion of sorority pledges. *Sociological Inquiry, 67*(3), 364–79.

Barber, B., & Lobel, L. S. (1952, December). "Fashion" in women's clothes and the American social system. *Social Forces, 31*, 124–31.

Baudrillard, J. (1983). *Simulations* (P. Foss, P. Patton, & P. Beitchman, Trans.). New York: Semiotext(e), Inc.

Belk, R. W., & Pollay, R. W. (1985). Images of ourselves: The good life in twentieth century advertising. *Journal of Consumer Research, 11*, 887–97.

Blumer, H. (1969). *Symbolic interactionism, perspective and method*. Englewood Cliffs, NJ: Prentice Hall.

Breaking the Code. (1990, January). *Glamour*, p. 56.

Bureau of the Census. (1992). *Statistical abstract of the United States* (112th Ed.). Washington, D.C.: United States Department of Commerce, Economics and Statistics Administration.

Cash, T. F. (1985). The impact of grooming style on the evaluation of women in management. In M. R. Solomon (Ed.), *The psychology of fashion* (pp. 343–55). Lexington, MA: Lexington Books.

Caution: Beauty at work. (1992, April). *Mademoiselle*, 170–1.

Charon, J. M. (1985). *Symbolic interactionism* (2nd ed.). Englewood Cliffs, NJ: Prentice-Hall.

Crawley, E. (1965). Sacred dress. In M. E. Roach & J. B. Eicher (Eds), *Dress, adornment, and the social order* (pp. 138–41). New York: John Wiley and Sons.

Damhorst, M. L., Eckman, M., & Stout, S. (1986). Cluster analysis of women's business suits [Abstract]. *ACPTC Proceedings: National Meeting* (p. 65). Monument, CO: Association of College Professors of Textiles and Clothing.

文　献

Damhorst, M. L., & Fiore, A. M. (1993). Evaluations of women's suits by male and female personnel interviewers. In J. A. Costa (Ed.), *Gender and Consumer Behavior Second Conference Proceedings* (pp. 58–60). Salt Lake City, UT: University of Utah Printing Service.

Damhorst, M. L., & Reed, J. A. (1986). Clothing color value and facial expression: Effects on evaluations of female job applicants. *Social Behavior and Personality, 14*(1), 88–98.

Davis, F. (1982). On the "symbolic" in symbolic interaction. *Symbolic Interaction, 5,* 111–26.

Denzin, N. K., & Lincoln, Y. S. (1994). *Handbook of qualitative research.* Thousand Oaks, CA: Sage Publications.

Douglas, S. (1994). *Where the girls are: Growing up with the mass media.* New York: Times Books.

Eco, U. (1976). *A theory of semiotics.* Bloomington, IN: Indiana University Press.

Faludi, S. (1991). *Backlash: The undeclared war against American women.* New York: Crown Publishers.

Featherstone, M. (1991). *Consumer culture and postmodernism.* London: Sage Publications.

Fischer, E. M., Reuber, A. R., & Dyke, L. S. (1993). A theoretical overview and extension of research on sex, gender, and entrepreneurship. *Journal of Business Venturing, 8,* 151–68.

Forsythe, S. M. (1993). Dressing for success: The myth and the reality. *Journal of Home Economics, 85*(4), 49–53.

Forsythe, S. M., Drake, M. F., & Cox, C. A. (1984). Dress as an influence on the perceptions of management characteristics in women. *Home Economics Research Journal, 13*(2), 112–21.

Foucault, M. (1977). *Discipline and punish: The birth of the prison.* New York: Pantheon Books.

Frye, M. (1983). *The politics of reality: Essays in feminist theory.* Freedom, CA: The Crossing Press.

Gans, H. J. (1962). *The urban villagers: Group and class life of Italian-Americans.* New York: The Free Press.

Gherardi, S. (1994). The gender we think, the gender we do in our everyday organizational lives. *Human Relations, 47,* 591–610.

Gitlin, T. (1988, November 6). Hip deep in postmodernism. *The New York Times Book Review,* pp. 1, 35–6.

Gross, B. L., & Sheth, J. N. (1989). Time-oriented advertising: A content analysis of United States magazine advertising, 1890–1988. *Journal of Marketing, 53,* 76–83.

Gubrium, J. F., & Holstein, J. A. (1995). Individual agency, the ordinary, and postmodern life. *The Sociological Quarterly, 36,* 555–70.

Harragan, B. L. (1977). *Games mother never taught you: Corporate gameship for women.* New York: Warner Books.

Hoffman, D. (1991, June 2). Work clothes 101: Suits are still best. *The New York Times,* p. 56.

Hood, J. N., & Koberg, C. S. (1994). Patterns of differential assimilation and acculuration for women in business organizations. *Human Relations, 47*(2), 159–81.

Hoschwender, W. (1991, October). Vogue beauty: Appearance at work. *Vogue,* 230–6.

Holbrook, M. B., & Dixon, G. (1985). Mapping the market for fashion: Complementarity in consumer preferences. In M. R. Solomon (Ed.), *The psychology of fashion* (pp.109–26). Lexington, MA: Lexington Books.

Jaggar, A. (1983). *Feminist politics and human nature.* NJ: Rowman and Allenheld.

Joseph, N., & Alex, N. (1972). The uniform: A sociological perspective. *American Journal of Sociology, 77,* 719–30.

Kaiser, S. B., Lennon, S. J., & Damhorst, M. L. (1991). Forum: Gendered appearances in twentieth century popular media. *Dress, 18,* 49–77.

Kaiser, S. B., Nagasawa, R. H., & Hutton, S. S. (1991). Fashion, postmodernity and personal appearance: A symbolic interactionist formulation. *Symbolic Interaction, 14*(2), 165–85.

Kaiser, S. B., Nagasawa, R. H., & Hutton, S. S. (1995). Construction of an SI theory of fashion: Part 1. Ambivalence and change. *Clothing and Textiles Research Journal, 13*(3), 172–83.

Kanter, R. M. (1977). *Men and women of the corporation.* New York: Basic Books, Inc., Publishers.

Kimle, P. A., & Damhorst, M. L. (1997). A grounded theory model of the ideal business image for women. *Symbolic Interaction, 20,* 45–68.

Kuchta, D. M. (1990). Graceful, virile, and useful: The origins of the three-piece suit. *Dress, 17,* 118–26.

Lyons, J. (1977). *Semantics (Vol. 1).* Cambridge, England: Cambridge University Press.

Lyotard, J. F. (1984). *The postmodern condition: A report on knowledge* (G. Bennington & B. Messumi, Trans.). Minneapolis: University of Minnesota Press. (Original work published 1979)

Mannheim, K. (1960). *Ideology and utopia.* London: Routledge & Kegan Paul.

McCracken, G. D. (1985). The trickle-down theory rehabilitated. In M. R. Solomon (Ed.), *The psychology of fashion* (pp. 40–54). Lexington, MA: Lexington Books.

Molloy, J. T. (1977). *Women's dress for success book.* Chicago: Follett.

Morgado, M. A. (1996). Coming to terms with postmodern: Theories and concepts of contemporary culture and their implications for apparel scholars. *Clothing and Textiles Research Journal, 14*(1), 41-53.

Nusbaum, E. (1989, January). Suitable attire: Guys, make the fashion grade on first job hunt. The *Des Moines Register,* pp. 1E–2E.

Omelianuk, S. (1994, August). All about suits. *Gentlemen's Quarterly,* 104–17.

Radziwill, L. (1988, April). Fashion: Less is more. *McCalls,* 136.

Rafaeli, A., & Pratt, M. G. (1993). Tailored meanings: On the meaning and impact of organizational dress. *Academy of Management Review, 18,* 32–55.

Rucker, M., Taber, D., & Harrison, A. (1981). The effect of clothing variation on first impressions of female job applicants: What to wear when. *Social Behavior and Personality, 9*(1), 53–64.

Sahlins, M. D. (1976). *Culture and practical reason*. Chicago: University of Chicago Press.

Saunders, C., & Stead, B. (1986). Women's adoption of a business uniform: A content analysis of magazine advertisements. *Sex Roles, 15*(3/4), 197–205.

Scherbaum, C., & Shepherd, D. (1987). Dressing for success: Effects of color and layering on perceptions of women in business. *Sex Roles, 16*(7/8), 391–9.

Schiro, A. M. (1989, March 2). For men, clothes that make the character. *The New York Times*, p. 62.

Simmel, G. (1904). Fashion. *International Quarterly, 10*, 130–55.

Solomon, M. R. (1983). The role of products as social stimuli: A symbolic interactionism perspective. *Journal of Consumer Research, 10*, 319–29.

Solomon, M. R., & Douglas, S. P. (1987). Diversity in product symbolism: The case of female executive clothing. *Psychology & Marketing, 4*(3), 189–212.

Solomon, M. R., & Douglas, S. P. (1985). The female clothes horse: From aesthetics to tactics. In M. R. Solomon (Ed.), *The psychology of fashion* (pp. 387–401). Lexington, MA: Lexington Books.

Stacey, M. (1992, June). Risqué business: How sexy is too sexy? *Mademoiselle*, 173–175.

Stone, G. (1962). Appearance and the self. In A. M. Rose (Ed.), *Human behavior and social processes: An interactionist approach* (pp. 86–118). New York: Houghton Mifflin.

Toffler, A. (1980). *The third wave*. New York: Bantam Books.

Turner, B. S. (1991). Recent developments in the theory of the body. In M. Featherstone, M. Hepworth, & B. S. Turner (Eds), *The body: Social process and cultural theory* (pp. 1–35). London: Sage Publications.

Veblen, T. (1912). *The theory of the leisure class*. New York: Macmillan.

Wicklund, R. A., & Gollwitzer, P. M. (1982). *Symbolic self completion*. Hillsdale, NJ: Erlbaum.

Wilson, E. (1992). Fashion and the postmodern body. In J. Ash & E. Wilson (Eds.), *Chic thrills*. Berkeley: University of California Press.

Wolf, N. (1991). *The beauty myth*. New York: William Morrow.

■ 第 5 章 ■

Alba, J. W., & Hasher, L. (1983). Is memory schematic? *Psychological Bulletin, 93*, 203–31.

Anderson, B., & Anderson, C. (1985). *Costume design*. New York: Holt, Rinehart and Winston.

Belk, R. & Pollay, R. (1985). Images of ourselves: The good life in Twentieth Century advertising. *Journal of Consumer Research, 11*, 887–97.

Bickman, L. (1974). The social power of a uniform. *Journal of Applied Social Psychology, 4*, 47–61.

Blair, K. (1983). Sex and 'Star Trek'. *Science-Fiction Studies, 10*, 292–7.

Casper, M. J., & Moore, L. J. (1995). Inscribing bodies, inscribing the future: Gender, sex, and reproduction in outer space. *Sociological Perspectives, 38*(2), 311–33.

Corbett, E. P. (1977). *The little rhetoric and handbook.* New York: John Wiley & Sons, Inc.

Cranny-Francis, A. (1985). Sexuality and sex-role stereotyping in 'Star Trek'. *Science Fiction Studies, 12,* 274–84.

Cunningham, R. (1989). *The magic garment: Principles of costume design.* New York: Longman, Inc.

Damhorst, M. L. (1984–5). Meanings of clothing cues in social context. *Clothing and Textiles Research Journal, 3*(2), 39–48.

Damhorst, M. L. (1990). In search of a common thread: Classification of information communicated through dress. *Clothing and Textiles Research Journal, 8*(2), 1–12.

Damhorst, M. L., Eckman, M., & Stout, S. (1986). Cluster analysis of women's business suits (Abstract). *ACPTC Proceedings: National Meeting 1986,* 65.

Davis, E. (1995). True believers. 'Star Trek': *Four generations of stars, stories, and strange new worlds,* pp. 78–82.

Davis, L. L. (1984). Clothing and human behavior: A review. *Home Economics Research Journal, 12*(3), 325-339.

Deegan, M. J. (1986). Sexism in space: The Freudian formula in 'Star Trek'. In D. Palumbo (Ed.), *Eros in the mind's eye* (pp. 209–24). New York, NY: Greenwood.

Dornbusch, S. M., Hastorf, A. H., Richardson, S. A., Muzzy, R. E., & Vreeland, R. S. (1965). The perceiver and the perceived: The relative influences on the categories of interpersonal cognition. *Journal of Personality and Social Psychology, 1*(5), 434–40.

Easterling, C. R., Leslie, J. E., & Jones, M. A. (1992). Perceived importance and usage of dress codes among organizations that market professional services. *Public Personnel Management, 21*(2), 211–19.

Forsythe, S., Drake, M. F., & Cox, C. (1984). Dress as an influence on the perceptions of management characteristics in women. *Home Economics Research Journal, 13,* 112–21.

Freedman, R. J. (1986). *Beauty bound.* Lexington, MA: Lexington Books.

French, J. R. P., & Raven, B. H. (1958). The bases of social power. In D. Cartwright (Ed.), *Studies in social power* (pp. 150–67). Ann Arbor, MI: Institute for Social Research.

Geffner, R., & Gross, M. M. (1984). Sex-role behavior and obedience to authority: A field study. *Sex Roles, 10*(11/12), 973–85.

Gorman, J. (1993, April 5). Klingon: The final frontier. *Time,* 57.

Gundersen, D. F. (1987). Credibility and the police uniform. *Journal of Police Science and Administration, 15*(3), 192–5.

Hall, C. C. I., & Crum, M. J. (1994). Women and "body-isms" in television beer commercials. *Sex Roles, 31*(5/6), 329–37.

Henderson, M. (1994). Professional women in 'Star Trek', 1964–1969. *Film and History, 24*(1–2), 48–59.

Hoffman, C., Lau, I., & Johnson, D. R. (1986). The linguistic relativity of person cognition: An English-Chinese comparison. *Journal of Personality and Social Psychology, 51,* 1097–105.

Horton, D., & Wohl, R. R. (1956). Mass communication and para-social interaction. *Psychiatry, 19,* 215–29.

Johnson, K. K. P., & Roach-Higgins, M. E. (1987a). Dress and physical attractiveness of women in job interviews. *Clothing and Textiles Research Journal, 5*(3), 1–8.

Johnson, K. K. P., & Roach-Higgins, M. E. (1987b). The influence of physical attractiveness and dress on campus recruiters' impressions of female job applicants. *Home Economics Research Journal, 16,* 87–95.

Johnson, R. (1986-7). What is cultural studies anyway? *Social Text, 16,* 38–80.

Joyrich, L. (1996). Feminist Enterprise? 'Star Trek: The Next Generation' and the occupation of femininity. *Cinema Journal, 35*(2), 61–84.

Kimle, P. A., & Damhorst, M. L. (1997). A grounded theory model of the ideal business image for women. *Symbolic Interaction, 20*(1), 45–68.

Lennon, S. J. (1990a). Bondage in women's clothing and changing sex roles: Evidence from sitcoms. *Empirical Studies in the Arts, 8,* 77–84.

Lennon, S. J. (1990b). Clothing and changing sex roles: Comparison of qualitative and quantitative analyses. *Home Economics Research Journal, 18,* 245–54.

Lennon, S. J. (1992, March). *Appearance themes in L. A. Law.* Paper presented at the Popular/American Culture Association meeting, Lexington, KY.

Lennon, S. J., & Burns, L. D. (1993). Analysis of symbols of dress in characterization. In S. J. Lennon & L. D. Burns (Eds), *Social science aspects of dress: New directions* (pp. 160–71). Monument, CO: International Textiles and Apparel Association.

Littleton, C. S. (1989). Some implications of the mythology in 'Star Trek'. *Keystone Folklore, 4*(1), 33–42.

Logan, M. (1991, August 31). 'Star Trek XXV': The craze continues. *TV Guide,* 4–7, 10–12.

Mauro, R. (1984). The constable's new clothes: Effects of uniforms on perceptions and problems of police officers. *Journal of Applied Social Psychology, 14,* 42–56.

McLaughlin, E. (1996). Clothes encounters. 'Star Trek': 30 Years, pp. 54–7.

Mead, G. H. (1934). *Mind, self, and society.* Chicago: University of Chicago Press.

Merrill, D. (1995, Spring). 'Star Trek': Four generations of stars, stories, and strange new worlds. 'Star Trek, The Next Generation', p. 112.

Morgan, D. L., & Schwalbe, M. L. (1990). Mind and self in society: Linking social structure and social cognition. *Social Psychology Quarterly, 53*(2), 148–64.

Nemecek, L. (1995). *The 'Star Trek, The Next Generation' companion.* New York: Pocket Books.

Okuda, M., Okuda, D., & Mirek, D. (1994). *The 'Star Trek' Encyclopedia: A reference guide to the future.* New York, NY: Pocket Books.

Perse, E. M., & Rubin, R. B. (1989). Attribution in social and parasocial relationships. *Communication Research, 16*(1), 59–77.

Raven, B. H. (1965). Social influence and power. In I. D. Steiner and M. Fishbein (Eds), *Current studies in social psychology* (pp. 371–81). New York, NY: Holt, Rinehart, and Winston.

Raven, B. H. (1983). Interpersonal influence and social power. In H. H. Raven and

J. Z. Rubin (Eds), *Social psychology* (pp. 399–444). New York, NY: Wiley.
Raven, B. H. (1992). A power interaction model of interpersonal influence: French and Raven thirty years later. *Journal of Social Behavior and Personality, 7*, 217–44.
Raven, B. H. (1993). The bases of power: Origins and recent developments. *Journal of Social Issues, 49*, 227–54.
Reid-Jeffery, D. (1982). 'Star Trek': The last frontier in modern American myth. *Folklore and Mythology Studies, 6*, 34–41.
Resnick, L. B. (1991). Shared cognition: Thinking as social practice. In L. B. Resnick, J. M. Levine, & S. D. Teasley (Eds), *Perspectives on socially shared cognition* (pp. 1–20). Washington, DC: American Psychological Association.
Richards, T. (1997). *The meaning of 'Star Trek'*. New York, NY: Doubleday.
Rubin, R. B., & Perse, E. M. (1987). Audience activity and soap opera involvement: A uses and effects investigation. *Human Communication Research, 14*, 246–68.
Russell, D. A. (1973). *Stage costume design: Theory, technique, and style*. Englewood Cliffs, NJ: Prentice-Hall, Inc.
Schlenker, B. R. (1986). *Impression management* (2nd ed.). Monterey: Brooks/Cole.
Schneider, D. J. (1973). Implicit personality theory: A review. *Psychological Bulletin, 79*, 294–309.
Siegel, S. (1956). *Non-parametric statistics for the behavioral sciences*. New York, NY: McGraw-Hill Book Company, Inc.
Snead, E. (1995, Spring). Cosmic couture. *'Star Trek': Four generations of stars, stories, and strange new worlds*, pp. 70–6.
Soley, L., & Kurzbard, G. (1986). Sex in advertising: A comparison of 1964 and 1984 magazine advertisements. *Journal of Advertising, 15*(3), 46–54.
Soley, L., & Reid, L. (1988). Taking it off: Are models in magazine ads wearing less? *Journalism Quarterly, 65*, 960–6.
Stark, S. (1991, December 29). Viewers don't have to be Trekkers to appreciate longevity of TV show. *The Columbus Dispatch Televiewplus*, pp. 26.
Strongman, K., & Hart, C. (1968). Stereotyped reactions to body build. *Psychological Reports, 23*, 1175–8.
Tell Scotty to *Hljo!* (1992, April 20). *People*, 105.
Thurston, J. L., Lennon, S. J., & Clayton, R. V. (1990). Influence of age, body type, currency of fashion detail, and type of garment on the professional image of women. *Home Economics Research Journal, 19*(2), 139–50.
Turque, B. (1990, October 22). Still Klingon to a dream. *Newsweek*, 82.
Volpp, J., & Lennon, S. J. (1988). Perceived police authority as a function of uniform hat style and sex. *Perceptual and Motor Skills, 67*, 815–24.
Warren, B. (1991, September). Robert Blackman: Costume designer. *Star Trek: The Next Generation*, pp. 30–6.
Weibel, K. (1977). *Mirror mirror: Images of women reflected in popular culture*. New York, NY: Anchor Books.
Wells, W., & Siegel, B. (1961). Stereotyped somatotypes. *Psychological Reports, 8*, 77–8.
Wilcox, C. (1992). To boldly return where others have gone before: Cultural change and the old and new 'Star Trek's. *Extrapolation, 33*(1), 88–100.

Wilson, P. R. (1968). Perceptual distortion of height as a function of ascribed academic status. *Journal of Social Psychology, 74,* 97–102.
Wyer, R. S. (1980). The acquisition and use of social knowledge: Basic postulates and representative research. *Personality and Social Psychology Bulletin, 6*(4), 558–73.
Wyer, R. S., & Martin, L. L. (1986). Person memory: The role of traits, group stereotypes, and specific behaviors in the cognitive representation of persons. *Journal of Personality and Social Psychology, 50,* 661–75.

■ 第6章 ■

Asante, M. K. & Asante, K.W. (Eds). (1990). *African culture: The rhythm of unity.* Trenton, NJ: African World Press.
Baldwin, J. A. (1986). African (Black) psychology: Issues and synthesis. *Journal of Black Studies, 16*(3), 235–49.
Collins, P. H. (1991). *Black feminist thought.* New York: Rutledge.
Craik, J. (1994). *The face of fashion: Cultural studies in fashion.* London and New York: Routledge.
Cruickshank, B. (1853). *Eighteen years on the Gold Coast of Africa.* London: Hurst and Blackett Publishers.
Davidson, B. (1991). *African civilization revisited: From antiquity to modern times.* Trenton, NJ: African World Press, Inc.
Davis, F. (1895). Clothing and fashion as communication. In M.R. Solomin (Ed.), *The psychology of fashion* (pp. 15–27). Lexington: Heath/Lexington Books.
Eicher, J. B. & Roach-Higgins, M. E. (1992). Definition and classification of dress. In R. Barnes and J. B. Eicher (Eds), *Dress and gender: Making and meaning in cultural contexts* (pp. 8–20). New York: Berg.
Everett, S. (1991). *History of slavery.* Sacaucus, NJ: Cartwell Books, Inc.
Folb, E. A. (1980). *runnin' down some lines: the language and culture of black teenagers.* Cambridge, MA: Harvard University Press.
Foucault, M. (1980). *Power/Knowledge: Selected interviews and other writings 1972–1977.* New York: Pantheon Books.
Fox-Genovese, E. (1987). The empress's new clothes: The politics of fashion. *Socialist Review, 17*(1), 7–32.
Frye, M. (1983). *The politics of reality: Essays in feminist theory.* Trumansburg, NY: The Crossing Press.
Genovese, E. D. (1972). *Roll, Jordan, roll: The world the slaves made.* New York: Pantheon Books.
Hannerz, U. (1969). *Soulside.* New York: Columbia University Press.
Hebdige, D. (1979). *Subculture: The meaning of style.* New York: Methuen & Co.
Kaiser, S. B. (1990). *The social psychology of clothing symbolic appearance in context.* New York: Macmillan Publishing Company.
Keller, E. F. (1985). *Reflections on gender and science.* New Haven, CT: Yale University

Press.
Kemble, F. A. (1961). *Journal of a residence on a Georgia plantation in 1835–1839.* New York: Pantheon Books.
Keto, C. T. (1981). *The African-centered perspective of history: An introduction.* Laurel Springs, NJ: K.A. Publishers.
Kirshenblatt-Gimblett, B. (1983). The future of folklore studies in America: The urban frontier. *Folklore Forum, 16*(2), 175–234.
Kochman, T. (1981). *Black and white styles in conflict.* Chicago: The University of Chicago Press.
Majors, R. (1991). Nonverbal behavior and communication styles among African Americans. In R. L. Jones, (Ed.), *Black Psychology* (3rd ed.) (pp. 269–94). Berkley, CA: Cobb and Henry.
Majors, R. & Billson, J. M. (1992). *Cool pose.* New York: Simon & Schuster.
Mancini, J. K. (1981). *Strategic styles coping in the inner city.* Hanover, NH: University Press of New England.
Mbiti, J. C. (1970). *African religions and philosophies.* Garden City, N Y: Avalon Books.
Nobles, W. (1980). African philosophy: Foundations for Black psychology. In R. L. Jones (Ed.), *Black psychology* (2nd ed., pp. 29–36). New York: Harper and Row Publishers.
O'Neal, G. S. (1994). African-American aesthetic of dress: Symmetry through diversity. In M. R. Delong & A. M. Fiore (Eds), *Aesthetics of textiles and clothing: Advancing multi-disciplinary perspectives.* ITAA Special Publication #7 (pp. 212–23). Monument, CO.
O'Neal, G. S. (1996). Fashioning future fashions. In *Fashioning the future: Our future from our past.* (Museum book Snowden Gallery of the Schottenstein Wing of Campbell Hall) pp. 25–8, 30. The Ohio State University, Columbus, OH.
O'Neal, G. S. (1997). African-American aesthetic of dress: Subcultural meaning and significance. In I. Rauch and G. F. Carr (Eds), *Semiotics around the world: Synthesis in diversity* (pp. 307–10). Mouton de Gruyter.
O'Neal, G. S. (1998). African-American aesthetic of dress: Current manifestations. *Clothing and Textiles Research Journal, 16*(4), 167–75.
Pasteur, A. B. & Toldson, I. L. (1982). *Roots of soul.* New York: Anchor Press/Doubleday.
Raven, B. H. & Kruglanski, A.W. (1970). Conflict and power. In P. Swingle (Ed.), *The Structure of conflict* (pp. 69–109). New York: Academic Press.
Semmes, C. E. (1992). *Cultural hegemony and African American development.* Westport, CO: Praeger.
Trollope, Mrs. (1832). *Domestic manners of the Americans.* London, Whittaker Thacher & Co.

第 7 章

Behlendorf, B. (1994, May 8). *Hyperreal*. [Online]. Available: http://www.hyperreal.com/raves/altraveFAQ.html [1995, January 15.]

Clarke, J., Hall, S., Jefferson, T., & Roberts, B. (1997). Subcultures, cultures and class. In Gelder, K. & Thornton, S. (Eds), *The Subcultures Reader* (pp. 100–11). London and New York: Routledge (originally published in 1975).

Côté, J.E. & Allahar, A.L. (1995). *Generation on hold: Coming of age in the late twentieth century*. London & New York: New York University Press.

Even Furthur promotional flyer. (1996).

Fogel, L. (1993). The spirit of raving archives. Hyperreal WWW site. http://www.hyperreal.com/raves/spirit of raving.html [World Wide Web Publication.]

Foucault, M. (1980). *Power/knowledge: Selected interviews and other writings 1972–1977* (C. Gordon, L. Marshall, J. Mepham, & K. Soper, Trans.). New York: Pantheon.

Hall, S. & Jefferson, T. (Eds) (1993). *Resistance through rituals: Youth subcultures in post-war Britain*. London: Routledge.

Hebdige, D. (1989). *Subculture: The meaning of style*. London: Routledge (originally published 1979).

Hebdige, D. (1997). Posing ... threats, striking ... poses: Youth, surveillance and display. In K. Gelder & S. Thornton (Eds), *The Subcultures Reader* (pp. 393–405). London & New York: Routledge (originally published in 1983).

hooks, b. (1990). Choosing the margin as a space of radical openness. *Yearning: Race, Gender, and Cultural politics*, pp. 145–53. Boston: South End Press.

Kaiser, S. B., Nagasawa, R. H. & Hutton, S. S. (1991). Fashion, postmodernity and personal appearance: A symbolic interactionist formulation. *Symbolic Interaction*, 14(2), 165–85.

Morgado, M. A. (1996). Coming to terms with *postmodern*: theories and concepts of contemporary culture and their implications for apparel scholars. *Clothing and Textiles Research Journal*, 14(1), 41–53.

Polhemus, T. (1994). *streetstyle: From sidewalk to catwalk*. London, New York: Thames and Hudson.

Polhemus, T. (1996). *stylesurfing: What to wear in the 3rd millennium*. London: Thames and Hudson.

Rose, T. (1994). *Black noise: Rap music and black culture in contemporary America*. Hanover, NH: Wesleyan University Press.

Rushkoff, D. (1994). *Cyberia: Life in the trenches of hyperspace*. San Francisco: Harper Collins.

Stone, G. (1962). Appearance and the self. In A.M. Rose (Ed.), *Human Behavior and the Social Processes: An Interactionist Approach* (pp. 86–116). New York: Houghton Mifflin Co.

Strauss, N. (1996, May 28). All-night parties and a nod to the 60's (rave on!). *New York Times*, pp. B1–B2.

Thornton, S. (1996). *Club cultures: Music, media and subcultural capital*. Hanover,

NH:Wesleyan University Press.
van Manen, M. (1990). *Researching lived experience*. Albany, NY: State University of New York Press.

■ 第8章 ■

Bar-Tal, D., & Saxe, L. (1976). Perceptions of similarly and dissimilarly attractive couples and individuals. *Journal of Personality and Social Psychology, 33*, 172–281.
Benson, P. L., Karabenick, S. A., & Lerner, R. M. (1976). Pretty pleases: The effects of physical attractiveness, race, and sex on receiving help. *Journal of Experimental Social Psychology, 12*, 409–15.
Brown, T., Cash, T., & Lewis, R. (1989). Body-image disturbances in adolescent female binge-purgers: A brief report of the results of a national survey in the U.S.A. *Journal of Child Psychology and Psychiatry, 30*, 605–13.
Buss, D. M. (1989). Sex differences in human mate preferences: Evolutionary hypotheses tested in 37 cultures. *Behavioral and Brain Sciences, 12*, 1–49.
Buss, D. M., & Barnes, M. (1986). Preferences in human mate selection. *Journal of Personality and Social Psychology, 50*, 559–70.
Cash, T. F. & Kilcullen, R. (1985). The aye of the beholder: Susceptibility to sexism and beautyism in the evaluation of managerial applicants. *Journal of Applied Social Psychology, 15*, 591–605.
Cash, T. F., Winstead, B. A., & Janda, L. H. (1986, April). The great American shape-up. *Psychology Today*, 30–7.
Chaiken, S. (1979). Communicator physical attractiveness and persuasion. *Journal of Personality and Social Psychology, 37*, 1387–97.
Davis, K. (1995). *Reshaping the female body: The dilemma of cosmetic surgery*. New York: Routledge.
Fabian, L. & Thompson, J. K. (1989). Body image and eating disturbance in young females. *International Journal of Eating Disorders, 8*(1), 63–74.
Fallon, A. (1990). Culture in the mirror: Sociocultural determinants of body image. In T. F. Cash and T. Pruzinsky (Eds), *Body images: Development, deviance, and change* (pp. 80–109). New York: The Guilford Press.
Fallon, A. & Rozin, P. (1985). Sex differences in perception of desirable body shape. *Journal of Abnormal Psychology, 94*, 102–5.
Favazza, A. (1987). *Bodies under siege: Self-mutilation in culture and psychiatry*. Baltimore: Johns Hopkins University Press.
Freedman, R. J. (1986). *Beauty bound*. Lexington, MA: Lexington Books.
French, J. R. P., & Raven, B. H. (1959). The bases of social power. In D. Cartwright (Ed.), *Studies in social power* (pp. 150–67). Ann Arbor, MI: Institute for Social Research.
Halmi, K., Zleifield, E., & Wagner, S. (1997). *Eating disorders scientific advisory group training manual: Anorexia nervosa, bulimia nervosa, binge eating*. Washington, D.C.: National Institutes of Mental Health.

Hamermesh, D. S., & Biddle, J. E. (1994). Beauty and the labor market. *The American Economic Review, 84*, 1174-94.

Hatfield, E., & Sprecher, S. (1986). *Mirror mirror: The importance of looks in everyday life.* Albany: State University of New York Press.

Hill, L. (1997, April 18). *Are eating disorders increasing? Now more than ever?* Paper presented at the Conference on Co-occurrence of eating disorders and clinical depression: Signs, symptoms, and treatment. Harding Hospital and Ohio Department of Mental Health, Columbus, OH.

Jackson, L., Sullivan, L., & Rostker, R. (1988). Gender, gender role, and body image. *Sex Roles, 19*, 429–43.

Landy, D., & Sigall, H. (1974). Beauty is talent: Task evaluation as a function of the performer's physical attractiveness. *Journal of Personality and Social Psychology, 29*, 299–304.

Lennon, S. J., & Rudd, N. A. (1994). Linkages between attitudes toward gender roles, body satisfaction, self-esteem, and appearance management behaviors in women. *Family and Consumer Sciences Research Journal, 23*, 94–117.

Lerner, R. & Javonovic, J. (1990). The role of body image in psychosocial development across the life span: A developmental contextual perspective. In T. F. Cash and T. Pruzinsky (Eds), *Body images: Development, deviance, and change* (pp. 110–27). New York: Guilford Press.

Miller, A. G. (1970). Role of physical attractiveness in impression formation. *Psychonomic Science, 19* (4), 241–3.

Millward, L. J. (1995). Focus groups. In G. M. Breakwell, S. Hammond, and C. Fife-Schaw (Eds), *Research methods in psychology* (pp. 274–92). Thousand Oaks, CA: Sage.

Mintz, L. & Betz, N. (1988). Prevalence and correlates of eating disordered behaviors among undergraduate women. *Journal of Counseling Psychology, 35*(4), 463–71.

Moore, D. (1993). Body image and eating behavior in adolescents. *Journal of the American College of Nutrition, 12*(5), 505–10.

Nasser, C., Hodges, P., & Ollendick, T. (1992). Self-concept, eating attitudes, and dietary patterns in young adolescent girls. *The School Counselor, 39*, 338–43.

Orenstein, P. (1994). *School girls: Young women, self-esteem, and the confidence gap.* New York: Doubleday.

Pallak, S. R. (1983). Salience of a communicator's physical attractiveness and persuasion: A heuristic versus systematic processing interpretation. *Social Cognition, 2*, 156–68.

Pipher, M. (1994). *Reviving Ophelia: Saving the selves of adolescent girls.* New York: Ballentine Books.

Price Waterhouse v. Hopkins, 490 U.S. 228 (1989).

Raven, B. H. (1965). Social influence and power. In I. D. Steiner and M. Fishbein (Eds), *Current studies in social psychology* (pp. 371–81). New York, NY: Holt, Rinehart, and Winston.

Raven, B. H. (1992). A power interaction model of interpersonal influence: French and Raven thirty years later. *Journal of Social Behavior and Personality, 7*, 217–44.

Raven, B. H. (1993). The bases of power: Origins and recent developments. *Journal of Social Sciences, 49*, 227–54.

Reingen, P. H., & Kernan, J. B. (1993). Social perception and interpersonal influence: Some consequences of the physical attractiveness stereotype in a personal selling setting. *Journal of Consumer Psychology, 2*(1), 25–38.

Roszell, P., Kennedy, D., & Grabb, E. (1989). Physical attractiveness and income attainment among Canadians. *The Journal of Psychology, 123*(6), 547–59.

Rudd, N. A. (in press). Cosmetics comparison and use among women: Ritualized activities that construct and transform the self. *Journal of Ritual Studies*.

Rudd, N. A., & Lennon, S. J. (1993). Body image and appearance-altering behaviors in college women [abstract]. In C. Ladisch (Ed.), *Proceedings of the 1993 meeting of the International Textiles and Apparel Association* (p. 107). Monument, CO: International Textiles and Apparel Association.

Sanford, L., & Donovan, M. (1984). *Women and self-esteem*. Garden City, N.Y.: Anchor Press/Doubleday.

Sigall, H., & Landy, D. (1973). Radiating beauty: Effects of having a physically attractive partner on person perception. *Journal of Personality and Social Psychology, 28*, 218–24.

Striegel-Moore, R., Silberstein, L., & Rodin, J. (1986). Toward an understanding of risk factors for bulimia. *American Psychologist, 41*, 246–63.

Tavris, C. (1992). *The mismeasure of woman*. New York, NY: Simon & Schuster.

Thompson, J., & Heinberg, L. (1993). Preliminary test of two hypotheses of body image disturbance. *International Journal of Eating Disorders, 14*(1), 59–63.

Walster, E., Aronson, V., Abrahams, D., & Rottman, L. (1966). Importance of physical attractiveness in dating behavior. *Journal of Personality and Social Psychology, 4*(5), 508–16.

Whitaker, A., Davies, M., Shaffer, D., Johnson, J., Abrams, S., Walsh, T., & Kalikow, K. (1989). The struggle to be thin: A survey of anorexic and bulimic symptoms in a non-referred adolescent population. *Psychological Medicine, 19*, 143–63.

■第9章■

Air Carrier Access Act of 1986. 49 U.S.C. 1374(c) (1994).

Allen, D. O., & Beck, R. R. (1986). The role of calcium ion in hormone-stimulated lipolysis. *Biochemical Pharmacology, 35*, 767–72.

Americans with Disabilities Act of 1990, 42 U.S.C. section 12101, et. seq.

Americans with Disabilities Act handbook. (1991). Washington, D.C.: U.S. Equal Employment Opportunity Commission and the U.S. Department of Justice.

Baron, R. A., & Byrne, D. (1991). *Social psychology: Understanding human interaction* (6th ed.). Boston, MA: Allyn and Bacon.

Bellizzi, J. A., & Norvell, D. W. (1991). Personal characteristics and salesperson's justifications as moderators of supervisory discipline in cases involving unethical salesforce behavior. *Journal of the Academy of Marketing Science, 19*(1), 11–16.

Benson, P. L., Severs, D., Tatenhorst, J., & Loddengaard, N. (1980). The social costs of obesity: A non-reactive field study. *Social Behavior and Personality, 8,* 91–6.

Brink, T. L. (1988). Obesity and job discrimination: Mediation via personality stereotypes? *Perceptual and Motor Skills, 66,* 494.

Burgard, D., & Lyons, P. (1994). Alternatives in obesity treatment: Focusing on health for fat women. In P. Fallon, M. A. Katzman, & S. C. Wooley (Eds), *Feminist perspectives on eating disorders* (pp. 212–30). New York: The Guilford Press.

Canning, H., & Mayer, J. (1967). Obesity: An influence on high school performance. *American Journal of Clinical Nutrition, 20,* 352–4.

Cassista v. Community Foods, Inc., 5 Cal. 4th 1050 (1993).

Chicago PD desecrates body: Chicago NAAFA stages protest. (1996). *National Association to Advance Fat Acceptance (NAAFA) Newsletter, 26*(2), 1, 10.

Chowdhary, U., & Beale, N. V. (1988). Plus-size women's clothing interest, satisfactions and dissatisfactions with ready-to-wear apparel. *Perceptual and Motor Skills, 66,* 783–8.

Coates, T. J., & Thoresen, C. E. (1978). Treating obesity in children and adolescents: A review. *American Journal of Public Health, 68,* 143–50.

Cook v. Rhode Island, 10 F. 3d 17 (1st Cir. 1993).

Crandall, C. S. (1994). Prejudice against fat people: Ideology and self-interest. *Journal of Personality and Social Psychology, 66*(5), 882–94.

Crandall, C., & Biernat, M. (1990). The ideology of anti-fat attitudes. *Journal of Applied Social Psychology, 20*(3), 227–43.

Creighton, H. (1988). Dismissal of obese woman from school of nursing: Actionable? *Nursing Management, 19*(4), 26–31.

Daria, I. (1993). Truth in fashion: Why more designers are designing large-size clothes – and why some still won't. *Glamour, 91,* 149–50.

D.C. Human Rights Act § 1–2512 (1981).

DeJong, W. (1980). The stigma of obesity: The consequences of naïve assumptions concerning the causes of physical deviance. *Journal of Health and Social Behavior, 21,* 75–87.

Dunn, W. (1986, August). Selling to big Americans. *American Demographics, 8,* 38–40, 55–6.

Dunworth, K. B. (1994). *Cassista v. Community Foods, Inc.*: Drawing the line at obesity? *Golden Gate University Law Review, 24,* 523–46.

EEOC v. Texas Bus Lines, 923 F.Supp. 965 (S.D. Tex. 1996).

Ernsberger, P., & Haskew, P. (1987). Health implications of obesity: An alternative view. *The Journal of Obesity and Weight Regulation, 6,* 1–137.

Everett, M. (1990, March). Let an overweight person call on your best customers? Fat chance. *Sales & Marketing Management, 142,* 66–70.

Federal Aviation Act of 1958 (FAA) (Pub.L. 85-726, Aug. 23, 1958, 72 Stat. 731).

Fisher, E. (1997). School's in! *National Association to Advance Fat Acceptance (NAAFA) Newsletter, 27*(1), 6, 9.

Fraser, L. (1994, June). The office F word. *Working Woman, 19,* 52–4, 88, 90–1.

Gimello v. Agency Rent-A-Car Systems, Inc., 594 A.2d 264 (N.J. App. Div. 1991).

Goldborough, J. D. (1970). On becoming nonjudgmental. *American Journal of*

Nursing, 70, 2340–3.
Goodman, W. C. (1995). *The invisible woman: Confronting weight prejudice in America.* Carlsbad, CA: Gürze Books.
Gortmaker, S. L., Must, A., Perrin, J. M., Sobol, A. M., & Dietz, W. H. (1993). Social and economic consequences of overweight in adolescence and young adulthood. *The New England Journal of Medicine, 329,* 1008–12.
Greene v. Union Pacific R. R., Co. 548 F.Supp. 3 (W.D. Wash. 1981).
Gregory, D. (1994, August). Heavy judgment: A sister talks about the pain of 'Living Large'. *Essence, 25,* 57–58, 105, 110–12.
Grilo, C. M., Wilfley, D. E., Brownell, K. D., & Rodin, J. (1994). Teasing, body image, and self-esteem in a clinical sample of obese women. *Addictive Behaviors, 19*(4), 443–50.
Grodner, M. (1995). Size discrimination. *Journal of Nutrition Education, 27*(1), 3.
Harris, M. B., Harris, R. J., & Bochner, S. (1982). Fat, four-eyed, and female: Stereotypes of obesity, glasses, and gender. *Journal of Applied Social Psychology, 12*(6), 503–16.
Hartnett, P. (1993). Nature or nurture, lifestyle or fate: Employment discrimination against obese workers. *Rutgers Law Journal, 24,* 807–45.
Hendry, L. B., & Gillies, P. (1978). Body type, body esteem, school, and leisure: A study of overweight, average, and underweight adolescents. *Journal of Youth and Adolescence, 7,* 181–95.
Jasper, C. R., & Klassen, M. L. (1990a). Perceptions of salespersons' appearance and evaluation of job performance. *Perceptual and Motor Skills, 71,* 563–6.
Jasper, C. R., & Klassen, M. L. (1990b). Stereotypical beliefs about appearance: Implications for retailing and consumer issues. *Perceptual and Motor Skills, 71,* 519–28.
Jonas, R. (1997, Spring). Sizing up the job market: Is plus a minus? *Big Beautiful Woman,* 39–41.
Kassirer, J. P., & Angell, M. (1998). Losing weight: An ill-fated new year's resolution. *New England Journal of Medicine, 338,* 52–4.
Kennedy, M. M. (1988, March). Discrimination against fat women: A reality in the workplace. *Glamour, 86,* 152.
Koretz, G. (1994, November 21). Physical traits can hurt pay: Fat women and short men suffer. *Business Week,* 22.
Lampert, L. (1993, May). Fat like me. *Ladies Home Journal, 110,* 154–155, 214–215.
Larkin, J. C., & Pines, H. A. (1979). No fat persons need apply: Experimental studies of the overweight stereotype and hiring preference. *Sociology of Work and Occupations, 6*(3), 312–27.
Lennon, S. J., & Miller, F. (1984–5). Attire, physical appearance, and first impressions: More is less. *Clothing and Textiles Research Journal, 3*(1), 1–8.
Lynch, D. M. (1996). The heavy issue: Weight-based discrimination in the airline industry. *Journal of Air Law and Commerce, 62,* 203–42.
Lundberg, J. K., & Sheehan, E. P. (1994). The effects of glasses and weight on perceptions of attractiveness and intelligence. *Journal of Social Behavior and*

Personality, 9(4), 753–60.
Maiman, L. A., Wang, V. L., Becker, M. H., Finlay, J., & Simonson, M. (1979). Attitudes toward obesity and the obese among professionals. *The Journal of the American Dietetic Association, 74*, 331–6.
Marlene Corrigan convicted. (1998, January/February). *National Association to Advance Fat Acceptance (NAAFA) Newsletter, 27*(5), 8.
Maroney, D., & Golub, S. (1992). Nurses' attitudes toward obese persons and certain ethnic groups. *Perceptual and Motor Skills, 75*, 387–91.
Mass. House Bill No. 3972 (1997).
McAfee, L. (1997). College, chairs, and fat pride. *National Association to Advance Fat Acceptance (NAAFA) Newsletter, 27*(1), 7, 9.
Metropolitan Life Insurance Company. (1983, Jan–June). Comparison of 1959 and 1983 Metropolitan height and weight tables. *Statistical Bulletin*, 6–7.
Mich. Comp. Laws § 37.2202 (1991).
Millman, M. (1980). *Such a pretty face: Being fat in America*. New York: W. W. Norton & Company.
Murphy, B. S., Barlow, W. E., & Hatch, D. D. (1994). Discrimination against the obese violates rehab act. *Personnel Journal, 73*(2), 35–6.
Nedder v. Rivier College, 908 F.Supp. 66 (D. N.H. 1995).
New York Assembly Bill No. 588 (1997).
New York Senate Bill No. 1600 (1997).
Oberrieder, H., Walker, R., Monroe, D., & Adeyanju, M. (1995). Attitude of dietetics students and registered dietitians toward obesity. *Journal of the American Dietetic Association, 95*(8), 914–16.
O'Hara, M. D. (1996). "Please weight to be seated": Recognizing obesity as a disability to prevent discrimination in public accommodations. *Whittier Law Review, 17*, 895–954.
Ouellette, L. (1991, March/April). As fat as they wanna be: Large women are calling for an end to size discrimination. *Utne Reader*, 21–2.
Overweight: Dr. Fat-Attack. (1994). *Psychology Today, 27*(2), 10.
Pauley, L. L. (1988). Customer weight as a variable in salespersons' response time. *Journal of Social Psychology, 129*(5), 713–14.
Pingitore, R., Dugoni, B. L., Tindale, R. S., & Spring, B. (1994). Bias against overweight job applicants in simulated employment interview. *Journal of Applied Psychology, 79*(6), 909–17.
Polaneczky, R. (1994, July). More of her to love. *Philadelphia, 85*, 48–51, 85–7.
Prewitt, T., & Rogers, M. (1987). Giving weight-loss advice that patients will heed. *Contemporary OB/GYN, 30*, 81–2, 87, 90.
Price, J. H., Desmond, S. M., Ruppert, E.S., & Stelzer, C. M. (1989). Pediatricians' perceptions and practices regarding childhood obesity. *American Journal of Preventive Medicine, 5*, 95–103.
Price, J. H., Desmond, S. M., Ruppert, E.S., & Stelzer, C. M. (1987). School nurses' perceptions of childhood obesity. *Journal of School Health, 57*(8), 332–6.
Price, J. H., Desmond, S. M., & Stelzer, C. M. (1987). Elementary school principals' perceptions of childhood obesity. *Journal of School Health, 57*(9), 367–70.

Raven, B. H. (1992). A power interaction model of interpersonal influence: French and Raven thirty years later. *Journal of Social Behavior and Personality, 7*, 217–44.

Roberts, S. B., Savage, J., Coward, W. A., Chew, B., & Lucas, A. (1988). Energy expenditure and intake in infants born to lean and overweight mothers. *New England Journal of Medicine, 318*, 461–6.

Rodin, J. (1992, May). The new meaning of thin. *Glamour*, 224–7.

Rothstein, M. A. (1994). *Employment law*. St. Paul, MN: West Publishing Co.

Santa Cruz, Calif., Ordinance 92–11 (April 28, 1992).

Sargent, J. D., & Blanchflower, D. G. (1994). Obesity and stature in adolescence and earnings in young adulthood: Analysis of a British birth cohort. *Archives of Pediatric and Adolescent Medicine, 148*, 681–7.

Sharp, D. (1996, August 27). Boy fears teasing on his weight, kills self. *USA Today*, p. 4A.

Shim, S., & Kotsiopulos, A. (1990). Women's physical size, body-cathexis, and shopping for apparel. *Perceptual and Motor Skills, 71*, 1031–42.

Smith, S. E. (1995). Size acceptance: Building bridges in the movement between past and future. *Healthy Weight Journal*, 53–4.

State Div. Of Human Rights v. Xerox Corp., 480 N.E.2d 695 (N.Y. Ct. App. 1985).

Technical assistance manual on the employment provisions of the Americans With Disabilities Act. (1992, January). Equal Employment Opportunities Commission: Washington, D.C.

The Civil Rights Act, 42 U.S.C. § 1975a–1975d, 2000a–2000h (1964).

The Rehabilitation Act, 29 U.S.C. § 701–797 (1973).

Tipping the scales of justice. (1993, December 13). *People Weekly*, 99.

Wann, M. (1998, January/February). Save the fat kids. *National Association to Advance Fat Acceptance (NAAFA) Newsletter, 27*(5), 4, 10.

Weight issue on trial. (1997, December 29). *Columbus Dispatch*, p. 6A.

Young, L. M., & Powell, B. (1985). The effects of obesity on the clinical judgments of mental health professionals. *Journal of Health and Social Behavior, 26*, 233–46.

■索 引■

◆あ

アイデンティティ 89, 157, 166
あいまい性 91, 92, 109, 110
アクセサリー 79, 80
新しいサブカルチャー 166
アフリカ系アメリカ人 84, 142
アフロスタイル 165
安定性 89
アンビバレンス（両価性） 92
暗黙の人格理論 119

◆い

威圧感を与える服装 54, 58
EEOC（雇用機会均等委員会） 214-216
イーブンファーザー 158, 161-164, 166-168
意思決定 116, 125, 126, 137
衣装 120
イメージ 3
色 70, 90, 106
印象 78, 115, 134
印象管理 141
印象形成 117
インタビュー 17

◆う

ウェスタン風の服 82

◆え

英雄の優雅 94
ADA（身体障害者条例） 214-220

◆お

大きなサイズのアパレル市場 208
親文化 157
女らしい手管 101

◆か

外見 26, 69, 158, 174, 179, 190-193, 200
外見管理 166, 172, 178, 188, 191
外見管理行動 171, 172, 177-181, 186, 188, 190-194
外見的変化 28
外見的魅力度 192

解釈学的アプローチ 179
解釈学的研究 161
解釈的手法 73
快楽勢力 175-178, 181, 182, 185-188, 190, 192, 193
画一性 89, 91
革新的なスタイル 69
カジュアル 71, 81
カジュアル・デーの服装 103, 104
カジュアルな服装 4
カジュアル・ルック 85, 105
過剰体重 200
過食 182, 186, 191, 194
過食症 172
価値 145
価値感情 179, 180, 191
感情の構造 37, 41, 58, 61
管理職アイデンティティ 89
管理職の外見 89
管理的役割 89

◆き

擬似社会的相互作用 119
規則遵守 89
帰納的内容分析法 96
客観的リアリティ 117
キャリア・アイデンティティ 110
教育における社会的差別 203, 204
境界的成員 95
強姦 2, 13
強姦裁判 15, 16
強姦被害者 14
強制勢力 12, 116, 117, 127, 138, 174, 178, 182, 183, 188
共有シンボル 119
拒食 182
拒食症 172

◆く

靴 80
クラビング 165
グループ・シンボル 94
グレイトフルデッド運動 167

◆け

経営者の着装　100
警官の制服　37
警察　37
警察官　38, 42, 59
系統抽出法　72
権威的な色彩　102
権利　70

◆こ

公共施設や交通機関で起こる身体的差別　210
航空運搬アクセス条例（ACAA）　220
合成シンボル　89
コード　90, 107, 113
黒人文化　160
個人主義的な外観　102
子どもの肥満　204
コミュニケーション　12
雇用差別　214, 216
コンテキスト　97, 119, 124, 135
コンテキスト関係の推奨　98, 99, 104

◆さ

サブカルチャー　6, 157-161, 167, 168
サブカルチャー空間　160
サブカルチャー・グループ　159
サブカルチャー・スタイル　157-159
差別　197, 199, 201-205, 213, 214
参与観察　161

◆し

ジェンダー・アイデンティティ　89, 103
ジェンダー規範　68
ジェンダー役割　67, 84
色彩　70
自己イメージ　209
自己価値　186, 194
自己受容　184
自己制御感　180, 181
仕事上の役割　88
仕事のアイデンティティ　89
仕事の機会　201
仕事のライフサイクル　76
仕事場における社会的差別　199

自尊心　201, 213
実効勢力　175-178, 180, 190, 192
死と破壊のための外見　54
支配階級　89
支配者　144
支配と抵抗　143
支配と服従　141
社会規範　88
社会経済的地位　66
社会的アイデンティティ　95
社会的影響　116, 142
社会的影響力　176, 198
社会的関係　141
社会的共有認知　117, 118, 133, 136
社会的差別　198, 202, 204, 210
社会的ステレオタイプ　203
社会的勢力　2, 12, 116, 119, 137, 174-179, 183, 186, 188, 190-195, 198, 210, 221
社会的勢力感　171, 193
社会的相互作用　79
社会的知覚　117
社会的認知　118
社会的偏見　216
社会的役割　119
社会の手がかり　82
集合パターン　91
就職面接　201
集団アイデンティティ　158
重要他者　180, 193
主流の価値体系　166
主流文化　159, 165
準拠勢力　12, 117, 137, 138, 175, 184
障害　220
障害者　214-216
障害者差別　219
障害者定義　216
障害者法　217
状況的手がかり　120
昇進　66, 74, 75, 77
象徴　81, 113
象徴的自己完成理論　94, 108
象徴的相互作用　117
象徴的な力　52, 55, 58, 59, 159
商品やサービスを提供する場における社会的差別　206

250

情報勢力　12, 117, 125, 174, 183, 186, 189
食異常　182
職業的イメージ　69
職業的昇進　69
職業的服装　66, 67, 75
職業的役割　88
職場　3, 65, 115
職場被服　73
職務遂行能力の評価　202
職務的役割　94
女性のアイデンティティ　109
女性の制服　135
女性のビジネス・ドレス　90
女性役割　67
身体　39, 40
身体受容　185
身体像　40, 171, 178-183, 186, 190, 191
身体装飾　28
身体像不安　171
身体的外見　214
身体的差別　210
身体的特徴をもとにした差別　217
身体的変化　28
身体的魅力　175, 179
身体に対する不満　209
審美的表現のポストモダン　168
シンボリック相互作用　113
シンボリックな二重性　112
シンボル　68, 88, 119, 133
親密さを表わす服装　54
心理的効果　78

◆す

推奨されるドレス　98, 101
推奨の多様性　98, 99, 110
スカート　80
スカーフ　80
スケーター　165, 167
スケータースタイル　160
スタイリング　6, 147
スタイル　142, 159-163, 166
スタイルの交差　164
スタイルの提示　166
スタイル・ライン　90, 106
ステレオタイプ　197, 213

ストリートスタイル　165

◆せ

成功するスーツ　100
成功と力の象徴　199
成功のためのドレス　95
性的魅力　69
正当勢力　12, 116, 117, 125, 137, 138, 174, 178
性の容認　102
制服　3, 39, 44, 45, 59, 131
制服の色　137
制服の運び屋　43
制服プロジェクト　59
制服を着た徒歩パトロール　41
性別役割　92
政略的道具　141
勢力　65, 115, 166, 179, 181
勢力ある色　80
勢力イメージ　66, 79, 80
勢力印象　79
勢力較差　66, 71, 73
勢力感　78, 172
勢力感情　179, 180, 191
勢力構造　71
勢力システム　65
勢力シンボル　66
勢力の源泉　175
セクシー・ドレス　101
セックス　13
摂食障害　213
セルフコントロール　206
セルフコントロールの欠如　204
全国肥満受容推進協会　197, 209, 212
戦士巡査　54
専門職的シンボル　90
専門性　123
専門勢力　12, 102, 116, 117, 125, 137, 138, 174, 178, 184, 186

◆そ

相互作用　119, 136
組織環境　89

◆た

第一印象　200

ダイエット　180, 186, 190-192, 194, 197, 201, 206, 212, 213
体型　5
対人的状況で起こる社会的差別　208
態度　71, 145
タトゥー　165
多様性　80, 91
断食　172
男女両性　111
男性クローン外観　102
男性的な外見　68
男性のシンボル　68
男性のビジネス・ドレス　68, 88, 104, 107
男性役割　67

◆ち

力の装飾　61
乳房切除　205
着装　65, 78, 88

◆て

抵抗運動　145
適切な服装　76
テクノカルチャー　157, 160-163, 168
テクノミュージック　163
デザイナーエンブレム　160
テレビ　5, 115
伝統的な服装　4

◆と

同意　19
同化　95, 108
徒歩パトロール　40, 43
富の指標　82
トリクル・ダウン理論　93
トリクル・ダウン効果　107
奴隷　150
ドレスアップ　72, 73, 81
ドレス基準　102
ドレス規範　100, 108
ドレス・コード　66, 71, 93, 105, 112
ドレス・シンボル　87, 88, 112
ドレス・スタイル　90, 113
ドレスダウン　72, 73, 81
ドレス・ダウン・ジレンマ　71

ドレス哲学　98, 102, 105

◆に

二重の拘束　109
人気ブレス　96
認知過程　117

◆ね

ネクタイ　79, 81
ネック・ライン　90

◆の

能力感　78

◆は

パワー（勢力）　2, 142, 158, 160, 168
パワー衣装　73, 81
パワースーツ　65, 79
パワーの変化　160
パワールック　80
反映的研究　37
反映的なアプローチ　39, 42

◆ひ

ピアス　168
美意識　147
ヒエラルキー　115
ビジネス・アイデンティティ　89
ビジネス・イメージ　67, 69, 84
ビジネスウーマンの服装　106
ビジネス・コンテキスト　90
ビジネス・スーツ　89, 93
ビジネス・スーツ外観　102
ビジネス勢力　109
ビジネス・ドレス　69, 71, 88, 105
ビジネス・ドレス・アドバイス　96
ビジネス文化　109
被支配者　144
ヒッピー　164
ヒップホップ　164, 165, 167
ヒップホップの服装　160
否定的な自己イメージ　209
美的基準　6
美の境界　194
美のコード　81

美の神話　194
美の定義　181, 182
被服上の手がかり　119, 130
被服と昇進　74
被服と勢力　65, 78, 115
被服の象徴　84
被服の役割　66
肥満　5, 197, 198, 200, 203, 209, 212, 218-220
肥満患者　205, 206
肥満（に対する）差別　199, 212-214, 217, 220, 221
肥満者用スーツ　210
肥満女性　198, 199, 203-206, 208, 211, 212
肥満女性の身体的差別　210
肥満体　197, 199
肥満に対する偏見　205, 211, 221
表現の媒体としての身体　39
標準体重　202, 203
美容整形（外科）手術　177, 191

◆ふ

ファッション　69, 167
ファッション革新　168
ファッション・トレンド　92
ファッションの害毒　207
フィールド・ノート　161
フィールドワーク　161, 163
フォーカス・グループ　192
フォーカス・グループ・インタビュー　178, 190
フォーカス・グループ研究　193
フォーマル　71, 81, 115
服装　11, 88, 115, 158, 160, 165
服装アドバイス　94, 110
服装アドバイス・メディア　109
服装規範　4, 66, 68
服装上の手がかり　125, 131, 133, 135
服装スタイル　165, 168
服装の審美性　167
服装の標準　90
武装警官　57
太った客室乗務員　203
太った人　202-205, 208, 212, 221
太りすぎ　202
ブリコラージュ　93, 106
プリミア　191

ブレザー　80
ブローチ　81
文化的価値　148
文化的象徴　118
文化的匿名性　54
文化的な女性美の理想　192
文化変容　95, 108

◆へ

ペインティング　165, 168
ヘルスケアにおける社会的差別　204
偏見　197, 199, 201, 203-205, 213, 221

◆ほ

報酬勢力　12, 116, 136, 174, 175, 178, 183, 187, 188, 190, 193
法廷　15
保守主義　105
ポストモダニズム　161, 167
ポストモダン　92, 105
ポストモダンの服装　167
ボディ・イメージ　37, 209
ボディ・ピアス　165
ボディ・モニタリング　172

◆み

魅力　70, 173-175, 179
魅力的な外見　186
魅力度　179, 193
民族性　74, 98
民族的少数派　84

◆む

無力感　197

◆め

メディア　5, 88, 115
メディア分析　138, 139
面接時（の）服装　90, 100
面接調査　72

◆も

モダニズム　167
モダニズムの教義　168

◆や

役割アイデンティティ　106
役割規範　94
役割取得　89, 94
役割取得者　87
役割遂行　70, 87
役割ドレス　88
役割服装規範　100
やせすぎ　202

◆ゆ

ユニフォーム　123, 124

◆よ

装う　37

◆ら

ラップ音楽　160
ラップコミュニティ　160

◆り

リーダーシップの役割　110
リハビリテーション条例　214, 217-220
両性具有的結合　112

◆る

類似性　137

◆れ

レイバー　162, 163, 165, 168
レイプ　164
レイプ・コミュニティ　161
レイプサバイバー　2, 11
レイプ・サブカルチャー　158, 161, 162, 164, 166, 168
レイプ・シーン　161-163, 166
レイプスタイル　167
レイプ・パーティ　161, 167

◆ろ

労働規範　111
ロボコップ　54, 59
ロボコップイメージ　55

◆わ

若者　168
若者（の）スタイル　160, 169
若者のサブカルチャー　157, 158, 167, 169

監訳者あとがき

　この翻訳書は，K. P. ジョンソンとS. J. レノンが編集した，APPEARANCE AND POWER（1999）を全訳したものである。この原著書は，大衆文化やジェンダー問題とのかかわりにおいて服装のもつ意味の検討を主目的にしており，J. B. アイヒャーが総合編集するシリーズ，"*Dress, Body, Culture*（服装，身体，そして文化）"のなかの一冊である。このシリーズには，本書以外に，翻訳書として未だ出版されていないが，次の書物が含まれている。つまり，『自己の新しい衣装：南北戦争前の南部におけるアフリカ系アメリカ人の被服』『彼女と彼：変化する性と衣服』『社交界にデビューする女子のドレスアップ：テキサスにおける野外劇ときらびやかさ』『人体のファッション化：境界，服装，そして身体』『内陸地域の戦士と軍服：ヨーロッパ帝政と外来の制服』『ベール：慎み，プライバシー，そして抵抗』『ヨーロッパとアナトリアにおける民族衣装：防護と豊かさについての信念』である。

　ところで，K. P. ジョンソンとS. J. レノンは，APPEARANCE AND POWERの裏表紙に，この本に関して，以下のような文章を添えている。

　　　外見は，広範囲な状況のなかで，他者に対して，強力で直接的な効果をもたらすように繰り返し提示される。特に，女性の外見がもつ社会的影響力は大きなものであり，それは社会的，経済的，法的なものと多岐にわたっている。社会的統制をもくろむ制服のいっそう明確な役割から，背格好と社会的地位との間の微妙な相互関係にいたるまで，外見は幅広く説明する。ダイエット，刺青，ピアス，成形外科などによって身体を変えたり，修正したいと考えている非常に多くの人たちは，われわれが他者の目だけではなく，自分自身に対しても，どのように見えるかということの重要性を立証している。

　　　この本は，外見が，特定の評価基準として慣習化され制度化されることをとおして，社会的（対人的）相互作用やいっそう大きな社会構造の役割にいかなる影響を及ぼすのかという，熱のこもった，また，しばしば痛み

をともなう問題に挑戦している。肥満は，対人的勢力，あるいは，対人的無能さにどのような効果をもたらすのか。強姦といった暴力場面において，女性の服装は，性行為への同意の認知にどのような役割を果たすのか。社会の主流部分からそれた縁で活動する集団は，勢力を獲得し，発言し，変革をもたらすために外見をいかに利用しているのか。職場において，ジェンダーや民族性とのかかわりで外見はどのような役割を果たしているのか。

　この刺激的な著書は，これらの諸問題に対する回答を提示しようと試みるだけでなく，すべての人々に深遠でかつしばしばそれとわからないようなやり方で影響する「外見」という分野において，今後の研究に対する基礎を提供しようとするものである。

　この文章にも示されているように，本原著書は，外見（Appearance）が，社会的あるいは対人的相互作用においてもつ勢力や果たす影響を問題にし，それをパワー（Power；力，勢力，影響力）という言葉で表記している。ここにいうパワーは，特定の外見をすることから自分自身が影響され自ら変化するような，個人自身に向かう内的なパワーであるとともに，特定の外見をする個人がその外見によって他者に情報を伝達し，その結果として他者に対して行動のやりとりや関係を促進あるいは抑制するような，他者に向かう外的なパワーでもある。そのことは，人間の外見や装いに，次のような3つの社会・心理的機能があることにも明示されている。すなわち，第1は，外見や装いによって自分自身を確かめ，強め，また変えるという「自己の確認・強化・変容」機能，第2は，外見や装いによって他者に何かを伝えるという「情報伝達」機能，第3は，外見や装いによって他者との行動のやりとりを調整するという「社会的相互作用の促進・抑制」機能である。これについては，『被服と化粧の社会心理学』『被服行動の社会心理学』，いずれも北大路書房既刊書を参照されたい。

　外見がもつ個人の内部に向かう内なるパワーと，個人がかかわりをもつ他者に向かう外なるパワー，この2方向のパワーを念頭において本翻訳書をお読みいただければ，現代社会において外見がもつパワーをいっそうよく理解していただけると思う。人間の外見は，社会生活における潤滑油のはたらきをしているが，同時に人間対人間の行動のやりとりや関係を断つ楔（くさび）でもあるという現実

監訳者あとがき

に，冷静に目を向けたいと思う。

　最後になったが，今回の翻訳は，被服社会心理学（SPC）研究会の活動の一環として，研究会のメンバーがそれぞれ関心をもつ章を担当して行なった。監訳者は，相互に情報交換をしながら，章担当者と協力して翻訳を仕上げた。この間，北大路書房編集部の奥野浩之氏には翻訳書の完成に向けた強力な支援をいただいた。この場を借りて，本書に関係した皆さんに心よりお礼を申し上げる。

　　2004年6月

監訳者

■監訳者紹介■

■髙木　修（たかぎ・おさむ）

1940年　京都府に生まれる
1970年　京都大学大学院文学研究科博士課程単位取得退学
現　在　関西大学社会学部教授・京都大学文学博士
主著・論文
　被服と身体装飾の社会心理学：装いのこころを科学する（上・下巻）（共監訳）　北大路書房
　　1994年
　被服と化粧の社会心理学（監修）北大路書房　1996年
　被服行動の社会心理学（シリーズ21世紀の社会心理学8）（監修）　北大路書房　1999年
　着装規範に関する研究（第9報）：規範的着装行動に対する他者反応と着装感情の関係（共著）
　　繊維製品消費科学会会誌　第43巻　第11号　57-64．2002年
　被服デプライベーションへの対処法略：購入・着装・廃棄時における方略構造と方略の個人差
　　（共著）　繊維製品消費科学会会誌　第44巻　第11号　710-718．2003年

■神山　進（こうやま・すすむ）

1948年　滋賀県に生まれる
1974年　神戸大学大学院経営学研究科博士課程退学
現　在　滋賀大学経済学部教授・京都大学博士（経済学）
主著・論文
　被服心理学　光生館　1985年
　被服と身体装飾の社会心理学：装いのこころを科学する（上・下巻）（共監訳）　北大路書房
　　1994年
　被服と化粧の社会心理学（共編著）　北大路書房　1996年
　消費者の行動と心理：リスク知覚とマーケティング対応　中央経済社　1997年
　被服行動の社会心理学（シリーズ21世紀の社会心理学8）（編著）　北大路書房　1999年

■井上和子（いのうえ・かずこ）

1936年　大阪府に生まれる
1977年　関西学院大学大学院社会学研究科博士課程単位取得
現　在　聖和大学人文学部教授・社会学博士
主著・論文
　＜新版＞現代社会心理学（共著）　誠信書房　1977年
　恋愛関係におけるEquity理論の検証　実験社会心理学研究　第24巻　127-134．1984年
　人が見え，社会が見え，自分が変わる，ザ・社会心理学バザール（共著）　創元社　1987年
　ソシオロジー事始め（共著）　有斐閣　1990年
　よりよい社会調査をめざして（共著）　創元社　1995年
　衡平理論に関する研究とその展開　北大路書房　1998年

■ 訳者一覧（執筆順）■

髙木　修	（関西大学社会学部教授）	序　論
橋本幸子	（大阪大学大学院）	序　論・第1章
牛田聰子	（成安造形大学造形学部助教授）	第2章
小林恵子	（カラー＆イメージコンサルタント）	第3章
井上和子	（聖和大学人文学部教授）	第3章
辻　幸恵	（追手門学院大学経営学部助教授）	第4章
立岡　浩	（花園大学社会福祉学部助教授）	第4章
土肥伊都子	（神戸松蔭女子学院大学文学部助教授）	第5章
尾田貴子	（関西大学大学院）	第5章
柏尾眞津子	（大阪国際大学人間科学部講師）	第6章
雪村まゆみ	（奈良女子大学大学院）	第7章
神山　進	（滋賀大学経済学部教授）	第8章
箱井英寿	（大阪人間科学大学人間科学部助教授）	第9章

外見とパワー

2004年7月10日　初版第1刷印刷	＊定価はカバーに表示して
2004年7月20日　初版第1刷発行	あります。

編著者	キム K. P. ジョンソン
	シャロン J. レノン
監訳者	髙木　　修
	神山　　進
	井上　和子
発行者	小森　公明
発行所	（株）北大路書房

〒603-8303 京都市北区紫野十二坊町12-8
電　話　(075) 431-0361 (代)
FAX　(075) 431-9393
振　替　01050-4-2083

©2004　　制作：桃夭舎／印刷・製本：亜細亜印刷（株）
検印省略　落丁・乱丁本はお取り替えいたします
ISBN 4-7628-2384-8　Printed in Japan